语言学与汉语国际教育研究丛书 —— 丛书主编 黄南津

面向东南亚的汉语教学现状调查及探索

Investigations and Explorations of Teaching Chinese as a Second Language in the Southeast Asia

汉语国际教育硕士论文选（一）

The Thesis Collection of MTCSL(Vol.1)

李静峰 主编 吕军伟 副主编

社会科学文献出版社
SOCIAL SCIENCES ACADEMIC PRESS (CHINA)

图书在版编目（CIP）数据

面向东南亚的汉语教学现状调查及探索：汉语国际
教育硕士论文选. 一 / 李静峰主编. -- 北京：社会科
学文献出版社，2018.10
　（语言学与汉语国际教育研究丛书）
　ISBN 978 - 7 - 5201 - 1006 - 8

　Ⅰ.①面…　Ⅱ.①李…　Ⅲ.①汉语 - 对外汉语教学 -
教学研究 - 东南亚 - 文集　Ⅳ.①H195 - 53

　中国版本图书馆 CIP 数据核字（2017）第 153074 号

语言学与汉语国际教育研究丛书
面向东南亚的汉语教学现状调查及探索
　　——汉语国际教育硕士论文选（一）

主　　编 ／ 李静峰
副主编 ／ 吕军伟

出 版 人 ／ 谢寿光
项目统筹 ／ 刘　荣　岳　璘
责任编辑 ／ 刘　荣　于晶晶　刘向宁　陈红玉

出　　　版 ／ 社会科学文献出版社 · 独立编辑工作室（010）59367011
　　　　　　　地址：北京市北三环中路甲 29 号院华龙大厦　邮编：100029
　　　　　　　网址：www. ssap. com. cn
发　　　行 ／ 市场营销中心（010）59367081　59367018
印　　　装 ／ 三河市尚艺印装有限公司

规　　格 ／ 开　本：787mm × 1092mm　1/16
　　　　　　印　张：18.5　字　数：293 千字
版　　次 ／ 2018 年 10 月第 1 版　2018 年 10 月第 1 次印刷
书　　号 ／ ISBN 978 - 7 - 5201 - 1006 - 8
定　　价 ／ 98.00 元

本书如有印装质量问题，请与读者服务中心（010 - 59367028）联系

总　序

　　国家的综合国力，既包括由经济、科技、军事实力等所体现出来的硬实力，也包括以文化和价值观念、社会制度、发展模式、生活方式、意识形态等的吸引力所体现出来的软实力。软实力最大的来源就是文化。中国语言、文字等方面的成就，对中华文明的发展和进步做出了重要贡献，也是人类文化宝库的重要组成部分。

　　广西地处我国西南边陲，南濒北部湾，东北接湖南，东连广东，西北靠贵州，西接云南，西南与越南毗邻，是中国5个少数民族自治区之一。其发展历史十分久远。

　　广西的语言资源丰富多样，使用情况非常复杂，双语及多语现象十分普遍。一方面，在广西境内存在不同的民族共同使用一种语言的现象，也存在一个民族同时使用多种语言的现象。另一方面，广西的双语现象十分普遍，许多地方多种语言或方言交叉覆盖，许多广西居民都是双语或多语能力者，同时会说两种或两种以上的语言或方言，各种语言和方言相互借用混合，语言使用情况十分复杂。

　　广西毗邻东南亚，是中国与东南亚联系与交往的重要前沿和枢纽，在中国－东盟自由贸易区中具有特殊的地位和作用。两者在地缘文化、语言、生活习俗上有一定的接近性。在面向东南亚的国际化战略中，经济贸易国际化是核心，高等教育国际化是动力，其关键都是人才培养国际化，使人才构成国际化、人才素质国际化和人才活动空间国际化。

　　为配合国家和自治区的战略部署，配合广西大学努力建设高水平区域特色研究型大学的定位，深入研究中国与东南亚人文关系的规律性，整理、开发与利用广西及东南亚丰富的语言文化资源，传播中国语言与文化，实现国家北部湾经济区域发展战略，广西大学汉语国际教育中心以人才培养目标为引领，强调专业特质，体现专业主体性，在语言学研究和汉语国际教育教学与研究两个方面齐头并进，师生合力，取得了丰硕成果。

这套丛书就是近年成果的呈现，其中包含广西语言状况调查研究、《尚书孔传》虚词研究、"当代中国语言学的回顾与展望学术研讨会"会议论文集等语言学研究著作，又精选数年来所培养的汉语国际教育硕士的优秀论文，整理成三辑，以展示培养成果。

广西大学汉语国际教育专业2008年首次招收本科生，2009年首次招收硕士研究生，2015年被评为广西壮族自治区优势特色专业。经过近十年的建设，目前汉语国际教育专业本科和硕士毕业生已有600余人，其中汉语国际教育硕士318人。多年来，我们在专业性观照下，强化基础理论知识与能力，多元化配置教学模式、方法、基地、师资等要素，在实践教学过程中强化教师与学生、理论与实践、学校与企业的互动，实现人才培养、科学研究、服务社会与传承文化功能。教学、科研、学生管理等方面都有了长足的进展，为广西的经济文化建设培养了大批优秀人才。

此套丛书力求兼顾语言学与汉语国际教育两方面的面与点，有助于充实对语言本体及使用情况、面向东南亚的汉语教学探索及研究的认知，分享广西大学培养汉语国际教育专业硕士的经验。我们深知，还有诸多问题尚待我们进一步探索，但因能力、实践时间和条件等有限，丛书难免有错漏之处，诚请学界同仁和专家不吝指正、赐教。

黄南津　吕军伟
2017年6月18日

目 录
CONTENTS

越南岘港市大学生汉语学习动机、学习策略及其相关性研究

［越南］武玉香篱（2011 届汉语国际教育专业硕士）

导师：王恩界

摘　要：本研究采取问卷调查、课堂观察、访谈、统计分析等方法，对 159 名越南岘港市大学生的汉语学习动机、学习策略及其相关性进行了较为全面的分析与探讨，提出了对外汉语教学的若干建议与启示，以期为越南的汉语教育与教学提供理论依据。该研究成果有助于分析东南亚其他国家学生的汉语学习情况，也有助于促进中国对外汉语教育事业的发展。

关键词：汉语学习者　学习动机　学习策略

一　研究设计

（一）调查对象的选择

本研究关注的是那些在越南的汉语学习者，调查对象是来自越南岘港市两所大学的学生。之所以选择这些研究对象是因为笔者是越南人，从小生活在越南岘港市，本科时在外语大学（岘港市）读过两年汉语专业，并且 2010 年在维新大学做了半年的国际汉语实习教师，所以对越南岘港市这

两所大学学生的汉语学习情况比较了解，便于调查的顺利进行。

越南岘港市只有三所大学举办汉语教学：外语大学有专门汉语教学，维新大学和师范大学的部分专业将汉语作为一门必修课。本次调查的被试是来自岘港市外语大学和维新大学的汉语学习者。研究对象的选择是一项颇费功夫的工作，既要求学生在汉语学习方面已经有了一定的经验，也要求他们在语言能力上具有一定的差异，以便对不同情况的汉语学习者的学习状况进行分析。

本研究最终以学习汉语半年以上的学习者为调查对象。在问卷发放之前，笔者统计了这两所大学各个班级以及汉语学习者的总体情况，并根据具体情况，采用了配额抽样的方式，发放问卷并进行了调查。

问卷共发出200份，回收182份，回收率为91%。剔除未完成和规律性作答等废卷23份，共得到有效问卷159份，问卷有效率为79.5%。其中来自外语大学的有效问卷为85份，来自维新大学的有效问卷为74份。有效问卷率不高主要源于问卷过长。问卷中文版共4页，考虑到被试的汉语水平可能不足以完成中文版的阅读，所以把问卷翻译成越南语后施测。越南语版问卷共9页，有被试指出问卷太长了，但是在施测之前，笔者进行了细致、认真的指导和说明，所以，有效问卷的施测质量总体较好。

（二）研究方法的使用

1. 课堂观察法

通过预先设计好的课堂观察表，粗略地记录学生学习态度、学习动机的变化过程，大体了解学生的学习策略，这为其后调查法的使用提供了重要的参考。

2. 问卷调查方法

从问卷设计、调查对象选择到问卷发放、回收都遵守问卷调查方法的基本规范。主要使用已有的量表调查学生的汉语学习动机、学习策略与语言能力等问题。笔者首先抽样选取几位学生对问卷进行预测试，然后根据试用情况修改问卷并制定正式问卷，最后全面发放正式问卷。问卷发放时，要求被试认真地阅读指导语，请他们根据自己的实际情况认真作答，同时说明该调查的目的并承诺会对他们的个人信息加以保密，借以减轻被试的疑虑。

3. 访谈法

考虑问卷法无法深入获得信息的缺陷，本研究在进行问卷调查之后，对其中几个被试采用了深入访谈的方法，尽量让受访谈者畅所欲言地表达自己对相关问题的看法，以便深入了解被试的学习动机及其学习策略选择的深层原因，既确保数据分析的有效性，又增加本研究的说服力。

4. 统计分析方法

将问卷收回后录入 SPSS 13.0，使用该统计分析软件对调查数据进行描述性统计、t 检验、F 检验、相关分析和回归分析，并在此基础上加以讨论与总结。

（三）测量工具的选用

1. 自编人口学信息调查表

本调查表涉及被试的性别、年龄、专业、开始学习汉语的时间、汉语学习的时间长度、是否华裔、汉语水平自评等级等。

2. 汉语学习动机取向量表

该量表是 AMTB 量表的一部分，共 8 道题，涉及两个动机维度：融入型动机取向和工具型动机取向。每个维度包含 4 道题目，采用 7 点利克特计分方法计分（A. 非常反对；B. 比较反对；C. 有点反对；D. 不好说；E. 有点赞同；F. 比较赞同；G. 非常赞同）。对于该量表的使用参照了以往学者的做法。[①] 该表被各国学者广泛使用，具有较好的信度和效度，在本次研究中，其总的内部一致性系数为 0.866。

3. 汉语学习动机类型量表

该量表由孟伟编制，共有 21 道题，涵盖了 6 种汉语学习动机：文化融入动机、学习情境动机、工具动机、外在压力动机、成果动机及教育动机。该量表采用了从"很不同意"到"很同意"的 5 点利克特计分选项。在本研究中，其总的内部一致性系数为 0.844.

4. 汉语学习策略量表

本研究选用以 Oxford 于 1990 年所编制的语言学习策略量表（SILL）

---

① 龚莺. 日本学生汉语学习动机研究 [D]. 北京语言大学硕士学位论文，2004.

为基础改编的汉语学习策略量表作为测量工具。Oxford 编制的 SILL 具有很好的效度和信度，在汉语学习策略研究中被广泛使用。[①] 该量表共有 50 道题，包括 6 个分量表：记忆策略、认知策略、补偿策略、元认知策略、情感策略和社交策略。每个题项提供了 5 点利克特计分选项（A. 从不这样做；B. 偶尔这样做；C. 有时这样做；D. 经常这样做；E. 总是这样做）。在本次研究中，该量表总的内部一致性系数为 0.939。

（四）数据的处理与分析

问卷回收后，首先进行完整性检查，剔除回答不完整和规律性作答的问卷，将有效问卷与无效问卷分别编码。有效问卷的数据直接录入 SPSS 13.0。在正式进行统计之前，对每个变量都进行统计描述，确认没有异常数据后进行描述性统计、t 检验、F 检验、相关分析和回归分析等统计分析。

二　研究结果与分析

（一）调查数据的描述性统计

1. 被试的基本信息

全部 159 个被试的人口学变量分布见表 1。被试在年龄上主要集中在 19～23 岁，共有 157 人，占 98.7%，23 岁以上者只有两人，占 1.3%，这说明绝大多数被试的年龄符合在校大学生的年龄特点。从被试的性别来看，男生 26 人，占 16.4%，女生 133 人，占 83.6%（在越南学习汉语的学生中，存在女性明显多于男性的现象）。全部被试中没有华裔。从学习年限来看，已学了半年汉语的有 49 人，占 30.8%；学了一年半的有 53 人，占 33.3%；学了两年半的有 57 人，占 35.8%。

---

① 林可，吕峡. 越南留学生汉语学习策略分析 [J]. 暨南大学华文学院学报，2005（4）：19 - 24.

表 1　被试基本信息

单位：人，%

指标	分　类	人数（$N=159$）	比例
年龄	19～23 岁	157	98.7
	23 岁以上	2	1.3
性别	男	26	16.4
	女	133	83.6
专业	汉语专业	85	53.5
	非汉语专业	74	46.5
是否华裔	是	0	0
	否	159	100
学习年限	半年	49	30.8
	一年半	53	33.3
	两年半	57	35.8
汉语水平自评	非常不熟练	14	8.8
	比较不熟练	68	42.8
	一般水平	71	44.7
	比较熟练	6	3.8
	非常熟练	0	0

全部被试中汉语专业学生 85 人，全部来自外语大学；74 个非汉语专业的被试全部来自维新大学，汉语是这些被试的一门必修课。本研究将两所大学被试个人信息的基本情况进行了统计，具体情况见表 2。由表 2 可见，不同性别的被试在学习年限上的分布基本是均匀的。

表 2　被试的学习年限

单位：人，%

学习年限	外语大学（$N=85$）				维新大学（$N=74$）			
	男	比例	女	比例	男	比例	女	比例
半年	5	3.15	32	20.13	3	1.88	9	5.66
一年半	5	3.15	19	11.96	5	3.14	24	15.08
两年半	3	1.89	21	13.22	5	3.14	28	17.60
总计	13	8.19	72	45.31	13	8.16	61	38.34

2. 被试的汉语学习动机取向分析

为了找出汉语学习者在学习动机取向上的异同，本研究将全体被试的学习动机取向分为融入型动机取向和工具型动机取向两种并进行描述性统计分析（见表3）。在汉语学习动机取向量表中平均分最高为7分，最低为1分，全体被试在两种动机取向上均远高于4分，并且融入型动机的平均分高于工具型动机。该结果似乎支持了Gardner及其同事的观点。他们认为融入型动机是最主要的语言学习动机。越南学生学习汉语更多地是出于对中国人和中国文化的兴趣，想了解中国文化并与中国人交流，想参与华人群体的活动，等等。但笔者在深度访谈中发现：实际上，能讲一口流利汉语才是他们最主要的学习目标。因为和中国人交流或想参与华人群体的活动等都是为了以后的工作需要，了解中国文化只是一种内在的动机。调查与访谈的结果都表明，汉语在越南具有一定的影响力，对现在大部分的越南年轻人来说，汉语已经成了一门非常重要的外语。了解中国文化、掌握好汉语对他们将来寻求更多的职业发展机会非常有帮助。

表3　全体被试在学习动机取向各分量表上的平均数与标准差 （ $N = 159$ ）

分量表	平均值（Mean）	标准差（Std. Deviation）
融入型动机取向	5.8475	1.10053
工具型动机取向	5.3758	1.19991

3. 被试的汉语学习动机类型分析

表4展示了被试在不同的汉语学习动机类型上的得分情况。汉语学习动机类型量表的平均分最高为5分，最低为1分。可见，越南汉语学习者的学习动机得分最高的是成果动机（平均值在3.5分以上），接下来依次是工具动机（3.4591分）、文化融入动机（3.4198分）、学习情境动机（3.3270分）和教育动机（3.1614分），这5种动机平均值都大于3，只有外在压力动机的平均值为2.8449分。该结果说明越南的汉语学习者的外在压力动机较弱，他们学习汉语的目的是掌握好汉语、全面地了解世界、扩展自己的视野、找到一份好工作、想和中国人交流、了解中国人的生活或是为了完成学业、继续升学等。

表 4　全体被试在学习动机各分量表上的平均数与标准差　($N=159$)

分量表	平均值（Mean）	平均值排序	标准差（Std. Deviation）
文化融入动机	3.4198	3	0.71119
学习情境动机	3.3270	4	0.77720
工具动机	3.4591	2	0.70029
外在压力动机	2.8449	6	0.52875
成果动机	3.5535	1	0.62285
教育动机	3.1614	5	0.61607

4. 被试的汉语学习策略分析

为了探讨越南汉语学习者的学习策略使用情况，将全体被试在 6 个分量表上的平均分（最高为 5 分，最低为 1 分）进行了描述性统计，平均分越高，说明学习者越经常使用这种策略。从表 5 可以看到：越南学生使用的汉语学习策略主要是情感策略、元认知策略和记忆策略，三者的平均分都高于 3 分，而另外 3 种学习策略包括补偿策略、社交策略和认知策略的使用则少于前 3 种学习策略。

表 5　全体被试在学习策略各分量表上的平均数与标准差　($N=159$)

分量表	平均值（Mean）	平均值排序	标准差（Std. Deviation）
记忆策略	3.1041	3	0.60828
认知策略	2.8378	6	0.62929
补偿策略	2.9748	4	0.64772
元认知策略	3.1440	2	0.72436
情感策略	3.1845	1	0.69623
社交策略	2.8847	5	0.71501

（二）汉语学习动机、策略等方面的差异检验

1. 关于学习动机取向的差异检验

（1）两种学习动机取向的性别差异分析

前述分析发现：越南学生的两种动机取向得分都较高，那么，不同性别的学习者在汉语学习动机取向上是否存在显著差异呢？表 6 显示，两种性别的学生在不同类型的动机取向中无显著性差异。

表6 不同性别学生在两种学习动机取向上的差异检验

动机取向	男（N = 26）		女（N = 133）		显著性检验	
	平均值	标准差	平均值	标准差	t 值	显著性
融入型动机	5.88	0.23	5.84	0.09	0.188	0.851
工具型动机	5.34	0.25	5.38	0.10	− 0.182	0.856

（2）两种学习动机取向的专业差异分析

表7展示了不同专业（汉语专业与非汉语专业）学生在两种学习动机取向上的平均分、标准差及 t 检验结果。结果表明，汉语专业的学生在融入型动机上的平均值显著高于非汉语专业学生（$p < 0.01$），而不同专业的学生在工具型动机上没有显著差异。这是否说明融入型动机是促使越南学生选择汉语专业进行学习的原因还有待后面进行深入的分析。

表7 不同专业学生在两种学习动机取向上的差异检验

动机取向	汉语专业（N = 85）		非汉语专业（N = 74）		显著性检验	
	平均值	标准差	平均值	标准差	t 值	显著性
融入型动机	6.08	0.96	5.58	1.19	2.95	0.004
工具型动机	5.36	1.22	5.40	1.18	− 0.19	0.849

（3）不同学习时间的被试在学习动机取向强度上的差异分析

学习汉语时间长度不同的被试在学习动机取向上是否具有显著的差异呢？本研究对两种学习动机取向进行了单因素（学习时间）方差分析。在 Levene 方差齐性检验中，F 值分别为8.907和3.635，p 值分别为0.000和0.029，可以认为总体方差不齐，不符合进行方差分析的基本条件。

2. 关于学习动机类型的差异检验

（1）不同学习动机类型的性别差异分析

表8展示了不同性别学生在不同类型的学习动机方面的平均分、标准差及 t 检验结果。从中可见，不同性别的学生在6种不同类型的学习动机上均无显著差异，这一点与学习动机取向上的性别差异不显著可以相互验证，说明不同性别的越南汉语学习者在学习动机方面的同质性较强。

表 8 不同性别学生在学习动机各分量表上的差异检验

学习动机	男（N=26）		女（N=133）		显著性检验	
	平均值	标准差	平均值	标准差	t 值	显著性
文化融入动机	3.51	0.16	3.40	0.06	0.703	0.483
学习情境动机	3.55	0.18	3.28	0.06	1.617	0.108
工具动机	3.38	0.17	3.47	0.06	-0.592	0.555
外在压力动机	2.88	0.13	2.84	0.04	0.342	0.735
成果动机	3.63	0.12	3.54	0.05	0.725	0.469
教育动机	3.24	0.14	3.15	0.05	0.742	0.459

（2）不同学习动机类型的专业差异分析

表 9 展示了不同专业学生在 6 种学习动机类型上的平均值、标准差及 t 检验结果。从中可见，非汉语专业学生在教育动机方面的平均值显著高于汉语专业学生，而在其他 5 种动机类型上，汉语专业与非汉语专业的被试均不存在显著差异。

表 9 不同专业学生在学习动机类型方面的差异检验

动机类型	汉语专业（N=85）		非汉语专业（N=74）		显著性检验	
	平均值	标准差	平均值	标准差	t 值	显著性
文化融入动机	3.46	0.63	3.38	0.80	0.74	0.460
学习情境动机	3.26	0.73	3.41	0.83	-1.19	0.240
工具动机	3.48	0.64	3.43	0.77	0.45	0.660
外在压力动机	2.82	0.55	2.88	0.50	-0.75	0.460
成果动机	3.60	0.53	3.50	0.71	0.95	0.346
教育动机	3.07	0.57	3.27	0.65	-2.10	0.040

该现象非常有趣甚至可以说让人费解，根据访谈信息可以做如下解释：对于汉语专业的学生来说，他们的学习动机以融入型动机为主，而教育动机（包括"为了获得大学文凭"、"进一步升学"等）乃是一种外在的学习动机，本次调查的非汉语专业的被试均来自维新大学，而在该校汉语是一门必修课，所以，非汉语专业学生在外部动机方面表现得更为强烈；相反，汉语专业的学生在内部动机方面往往表现得更为强烈，而在外

部动机上得分不如非汉语专业的学生高，只是这种差异还没有达到显著水平。

（3）不同学习时间的被试在动机类型上的差异分析

表 10 展示了 6 种汉语学习动机类型的单因素（学习时间）方差分析的 Levene 方差齐性检验结果，从中可见，文化融入动机、学习情境动机和成果动机符合方差齐性的检验要求，p 值均大于 0.05，可以进行方差分析，其方差分析结果如表 11 所示。

表 10　学习动机类型的学习时间因素方差齐性检验结果

学习动机类型	Levene Statistic	df1	df2	Sig.
文化融入动机	1.112	2	156	0.331
学习情境动机	0.113	2	156	0.894
工具动机	5.940	2	156	0.003
外在压力动机	4.029	2	156	0.020
成果动机	2.980	2	156	0.054
教育动机	6.086	2	156	0.003

从表 11 可见：3 种类型的学习动机单因素方差分析结果都不具有统计学意义，p 值均大于 0.05。因此，可以认为不同学习时间的被试在 3 种类型学习动机的强度上不具有显著性差异。

表 11　3 种学习动机类型的单因素方差分析结果

学习动机类型	Mean Square	df	F 值	Sig.
文化融入动机	1.042	2	2.088	0.127
学习情境动机	1.174	2	1.967	0.143
成果动机	0.506	2	1.309	0.273

3. 关于学习策略的差异检验

（1）学习策略的性别差异分析

从表 12 可以看出，不同性别的汉语学习者在 6 种学习策略的使用上没有显著差异。

表 12　不同性别学生在学习策略上的差异检验

学习策略	男 （N = 26）		女 （N = 133）		显著性检验	
	平均值	标准差	平均值	标准差	t 值	显著性
记忆策略	3.15	0.12	3.10	0.05	0.376	0.707
认知策略	2.88	0.19	2.83	0.05	0.389	0.698
补偿策略	3.07	0.14	2.96	0.06	0.823	0.412
元认知策略	3.30	0.17	3.11	0.06	1.196	0.233
情感策略	3.10	0.16	3.20	0.06	− 0.706	0.481
社交策略	2.98	0.15	2.87	0.06	0.748	0.456

　　不过，需要说明的是，女性在情感策略的使用上多于男性，在其他学习策略的使用上都少于男性。人们在日常生活中也经常认为女性是感情丰富的，而男性是更加理性的，虽然现在还无法下结论说"男生比女生更善于管理学习时间和行为，能够更加全面地改进自己的学习方式，即更多地使用元认知策略"，但是这一现象值得关注，可以通过增加男性被试的数量来获得更加精确的解释。

　　（2）学习策略的专业差异分析

　　表 13 展示了不同专业学生在 6 种学习策略方面的平均分、标准差及 t 检验结果，从中可见，汉语专业的学生 6 种学习策略的平均值都显著高于非汉语专业的学生。换言之，非汉语专业学生对于各种学习策略的使用显著少于汉语专业学生。这可能是因为汉语专业的学生在汉语学习上投入了更多的时间与精力，他们有意识地应用了更多的汉语直接学习策略和间接学习策略。

表 13　不同专业学生在学习策略上的差异检验

学习策略	汉语专业 （N = 85）		非汉语专业 （N = 74）		显著性检验	
	平均值	标准差	平均值	标准差	t 值	显著性
记忆策略	3.28	0.52	2.90	0.65	4.09	0.000
认知策略	3.06	0.54	2.58	0.63	5.27	0.000
补偿策略	3.11	0.56	2.82	0.71	2.92	0.004
元认知策略	3.50	0.57	2.73	0.66	7.90	0.000
情感策略	3.35	0.55	2.99	0.79	3.25	0.001
社交策略	3.15	0.65	2.58	0.67	5.48	0.000

（3）不同学习时间的被试在学习策略方面的差异分析

表14展示了6种汉语学习策略的单因素（学习时间）方差分析的Levene方差齐性检验结果。从中可见：6种学习策略在3类不同学习时间的被试中的分布符合方差齐性的检验要求，p值均远大于0.05，可以进行方差分析，其方差分析结果见表15。

表14　学习策略的学习时间因素方差齐性检验结果

学习策略	Levene Statistic	df1	df2	Sig.
记忆策略	0.023	2	156	0.977
认知策略	0.009	2	156	0.991
补偿策略	0.643	2	156	0.527
元认知策略	0.744	2	156	0.477
情感策略	0.521	2	156	0.595
社交策略	0.949	2	156	0.389

从表15可见：记忆策略、元认知策略在不同学习时间的被试之间存在显著差异。进一步应用S-N-K法比较后发现：学习汉语时间2.5年和1.5年的被试使用记忆策略和元认知策略显著少于学习时间0.5年的被试。这可能是由于初学者往往会有意识地使用更多的记忆策略，并监督自己的汉语学习行为，以解决他们在汉语学习中遇到的各种麻烦与困扰。汉语与越南语差别较大，刚开始学习汉语的学生在书写、发音、语法等方面会遇到许多困难，需要初学者更加重视对词汇、语法的掌握及文章的背诵，更加重视调节和管理他们的学习时间和行为，不断改进自己的学习方式，如从教师和朋友那里寻求帮助，不断地总结自己的优缺点等。

表15　学习策略的单因素方差分析结果

学习策略	Mean Square	df	F值	Sig.
记忆策略	1.323	2	3.698	0.027
认知策略	0.556	2	1.412	0.247
补偿策略	0.794	2	1.914	0.151

学习策略	Mean Square	df	F 值	Sig.
元认知策略	2.673	2	5.377	0.006
情感策略	0.521	2	1.075	0.344
社交策略	0.793	2	1.562	0.213

4. 自评汉语水平的差异检验

本次调查研究没有获得被试的客观的汉语学习成绩。而且由于被试的专业、年级不同，其汉语学习成绩往往也不具有可比性。更为重要的原因是，本次调查的两所大学对学生成绩有着非常严格的管理规定，笔者无法获得被试的汉语学习成绩。因此，在本次调查中设置了一道汉语水平自评的题目以评价每个被试的汉语水平。那么，不同性别、专业、学习年限的被试在自评的汉语水平方面是否存在显著的差异呢？

（1）自评汉语水平的性别差异分析

从表 16 可以看到，不同性别的学生在自评的汉语水平上没有显著差异。相对而言，男生自评汉语水平的标准差（0.90）更大，说明男性被试对其汉语水平的评价跨度较大，女性被试自评的汉语水平跨度相对较小。

表 16　不同性别学生在自评汉语水平方面的差异检验

	男（$N = 26$）		女（$N = 133$）		显著性检验	
	平均值	标准差	平均值	标准差	t 值	显著性
自评汉语水平	2.38	0.90	2.44	0.67	− 0.32	0.75

（2）自评汉语水平的专业差异分析

表 17 显示了不同专业的学生在自评的汉语水平方面的平均值、标准差及 t 检验结果，从中可见：汉语专业学生的自评汉语水平显著高于非汉语专业的学生。这一结果在笔者的预期之中，汉语专业的学生学习汉语投入的时间与精力更多，自我评价的汉语水平也应该会更高一些。但是，学生们在自评语言能力时既会参考绝对标准即汉语交际能力，也会参考一些相对标准即自己在所属班级内的语言能力的排名。

表 17　不同专业学生在自评汉语水平方面的差异检验

	汉语专业（$N=85$）		非汉语专业（$N=74$）		显著性检验	
	平均值	标准差	平均值	标准差	t 值	显著性
自评汉语水平	2.62	0.67	2.22	0.69	3.77	0.000

（3）不同学习时间的被试自评汉语水平的差异分析

根据笔者的预期，不同学习时间的被试在自评汉语水平上应该具有显著差异。学习时间越长的被试一般对自己的语言能力越自信。为了检验该假设，本研究对自评的汉语水平进行了单因素（学习时间）方差分析。在 Levene 方差齐性检验中，F 值为 0.447，p 值为 0.640，可以认为总体方差齐，满足进行方差分析的基本条件。在方差分析模型的检验中，F 值为 6.694，$p<0.01$，具有统计学意义。进一步应用 Bonferroni 法比较后发现：学习汉语时间 2.5 年的被试与学习时间为 0.5 年的被试相比，其自评的汉语水平更高（$p<0.01$）。因此可以说，学习时间长的被试与初学者相比，对自身的汉语水平更加自信、评价也更高。

（三）相关分析与回归分析结果

1. 两种汉语学习动机取向之间的相关

融入型动机与工具型动机之间的皮尔逊相关系数见表 18。可见，融入型动机与工具型动机之间的相关度（$r=0.660$，$p<0.01$）较高并且显著。这说明：对于学习者来说，融入型动机与工具型动机往往同时存在，两种动机之间很难完全区分开；此外，在前面的分析中，我们已经发现随着学习时间的增加，学习者的融入型动机也会逐渐增强，这也是两种动机之间相关度较高的原因之一。

表 18　不同学习动机取向之间的相关矩阵

学习动机取向	融入型动机	工具型动机
融入型动机	1	0.660**
工具型动机	0.660**	1

注：** 表示两者的相关在 0.01 的水平上显著。

2. 各种汉语学习动机类型之间的相关

在孟伟编制的动机量表中各种动机之间的皮尔逊相关系数见表 19。其中，文化融入动机与工具动机（$r = 0.534$，$p < 0.01$）、成果动机（$r = 0.549$，$p < 0.01$）相关度较高；而学习情境动机与外在压力动机（$r = 0.424$，$p < 0.01$）、教育动机（$r = 0.478$，$p < 0.01$）相关度较高。统计结果也表明：各种不同类型的学习动机之间存在显著的相关关系，这一点与 Gardner 的动机取向量表所得结果基本上是一致的。

表 19　学习动机类型之间的相关矩阵

	文化融入动机	学习情境动机	工具动机	外在压力动机	成果动机	教育动机
文化融入动机	1					
学习情境动机	0.301**	1				
工具动机	0.534**	0.316**	1			
外在压力动机	0.279**	0.424**	0.422**	1		
成果动机	0.549**	0.453**	0.593**	0.369**	1	
教育动机	0.221**	0.478**	0.385**	0.398**	0.435**	1

注：** 表示两者的相关在 0.01 的水平上显著。

3. 汉语学习动机取向与学习动机类型之间的相关

表 20 展示了 Gardner 动机取向量表与孟伟编制的动机量表中各维度之间的相关系数。从表 20 可见：融入型动机与文化融入动机的相关度（$r = 0.506$，$p < 0.01$）较高，工具型动机与工具动机的相关度（$r = 0.492$，$p < 0.01$）较高。此外，成果动机本应属于一种外部动机，但它与融入型动机的相关度（$r = 0.495$，$p < 0.01$）高于与工具型动机的相关度（$r = 0.443$，$p < 0.01$）。这些现象都说明目前国内对于汉语学习动机的测量还有待进一步改进。

表 20　学习动机之间的相关矩阵

	文化融入动机	学习情境动机	工具动机	外在压力动机	成果动机	教育动机
融入型动机	0.506**	0.101	0.489**	0.116	0.495**	0.142
工具型动机	0.308**	0.125	0.492**	0.104	0.443**	0.251**

注：** 表示两者的相关在 0.01 的水平上显著。

4. 各种学习策略之间的相关

表 21 展示了不同学习策略之间的相关情况。从中可见：各种学习策略之间的相关都是显著的。其中，记忆策略与认知策略（$r=0.717$，$p<0.01$）、元认知策略（$r=0.644$，$p<0.01$）的相关度高；认知策略与元认知策略（$r=0.740$，$p<0.01$）、社交策略（$r=0.605$，$p<0.01$）的相关度高。在该量表中，记忆策略、认知策略、补偿策略属于直接的学习策略，而元认知策略、情感策略、社交策略属于间接的学习策略；但是，它们之间的相关系数并未反映出直接策略与间接策略之间的差异来，似乎暗示着学习策略是一个整体，直接策略使用较多的被试同样会应用较多的间接策略。

表 21　不同学习策略之间的相关矩阵

	记忆策略	认知策略	补偿策略	元认知策略	情感策略	社交策略
记忆策略	1					
认知策略	0.717**	1				
补偿策略	0.304**	0.502**	1			
元认知策略	0.644**	0.740**	0.456**	1		
情感策略	0.484**	0.454**	0.297**	0.531**	1	
社交策略	0.475**	0.605**	0.381**	0.650**	0.340**	1

注：** 表示两者的相关在 0.01 的水平上显著。

5. 学习动机与学习策略之间的相关

表 22 是学习动机与学习策略的各维度之间的相关矩阵。值得关注的是，融入型动机、文化融入动机与各种学习策略之间的相关度高于其他动机，它们与 6 种学习策略之间的相关都显著（$p<0.01$）。而学习情境动机、教育动机、外在压力动机与各种学习策略之间的相关几乎不显著（除了外在压力动机与补偿策略之间的相关系数为 0.2，在 0.05 的水平上显著）。这说明外在压力动机、教育动机、学习情境动机并不会促使学习者使用更多的学习策略，它们可能对汉语学习者的学习态度构成影响，但对他们采用多种学习策略的主动性没有显著的影响。相反，文化融入动机对于学习策略使用的影响则较明显，具有较强融入动机的汉语学习者会更多

地使用直接与间接的汉语学习策略。这提示汉语教学者在教学过程中应重视激发学习者的内部动机，因为外部动机对于促使汉语学习者采取多种学习策略的影响不大。

表 22　学习动机与学习策略之间的相关矩阵

	记忆策略	认知策略	补偿策略	元认知策略	情感策略	社交策略
文化融入动机	0.289**	0.357**	0.406**	0.364**	0.315**	0.391**
学习情境动机	0.012	-0.004	0.129	-0.025	0.150	-0.035
工具动机	0.216**	0.164**	0.248**	0.179*	0.254**	0.139
外在压力动机	0.054	0.044	0.200*	0.023	0.123	0.055
成果动机	0.150	0.247**	0.279**	0.303**	0.294**	0.270**
教育动机	0.011	-0.019	0.137	-0.034	0.032	-0.021
融入型动机	0.425**	0.458**	0.246**	0.482**	0.238**	0.408**
工具型动机	0.290**	0.308**	0.135	0.293**	0.149	0.234**

注：** 表示两者的相关在 0.01 的水平上显著；* 表示两者的相关在 0.05 的水平上显著。

6. 关于自评汉语水平的回归方程

在学习动机与学习策略的各种因素中，哪些因素对于自评汉语水平具有显著的影响？在学习动机的测量中，本研究使用了两个量表，为了减少变量以免使分析模型过于复杂，并且孟伟所编制的汉语学习动机量表的内部结构不如预期，所以，在以自评汉语水平作为因变量的回归方程建模中只把融入型动机、工具型动机和 6 种学习策略作为自变量，使用逐步回归分析方法（Stepwise），8 个自变量中只有 2 个即认知策略与融入型动机进入了回归方程。回归方程系数的检验结果为：$F = 52.78$，$p < 0.001$。因此，所建立的回归方程具有统计学意义。

另外，认知策略与融入型动机的相关度为 0.46（$p < 0.01$），两者之间是否也具有回归关系或者说存在共线性问题？为此，构建回归方程时使用 Collinearity Diagnostics 加以鉴别并发现：进入回归方程的两个自变量的容忍度（Tolerance）均为 0.778（一般认为 Tolerance 小于 0.1 时存在严重的共线性问题）；方差膨胀因子（VIF）均为 1.285（一般认为 VIF 不应大于 5）；条件指数（Condition index）最大为 13.20（一般认为如果有几个 Condition index 大于 30 则存在多重共线性问题）。① 可见本研究所建立的回归方程基本不存在共线性问题，所建立回归方程的具体情况见表 23，可以表示为如下形式：

汉语自评水平(Y) = $-0.07 + 0.51 \times$认知策略($X1$) $+ 0.18 \times$融入型动机($X2$)

表 23　学习动机、学习策略对自评汉语水平的回归方程

预测变量	B（SE）	BETA	t 值	Sig.
常数项	-0.07（0.26）			
认知策略（$X1$）	0.51（0.08）	0.45	6.42	0.000
融入型动机（$X2$）	0.18（0.05）	0.28	4.06	0.000

该回归方程调整后的判定系数（ΔR^2）为 0.40，对于社会科学研究来说，其预测效度非常高。因此，本研究倾向于认为：认知策略是影响汉语学习者学习绩效和自评水平的最为重要的学习策略；融入型学习动机也是影响汉语学习效果的非常重要的因素；融入型动机与认知策略之间的交互作用可以较好地预测越南汉语学习者的自评汉语水平，并且预测效度较高。今后的研究应进一步关注汉语学习动机、学习策略与汉语学习者客观的语言水平之间的关系。

三　发现与结论

（一）本研究的发现

1. 越南汉语学习者的学习动机取向情况

越南的汉语学习者在两种动机取向上得分都较高，并且两种动机取向的相关度高达 0.66。相对而言，融入型动机取向比工具型动机取向更为强烈一些，越南学生学习汉语更多是出于"对中国人和中国文化的兴趣"，"想了解中国文化或与中国人进行交流"，"想参与华人群体的社会活动"，

---

① 张文彤，主编. SPSS 统计分析高级教程［M］. 北京：高等教育出版社，2004：113.

等等。另外，笔者在访谈中也发现：对于越南的汉语学习者来说，能够说一口流利的汉语是最为重要的学习目标。

2. 越南汉语学习者的学习动机类型情况

对于越南的汉语学习者来说，最为强烈的学习动机类型是成果动机，最不强烈的学习动机是外在压力动机。这反映了越南学生学习汉语是为了掌握好汉语、全面地了解世界、扩展自己的视野、找到一份好工作、和中国人交流、了解中国人的生活或是为了完成学业、继续升学等，外在学习动机并不是主要的学习动机类型。另外，笔者在访谈中了解到，越南学生的学习压力没有中国学生这样大，他们的考试较为轻松，也没有必须"通过某种语言等级才能毕业"的硬性要求，这可能是他们外在压力动机不强的原因之一。在越南特定的汉语学习情境之下，学习者的内部动机强于其外部学习动机。

3. 越南汉语学习者的学习策略的使用情况

越南学生在汉语学习的过程中使用最多的学习策略是情感策略、元认知策略和记忆策略，而补偿策略、社交策略和认知策略使用较少。不同性别的越南学生在汉语学习策略的使用上有差异，却未达到显著水平。男生比女生更加注重使用"元认知策略"，女生比男生更加注重使用"情感策略"。

4. 越南汉语学习者的自评汉语水平情况

本研究的被试分别来自两所大学的 3 个不同年级，获得可以用于不同班级、年级、专业之间进行比较的汉语成绩是一件非常困难的工作。本研究选择了替代性的做法，即让每个被试对自己的汉语水平进行自评。在全部被试中自评为一般水平者约占 45%，而自评为汉语水平较高（比较熟练和非常熟练）者不足 4%。不同性别的汉语学习者在自评水平上没有显著差异；汉语专业的学生的自评水平显著高于非汉语专业学生（$p < 0.001$）；学习时间为 2.5 年的学生自评的汉语水平显著高于学习时间仅为 0.5 年的学生（$p < 0.01$）。这说明汉语专业的学生以及学习时间长的学生对其汉语水平更加自信。

5. 越南汉语学习者的性别差异

在语言教学中，人们往往会夸大性别对学习者在学习动机、学习策略方面的影响。但是，本研究发现，无论是在学习动机和学习策略方面，还是在自评汉语水平方面，两性间都不存在显著差异。可以认为性别差异对越南学生的汉语学习动机、策略、自评水平没有影响。因为本研究的样本量比以往相关研究的样本量都大，因此结论更为可信。以往研究可能夸大了越南男生与女生在汉语学习动机方面的差异。但无论是男生还是女生，都在相同的学习环境中、在同样的师资条件下接受汉语知识传授，因而他们的学习动机和学习策略往往具有相似的性质。另外，本次研究所调查的男性被试只有 26 位，而女性被试有 133 位。男性被试数量较少一方面反映了越南汉语学习者的性别构成，另一方面也有可能会导致抽样的代表性不足，因此，今后的研究应进一步扩大样本容量来关注越南汉语学习者的性别差异问题。

6. 越南汉语学习者的专业差异

专业差异对学习动机取向、动机类型和策略都有显著的影响。汉语专业的越南学生比非汉语专业的越南学生具有更强的融入型动机；而非汉语专业学生比汉语专业的学生具有更强的教育动机；汉语专业的学生在 6 种学习策略的使用上都显著多于非汉语专业学生；另外，与非汉语专业的学生相比，汉语专业的学生对自己的汉语水平也更加自信。

7. 越南汉语学习者的学习年限差异

随着汉语学习者的学习年限的增长，他们在学习策略和自评水平上也会发生一些变化。本研究发现：初学者（学习时间为 0.5 年的被试）对于记忆策略与元认知策略的使用显著地多于非初学者（学习时间为 1.5 年或 2.5 年的被试）。这可能是因为初学者缺少汉语知识的图式，他们还不能进行有意义的汉语学习，更多使用的是死记硬背式的机械记忆方法，因而更多借助于记忆策略，以便形成初步的汉语词汇或用法的认知结构；而非初学者往往已经建立汉语知识图式，他们在词汇的记忆、固定用法的习得等方面具有更为丰富的经验，因此可能不需要太多使用机械记忆的方法，更多地是进行有意义的接受学习。另外，初学者比非初学者更多地使用元认知策略，这可能是因为汉语初学者刚刚开始汉语学习，对于所需要的学习方法和学习态度还不是非常明确，需要不断调整自己的学习方式，自觉调节和管理学习时间和行为；而非初学者往往已经形成了较为固定的学习方式，所以，在学习的自我监督方面具有更强的自发性。另外，随着学习时间的增长，越南的汉语学习者会对自己的汉语水平愈加自信。

8. 对自评汉语水平的预测

本研究以被试的汉语自评水平为因变量，以学习动机取向、学习策略作为自变量进行了回归分析，得到了一个可以预测自评汉语水平的回归方程。该回归方程中有两个自变量，即认知策略和融入型动机。该回归方程调整后的判定系数为 0.40，其预测效度以社会科学研究的标准来判断可谓相当不错。该回归方程的启示在于：教学者可以通过培养学习者的融入型动机、传授汉语学习的认知策略，来事半功倍地提高越南汉语学习者对自身汉语水平的信心。

（二）本研究的结论

第一，越南的汉语学习者在学习动机取向上不存在性别差异。

第二，汉语专业的越南学生比非汉语专业的越南学生具有更强的融入型动机。

第三，非汉语专业的越南学生比汉语专业的越南学生具有更强的教育动机。

第四，越南的汉语学习者在学习策略的使用上不存在性别差异。

第五，汉语专业的越南学生比非汉语专业的越南学生在汉语学习方面使用了更多的学习策略。

第六，越南的汉语初学者（学习时间为 0.5 年）与非初学者相比，使用了更多的学习策略，并且在记忆策略（$p < 0.05$）和元认知策略（$p < 0.01$）的使用上具有显著差异。

第七，越南汉语学习者的自评水平不存在性别差异，但是存在显著的专业差异和学习时间差异；汉语专业的学生比非汉语专业的学生自评汉语水平高，学习时间长的学生比学习时间短的学生自评汉语水平高。

第八，越南汉语学习者的融入型动机与工具型动机具有高度相关（$r = 0.66$，$p < 0.01$）。

第九，越南的汉语学习者所使用的各种学习策略之间都具有显著相关。

第十，认知策略与融入型动机两个自变量可以较好预测越南汉语学习者的自评汉语水平（$\Delta R^2 = 0.40$）。

（三）本研究对汉语教学的启示

第一，应根据学习者所使用的不同学习策略来采取相应的教学对策。汉语学习策略是学习者在学习过程中所使用的方法和技巧，虽然各种学习策略之间具有显著的相关关系，但是，学习者往往以一种或两种学习策略为主来进行学习，而当前的教学往往强调学生使用更多的认知策略，对其他的汉语学习策略关注不够。例如，有些学习者更加注重情感策略的使用，这类学习者情绪的波动可能比较大，这就需要教师对这类学生的心理与情绪变化给予关注，适时给予他们心理疏导。另外，汉语本身难度较大，尤其汉语和越南语有很大差别，所以很容易催生学生们的畏难情绪，这也要求在汉语教学过程中适当地运用多元化的教学方式和方法，寓教于乐，关注每一位学生的汉语学习心理变化及需求，了解他们的学习策略，并有针对性地应用不同的教学策略，以便更好地激励他们学习汉语。

第二，要重视汉语学习者的学习年限问题，随着他们学习时间的推移而采取不同的教学策略。本研究发现：随着越南的汉语学习者的学习年限的增长，他们在动机取向、学习策略和自评汉语水平等方面存在显著的差异。这提示越南的对外汉语教师应该根据学生学习年限的长短来设计不同的教学方法和激励方式。对于越南的汉语初学者来说，他们更加注重的是学习的成果，对于汉语的运用效果是第一位的，因此应当以提高实用效果为主要教学目的；而对于学习时间在一年半及以上者，可以多进行中华文化的学习，帮助学生更好地理解和学习汉语，例如，可以教授中国的传统和现代文化，包括古典名著鉴赏、现代优秀电影的赏析、琴棋书画的传授、茶道的品鉴、太极拳的学习等，让他们了解中国的悠久历史。在笔者教授汉语的实践中（面对的主要是一些学习年限较长的学生），在教材里有一篇课文讲到了北京，由于很多学生都没有去过北京，为了方便学生理解，我给学生展示了很多图片并且让学生观看了《末代皇帝》这部电影，这样不仅有助于学生学习课文，而且拓展了很多课外的中国文化知识，学生下课后纷纷来与我讨论，感觉这节课受益匪浅。

第三，要根据越南学生的学习特点来制定相应的教学对策。在对外汉语教学过程中，根据不同国家学生的不同特点来制定教学对策是非常必要的。本次调查与访谈发现：越南的汉语学习者外在学习压力较小，他们更注重学习的结果，即熟练地掌握汉语、能与中国人自由地交流。因此，对外汉语教师在汉语教学过程中，应当多让学生练习汉语口语，把教学重点放在汉语的实际应用上，相应地增加课堂上的口语练习机会。因为越南学生的考试、升学压力相对较小，所以，活跃课堂氛围以及营造更加融合、轻松的课堂环境，会更加有利于汉语教学。例如，可以组织一些微型话剧、相声的排练与表演，这样不仅有助于练习学生的听与说，而且会让学生向汉语学习投入更多的精力。笔者在实际教学工作中，经常带领学生一起将课文的内容表演出来，或者组织一些集体性的朗读比赛，以激发学生学习的兴趣，帮助学生更好地练习口语。此外，教师还可以在教室里的所有物件上贴出汉语标识，让学生一进教室门就能步入一个汉语化的学习环境，促进学生的融入型动机的不断提升。

第四，根据越南学生的特点编制具有针对性的教材。现在越南的汉语教学使用的教材多是北京语言大学编写的《汉语教程》。此教材侧重于语法的教学，不太适于实际应用。而多数越南学生都渴望能够更快学会汉语会话，并应用到交际中去。本次调查也发现：越南学生学习汉语更多是为来中国学习中国的文化知识、开发越中贸易等，对于他们来说，简单有效的口语交际词汇是最重要的。另外，该教材的很多内容反映的是中国北方地区的生活，经常有"下雪"、"滑冰"等词语的出现，对于像越南这样处于低纬度的国家的学生来说，很难了解这些词语的实际意义，不便于他们的学习与理解，即使掌握之后，他们也很少会用到这些词语。因此，今后的越南汉语教材与教案应根据越南学生的实际情况加以改编，以适应其学习与生活的需要。

第五，在对外汉语教师的培养方面应强化汉语教学者的跨文化交际能力。本研究发现：越南学生更喜欢具有鼓励性和启发性的教学模式，他们希望能够在轻松的课堂氛围中学习汉语。这要求对外汉语教师在具备过硬的专业素质的同时，具有亲和力和良好的跨文化交际能力，能够通过课堂上的交流准确地知道学生需要什么、担心什么，并及时做出反馈和反应，这样才能更好地教授汉语。简言之，一个优秀的对外汉语老师应该能够与学生成为朋友，能够与学生共同学习、一起提高。此外，对外汉语教师最好多学习一些心理学的知识，掌握激发学生学习动机的技巧，善于分析每个学生的学习策略特点，并根据不同学生的学习策略有针对性地加以指导。

第六，针对越南学生的对外汉语教学应该以学生的实际需要为基础，侧重于日常交际汉语的教学。本研究发现：越南的汉语学习者的成果动机较强，他们关心的是学习汉语知识的用处。中国的对外汉语教学应进一步消除应试教育的不良影响，改变刻板、墨守成规的课堂教学模式，教师可以根据教学需要灵活安排教学内容，争取让学生更多开口讲汉语，强化其实际使用汉语的能力。

第七，越南的汉语学习者具有外在学习压力较小的特点，对外汉语教师应以激发学生的内部动机为主。越南的汉语学习者外在学习压力小对汉语教学既有好处也有不好之处。好处在于轻松的氛围可以让一些学生更加主动地学习；不好之处在于外在压力小容易导致部分学生的学习动机不强，在面对学习困难时可能会因为缺乏动力而退缩。因此，对外汉语教学应尽力激发学生的内部动机，例如，教师可以设计一些比较适合学习者现有水平的学习内容，这些内容或任务既不能太难也不能太简单，当学习者通过自身的努力能够获得进步与成长时，他们的成就动机就会被激发，而成就动机是一种对学习成绩具有重要影响的内部动机。再比如，教师可以安排一些与学生的日常生活息息相关或学生非常感兴趣的学习内容，来激发学生的学习动机。教师还应当熟练地应用强化原理，关心学生的进步与提高，当学生有所进步时要及时表扬与鼓励，当学生产生厌学情绪时，教师也应及时调整教学策略。当然，这对汉语教师来说是一个不小的挑战。

（四）本研究的不足及今后研究方向

第一，学生汉语学习动机和学习策略的研究十分复杂，各个变量之间的关系也非常复杂，所以，本次研究的结果存在一定的局限性。如何科学有效地对这些变量因素进行综合考察和分析，是今后需要继续探讨的课题。

第二，由于研究时间和研究条件的限制，本研究只对越南岘港市两所大学的学生进行了调查与分析，样本的代表性有所不足，因此，结论的实际应用也会受到一定的限制。笔者计划在今后的研究中不断提高样本的代表性。

第三，由于本次取样的越南学生都没有参加过 HSK 考试，所以分析中所使用的被试的汉语成绩是受试者的自评水平，缺乏客观性。在今后的研究中可以考虑使用课堂测试来客观评价学生的汉语水平，以提高研究的信度和效度。

第四，本次调查所使用的测量工具在当前研究中被广泛使用，具有一定的权威性，而且在本次调查中的总体内部一致性系数都在 0.84 以上。但是，笔者对于其中的动机类型量表依然不太满意，主要是因为构造效度较低，今后有必要开发更适合东南亚国家使用的动机测量工具，以提高研究的有效性。

参考文献

［1］邓小英．大学生英语学习动机研究［J］．中国成人教育，2007（21）．

［2］高彦德，李国强，郭旭．外国人学习和使用汉语情况调查研究报告［M］．北京：北京语言学院出版社，1993．

［3］高一虹，赵媛，程英，周燕．中国大学本科生英语学习动机类型［J］．现代外语，2003（1）．

［4］高一虹．中国大学生英语学习社会心理——学习动机与自我认同研究［M］．北京：外语教学与研究出版社，2004．

［5］龚莺．日本学生汉语学习动机研究［D］．北京语言大学硕士学位论文，2004．

［6］郭亚萍．印尼留学生汉语学习动机调查研究［D］．厦门大学硕士学位论文，2009．

［7］侯创创．初级阶段中亚留学生汉语学习动机研究［D］．新疆师范大学硕士学位论文，2008．

［8］贾冠杰．外语教学心理学［M］．南宁：广西教育出版社，2007．

［9］金贞和．在沪韩国中小学生汉语语言态度、语言学习动机和语言能力的相关性研究［D］．华东师范大学硕士学位论文，2009．

［10］李伯黍，燕国材．教育心理学［M］．上海：华东师范大学出版社，2000．

［11］李新惠．激发新疆预科学生汉语学习动机的对策研究［J］．中南民族大学学报

（人文社会科学版），2005（S1）.

［12］廖冬梅. 民族学生汉语学习动机、自我监控与学习效果的研究［J］. 新疆教育学院学报，2006（1）.

［13］林可，吕峡. 越南留学生汉语学习策略分析［J］. 暨南大学华文学院学报，2005（4）.

［14］吕必松. 华文教学讲习［M］. 北京：北京语言学院出版社，1992.

［15］孟伟. 外国留学生汉语学习动机及与成绩间关系的研究［D］. 东北师范大学硕士学位论文，2007.

［16］明菊. 华裔学生汉语学习动机分析［D］. 华侨大学硕士学位论文，2003.

［17］彭耽龄. 普通心理学［M］. 北京：北京师范大学出版社，2004.

［18］沈亚丽. 来华留学生汉语学习动机与学习策略及其相关性研究［D］. 上海交通大学硕士学位论文，2008.

［19］苏慧慧. 不同阶段学生英语学习动机与策略的差异［J］. 现代教育科学，2009（5）.

［20］王建勤. 第二语言习得研究［M］. 北京：商务印书馆，2009.

［21］王晓为. 不同阶段英语学习者学习策略对比研究［J］. 黑龙江高教研究，2003（2）.

［22］文秋芳. 学习和应用第二语言的策略［M］. 北京：外语教学与研究出版社，2000.

［23］邢程. 初级阶段越南留学生学习动机与学习策略研究［D］. 广西师范大学硕士学位论文，2005.

［24］原一川，尚云，袁焱，袁开春. 东南亚留学生汉语学习态度和动机实证研究［J］. 云南师范大学学报，2008（3）.

［25］曾淑萍. 大学英语学生的学习动机与成绩的相关研究［D］. 福建师范大学硕士学位论文，2003.

［26］张柯. 试论外国留学生的汉语学习动机与教学策略［J］. 高等函授学报，2008（4）.

［27］张灵芝. 对外汉语教学心理学引论［M］. 厦门：厦门大学出版社，2006.

［28］张文彤，主编. SPSS统计分析高级教程［Z］. 北京：高等教育出版社，2004.

［29］朱小英. 非英语专业学生英语学习动机调查：一所中国民办大学的个案［D］. 复旦大学硕士学位论文，2010.

［30］Bialystock, E. On the Relationship between Knowing and Using Forms［J］. Applied Linguistics, 1982（3）：181-206.

[31] Bialystok, E. The Role of Conscious Strategies in Second Language Proficiency [J]. Modern Language Journal, 1981 (65): 24 – 35.

[32] Chamot, A. U. & Kupper, L. Learning Strategies in Foreign Language Instruction [J]. Foreign Language Annals, 1989 (22): 13 – 24.

[33] Domyei, Z. & Schmidt, R. Motivation and Second Language Acquisition [M]. Hawaii University of Hawaii Press, 2001.

[34] Domyei, Z. Motivation in Second and Foreign Language Learning [J]. Language Learning, 1998 (3): 117 – 135.

[35] Gardner, R. C. & Lambert, W. E. Attitudes and Motivation in Second Language Learning [M]. Rowley, Mass Newbury House Publishers, 1972.

[36] Jacquez, S. R. Preferences for Instructional Activities and Motivation: A Comparison of Student and Teacher Perspective [C] //Z. Domyei & R. Schmidt (eds.). Motivation and Second Language Acquisition. Hawaii University of Hawaii Press, 2001.

[37] Oxford, R. L. Language Learning Strategies: What Every Teacher Should Know [M]. New York: Newbury House, 1990.

[38] Oxford, R. L. Use of Language Learning Strategies: A Synthesis of Studies with Implications for Strategy Training [J]. System, 1989 (17): 235 – 247.

[39] O'Malley, J. M. & Chamot, A. U. Learning Strategies in Second Language Acquisition [M]. Cambridge: Cambridge University Press, 1990.

[40] Skehan, P. Individual Differences in Second Language Learning [M]. London: Edward Arnold, 1989.

[41] Tremblay, P. F. & Gardner, R. C. Expanding the Motivation Construct in Language Learning [J]. The Modern Language Journal, 1995 (4): 505 – 518.

[42] Wenden, A. L. Learner Strategies in Language Learning [M]. Prentice Hall, 1987.

泰国素攀地区外语教学
现状及其对汉语国际传播的启示

叶　星（2012 届汉语国际教育专业硕士）

导师：李子荣

摘　要：本文采取问卷调查和访谈的方式，对泰国素攀武里府 12 所中小学的汉语实习教师、汉语教师志愿者、英语教师、外籍教师及 500 多名学习汉语的中小学生开展调查，以了解泰国素攀武里地区普通中小学的汉语教学情况，并从教学大纲的制定、教材编写、教师培养与培训、汉语文化推广等方面，提出解决问题的建议和意见。

关键词：素攀　中小学　汉语教育

一　调查设计说明

（一）调查对象

本文研究泰国中部素攀武里府普通中小学（非华校）的汉语推广情况及其他外语推广情况。笔者认为，虽然泰国华校对于汉语在泰国的推广起着不可磨灭的作用，但是，华校在泰国并不普遍，华校的教育方法和教学方式与普通中小学有着相当大的差别，而且，国内外也有很多关于华校的汉语推广方面的专门论述，所以，在本次调查研究中，华校并不被列为笔者的调查研究对象。

本次调查的泰国素攀武里府 12 所学校分别是甘那苏中学（KANNA-SOOTSUKSALAI SCHOOL）、萨卡中中学（SRARAKAJOMSOPHONWITTHAYA SCHOOL）、班韩一校（BANHAN JAMSAI 1）、班韩五校（BANHAN JAMSAI 5）、班韩七校（BANHAN JAMSAI 7）、乌通中学（U-TONG SCHOOL）、乌通苏萨来中学（U-TONGSUKSALAI SCHOOL）、东卡学校（DONKHAWIT-THAYA SCHOOL）、东猜迪学校（DONJADEEPITHAYAKOM SCHOOL）、川当中学（SUANDANGWITAYA SCHOOL）、萨亚索姆中学（SRAYAISOMWIT-TAYA SCHOOL）及邦立中学（BANGLIWITAYA SCHOOL）。12 所学校都位于素攀武里府，规模各不相同，教学质量、师资水平也存在不小的差异。其中东猜迪学校、萨卡中中学两所学校为私立学校，其余 10 所是公立学校。除东猜迪学校是小学外，其余 11 所均为中学。

调查对象包括：中国籍和泰国籍汉语教师、泰国籍英语教师、其他国籍外语教师、广西大学汉语实习教师、汉办汉语教师志愿者及正在学习汉语的泰国中小学生。问卷问题包括：中国籍和泰国籍汉语教师个人及授课情况、泰国籍英语教师个人及授课情况、其他国籍外语教师个人及授课情况、广西大学汉语实习老师的教学情况、汉办汉语教师志愿者的教学工作情况及学生的汉语学习现状。

（二）研究方法与目的

本文利用田野考察方法及文献法。笔者对泰国素攀武里的中小学进行实地考察，了解这一地区中小学汉语课堂的实际教学情况以及其他外语的教学情况，并进行对比分析，得出对推广汉语有价值的建议和意见。访问和调查问卷主要用于了解泰国学校对汉语和其他外语教学的真实投入情况、学生对学习汉语的态度和汉语推广未来的发展方向，希望通过此次调查，在泰国"汉语热"的大背景之下，分析汉语在泰国推广过程中存在的问题，找出解决问题的方法。

（三）教师调查问卷设计说明

教师（包括泰国籍和非泰国籍外语教师、汉语实习教师及汉语教师志愿者）调查问卷分为三部分。调查问卷语言根据所调查教师的不同而不同。

第一部分为个人情况。包括性别、年龄、婚姻状况、学历、收入、所教科目及为什么而教等问题。题型为单选和多选。共 10 题。

第二部分为学校和教学情况。包括教授班级数、课时数、授课人数、教材情况等。题型包括单选、多选和填空。共 19 题。

第三部分为开放式题型。共 3 题。分别是：对所教科目未来的展望，未来哪种外语在泰国会更受欢迎，所教科目对泰国的政治、经济、文化的影响。根据所调查教师所教科目的不同，题目略有不同。

（四）学生调查问卷设计说明

学生调查问卷主要调查泰国普通中小学生汉语学习情况。问卷内容包括学生学习汉语的原因、学习汉语的目的、是否有继续学习汉语的意愿、对中国文化的了解程度以及学生在学习汉语中所遇到的困难。共 14 题，均为选择题。学生问卷调查的内容不涉及和其他外语学习情况的对比。

（五）数据整理

对所得数据进行归纳处理，选择题根据选项计算出百分比，开放性试题经过笔者归纳后，根据倾向性进行总结。

二　泰国素攀武里府中小学汉语实习教师及汉语教师志愿者调查情况

在本次调查涉及的 12 所学校中，仅甘那苏中学有两名汉办派出的国际汉语教师志愿者，其余 11 所学校的汉语课均由广西大学派出的汉语实习教师任教，每个实习教师实习期为一个学期，这样的交流活动已经持续了 3～4 个学期。仅 1 所学校有 1 名固定的汉语老师，大部分学校有 5～6 名泰国籍英语教师，班韩一校是在所调查的中小学中泰籍英语教师最多的学校，共有 10 名英语老师。

笔者将汉语实习教师和汉语教师志愿者一起调查统计。虽然志愿者的授课时间较长，但仍属于短期停留而非长期执教。且一般来说，汉语教师志愿者都是本科毕业生或者在读研究生，并非有经验的汉语教师，与实习教师没有本质的区别。

（一）实习教师、志愿者汉语教学情况

经调查，在 11 所实习教师任职的学校中，有 6 所学校的汉语教师授课班级超过 10 个，7 所学校的汉语教师授课人数超过 200 人。两名志愿者的授课班级分别是 9 个和 10 个，授课人数分别是 320 人和 300 人。8 所学校的实习教师及两名志愿者每周上课时间均超过 10 小时，上课时间从早上 8 点一直持续到下午 4 点，即从泰国中小学的第一堂课到下午最后一堂课。

1. 语言水平

在 4 个月实习期开始之前，实习教师接受了 40 个课时的泰语培训，但是效果并不理想。绝大多数实习生在抵达泰国时不能进行泰语听说。4 个月实习结束之后的调查显示，仅有 8 名汉语教师（包括两名志愿者）表示可以利用泰语进行简单沟通，其余 5 名实习教师则表示基本不能利用泰语进行听说。在英语水平方面，2 名汉语教师表示英语非常熟练，6 名表示可以用英语流利表达，其余 5 名表示可以利用英语进行沟通，也就是说，所有实习教师和志愿者都具备使用英语进行教学和日常生活交流的能力。在课堂教学中，仅有 1 所学校的实习教师表示可以一直使用英语，9 名实习教师或志愿者认为在课堂教学中可以用到一点英语，还有 3 名实习教师表示在课堂上基本用不到英语。此外，所有的汉语教师都认为在教学中需要使用泰语。在接受调查的 13 名汉语教师中，有 11 人（包括两名志愿者）认为泰语在教学中非常重要，仅有 2 人表示"需要用到一点"。由以上数据可以看出，尽管汉语教师泰语水平不佳，但是在泰国的中小学汉语课堂上，使用泰语教学是每一个汉语老师都要面临的问题。另外，通过对汉语实习教师的访谈及笔者的实际观察，多数泰国中学生英语水平不高。由于受到母语的影响，泰国学生并不能很好地理解课堂教学中的英语，即使是泰国中学 6 年级（相当于国内高三）的学生，他们中的大多数也无法正确使用英语进行沟通。如何利用有限的泰语和学生进行有效的沟通并取

得良好的课堂教学效果，是每一个汉语教师面对的首要问题。

2. 汉语课堂

经调查，11 名实习教师都有教授外国留学生的经验，但是如何在泰国中小学课堂上发挥自己的优势，达到预想的教学效果和教学目标，所有实习教师都显得准备不足。调查结果显示，在课堂教学中，让实习教师最头痛的是"语言障碍"和"课堂秩序不佳"。其中，选择"语言障碍"这个选项的共有 6 人，6 人（包括 2 名志愿者）选择"课堂秩序不佳"，还有 1 名实习教师同时选择了上述两项。对问卷第 9 题"学生对于汉语学习的态度"，有 9 人（包括 1 名志愿者）选择的是"喜欢，但是态度不认真"，有 2 人（包括 1 名志愿者）认为学生对汉语学习没有好感，态度也不认真。由上面的 3 个问题可以看出，中文教师尤其是不懂泰语的中文教师在汉语课堂上遇到的问题主要来自两个方面。一个是语言问题。调查显示，英语作为中介语应用于泰国中小学初级汉语课堂后，教学效果并不好，有时甚至不能达到沟通目的。另一个是泰国学生的学习态度问题。绝大多数的汉语教师认为，泰国学生喜欢汉语，但是学习汉语的态度并不认真，这直接导致了汉语课堂的纪律问题。汉语课堂纪律不佳，是每一个汉语老师都要面对的问题。

3. 教学效果

在回答第 10 题"是否满意自己的汉语教学效果"时，没有一个汉语教师是"非常满意"的，有 3 名实习教师表示"满意"自己的教学效果，7 人（包括 1 名志愿者）表示"基本满意"，还有 3 人（包括 1 名志愿者）表示"不满意"，没有人对自己的教学效果持"无所谓"的态度。教学是否达到了预期教学效果，和很多因素相关。除了上面提及的语言问题、课堂秩序问题及学生本身对于汉语的学习态度问题，也和教师缺乏经验有关。经调查，11 名实习教师都曾在国内有 2 ~ 3 个月的实习期，实习内容是在广西大学国际交流中心听课，学习如何备课、上课。但是教学对象是准备或者已经在中国大学学习的留学生。学生年龄上的差异使得这些初出国门的实习教师面对活泼的泰国中学生显得准备不足、应变能力不强，这也是泰国中学汉语课堂秩序不佳的一个原因。课堂秩序不佳，教学效果当然就难以保证。

4. 学校对于汉语教学的态度

问卷调查结果显示，学校对于汉语教学的支持度并不一致。3 人很满意汉语在学校的推广度及学校对于汉语教学的支持度，5 人表示基本满意，还有 5 人（包括 2 名志愿者）对学校对汉语教学的支持度表示不满意。在课外活动方面，有 5 所学校有汉语课外活动，5 所学校没有，还有 2 所学校的实习教师并没有填这一项。对于在汉语课堂上是否使用教具，所有的实习教师都选择了"是"。使用的教具为图片、字卡、挂图，另外，还有 7 所学校可以使用多媒体进行教学。

结合访谈等其他形式的调查，笔者认为，学校对于汉语教学的推广有很大的局限性。虽然学校方面对于汉语教学和汉语推广普遍是持支持态度的，有的学校甚至特别设立了中文教室，并配备多媒体等设施，但是对于课外活动丰富的泰国中学而言，"4 所学校没有汉语课外活动"这一调查结果可以反映出关于汉语的课外活动没有其他活动那么普遍。

5. 教材使用

12 所学校中，有 5 所学校的汉语教师并没有使用已经出版的教材，而是选择了自己编教材。其他学校所用的教材包括《汉语教程》、《快乐汉语》、《体验汉语》、《跟我学汉语》，有两所学校使用的是两种教材。

6. 汉语教学趋势

在接受调查的 13 人中，有 9 人认为汉语教学的发展趋势越来越好。同时，也有人提出担忧：虽然泰国有越来越多的人学习汉语，但是汉语教学仍然"任重道远、道路坎坷"，"在泰国教汉语的人很多，水平参差不齐，如果不研究如何改变现状，将很难有所突破"。

"韩语"、"英语"、"汉语"、"日语"被这 13 名中国汉语老师认为是将来在泰国"最受欢迎的外语"。有两名汉语老师认为英语、汉语都将在泰国更受欢迎，还有 1 名老师认为是英语和日语，1 名老师认为是汉语和韩语。剩下的 9 名中国汉语老师中，有 5 名认为"英语"将在泰国更受欢迎，理由涵盖各个方面：泰国旅游业发达，外籍人口众多，英语教师师资丰富，政府大力支持，在学校里英语作为必修课有很长的一段时间，等等。2 名老师认为汉语将更受欢迎，理由是中国政府支持、中泰文化有很多相近之处等。还有 2 名老师认为韩语将更受欢迎，因为韩国的娱乐节目和明星在泰国十分受欢迎。

13 名汉语老师都认为，泰国的汉语教学会对泰国的经济、文化产生影响，尤其对于旅游区的经济发展具有巨大的促进作用。当然，对于加强两国的联系，汉语教学也有着重要的意义。

（二）小结

第一，在泰国的中小学汉语课堂上，教师如果能够使用泰语，将非常有助于汉语教学。

第二，泰国学校对于汉语教学及中国文化的推广力度不够。随着中泰的交往日益密切，泰国政府和泰国王室对汉语教学持支持态度。越来越多的泰国普通学校开设汉语课，但是，我们也看到，很多学校的中国文化推广工作做得不够。泰国中小学活动丰富，但是有很多学校并没有关于汉语或者是中国文化的活动，汉语教学及中国文化的推广仅仅局限于汉语课堂，效果可想而知。

第三，汉语教学流于形式，浮于表面。①12 所学校中只有 1 所学校设有固定的汉语老师岗位，其他学校开设汉语课只能靠来自中国国内的志愿者和实习教师。这些来自中国的老师最长任教时间为 1 年（两个学期），实习教师只能任教 1 个学期，这使得教学没有连续性和连贯性，不利于汉语学习。②13 名汉语教师中，有 7 名老师的任课班级超过了 10 个，9 名老师的授课学生超过了 200 人，9 名老师每周的课时数超过了 10 个小时，每个教师都有不小的工作量。但是我们也发现：有 5 所学校每个班每周只有 1 堂汉语课；有 3 所学校每周每班 1~2 堂汉语课；有 2 所学校每周 2~4 课时；还有 1 所学校分为专业班和选修班，专业班每周 4 堂课，选修班每周 1 堂课。虽然在前面提到的 8 所学校里，汉语都是必修课，但是每周只有 1 堂课的课时，无论是上课形式还是上课效果，都和选修课无异。③汉语课堂秩序不佳。这是受多种因素影响的，例如：很多汉语老师无法用泰语沟通；大多数泰国学生虽然对学习中文感兴趣，但是学习态度并不认真；许多汉语老师缺乏教授泰国中小学生的经验，课堂准备不足，课堂应变能力不强。

第四，在泰国，英语教育比汉语教育更加普及。经过对比，我们发现，选择"英语更受欢迎"的汉语教师所列出的理由明显比选择其他语言的老师列出的理由更加充分。①虽然在泰国本土生活着大量的华人华裔，但是这些华人华裔已经很好地融入了泰国社会。汉语在这些华裔的生活中并不重要，很多二代华裔并不会说汉语。②随着泰国旅游业的蓬勃发展，泰国人有更多的机会接触到来自世界各地的人，英语无疑是他们交流沟通的首选语言。③英语教育在泰国中小学已经开展了很多年，也更加系统。相比之下，虽然中国和泰国在最近几年加强了联系与合作，泰国政府也大力倡导汉语教育，但是，真正要让汉语教育像英语教育一样在泰国那样发展起来，还有很长的路要走。借用一位汉语教师在接受调查时说的话，泰国的汉语教育"任重而道远"。

三　泰国素攀武里府中小学非中国籍外语教师调查情况

为了全面了解泰国素攀武里府中小学的外语教育教学情况，笔者也向前文所述的 12 所中小学的非中国籍外语教师发放了调查问卷。其中，有非中国籍外籍教师的学校只有两所——乌通中学和乌通苏萨来中学。乌通中学有 3 名外籍教师，其中 2 名来自英国的英语外籍教师，1 名韩国外籍教师，其所教科目为韩语。乌通苏萨来中学的外籍教师来自菲律宾，所教科目是英语。

（一）泰籍英语教师调查情况

本项调查的对象为 12 所中小学，共 48 名泰国籍英语教师，问卷语言为泰语，填写问卷的语言为英语。实际收回问卷 40 份，问卷有效率为 83.3%。所有问卷都是在不记名的情况下填写，并声明所得数据只用于调查研究，不会用于泰国各中学之间的横向比较，所以可以保证数据的真实可信。

泰国籍英语教师问卷一共分为 3 个部分：第一部分为个人情况；第二部分为学校情况及英语教学情况；第三部分为对英语教学未来趋势的

预测。

1. 泰籍英语教师个人情况统计

（1）性别

泰籍英语教师中，男性教师为12人，占总人数的30%（见表1）。外语教师性别比例失调，这是很多国家和地区都面临的问题。

表1　性别情况

男	女
30%（12人）	70%（28人）

（2）年龄

从表2可知，30岁以下青年教师和51～60岁的经验丰富的老教师分别占25%（10人）和30%（12人），31～40岁、41～50岁的中年教师比例分别为25%（10人）和20%（8人）。笔者认为，泰国英语老师的年龄结构均衡，年轻教师和老教师人数比例基本相当，有利于泰国学校英语教学的发展。

表2　年龄情况

30岁以下	31～40岁	41～50岁	51～60岁
25%（10人）	25%（10人）	20%（8人）	30%（12人）

（3）学历

在泰国籍英语教师中，没有大学本科学历以下或拥有博士研究生学历的教师，大多数教师拥有本科学历（共34人，占85%）；拥有硕士研究生学历的英语教师占15%，共有6人（见表3）。有研究显示，泰国华校的教师老龄化问题严重，而且学历普遍不高，但是显然泰国素攀武里地区的普通中小学不存在这样的问题。

表3　学历情况

大学本科以下	本科学历	硕士研究生学历	博士研究生学历
0	85%（34人）	15%（6人）	0

（4）月收入

在 40 名英语教师中，月收入低于 5000 泰铢的教师只有两人，占 5%；月收入为 5001～10000 泰铢和 10001～15000 泰铢的教师分别为 6 人和 4 人，分别占 15% 和 10%。大多数泰籍英语教师的月收入都在 15000 泰铢以上，占 70%（见表 4）。在泰国，教师这一行业属于受人尊敬的行业，教师也属于高收入人群，由这个调查结果就可以窥见一斑。当然，和国内的情况相类似，泰国教师的收入和多种因素相关，比如教龄、所处职位、学历等。

表 4　月收入情况

5000 泰铢以下	5001～10000 泰铢	10001～15000 泰铢	15000 泰铢以上
5%（2 人）	15%（6 人）	10%（4 人）	70%（28 人）

（5）工作岗位

所有的泰籍英语教师都是公办教师。被调查的 40 名教师中，有 2 人是学科主任，占被调查总数的 5%。

（6）教龄

40 名教师中，教龄在 5 年以下的教师为 8 人，占 20%；教龄在 5～10 年的教师有 4 人，占 10%；教龄在 11～15 年的教师共 10 人，占 25%；教龄在16～20 年的教师有 6 人，占 15%；教龄 20 年以上的教师人数最多，共 12 人，占 30%（见表 5）。教龄的分布情况与教师年龄的分布情况基本上是一致的。

表 5　教龄情况

5 年以下	5～10 年	11～15 年	16～20 年	20 年以上
20%（8 人）	10%（4 人）	25%（10 人）	15%（6 人）	30%（12 人）

（7）培训

调查发现，每年接受 1～10 次培训的教师有 22 人，占总数的 55%，其余的 18 名教师培训次数为每年 11～20 次。但是值得注意的是，在这 18 名教师中，绝大多数教师的培训次数是 11～15 次，仅有 2 名教师的培训次数为 16～20 次（见表 6）。虽然泰国教师的工作繁重，但是泰国中小学教师每年都参加很多培训，这在调查中也有所体现。

表 6　每年接受培训情况

1 ~ 10 次	22 人	55%
11 ~ 15 次	16 人	45%
16 ~ 20 次	2 人	

（8）选择职业原因

这是一道多选题。40 名英语教师中，有 1 人没有回答这一问题，有 1 名教师选择了 3 个选项，分别是"英语专业毕业"、"喜欢教学"及"英语是将来最重要的语言"；有 5 名教师选择的是"英语专业毕业"和"喜欢教学"；还有 1 名教师选择的是"喜欢教学"及"英语是将来最重要的语言"；其余的 32 名英语教师中，有 21 人选择的是"英语专业毕业"，剩余 11 人选择的是"喜欢教学"。在这 40 名英语教师中，没有教师把"英语容易教"作为职业选择原因（各选项的选择比例见图 1）。

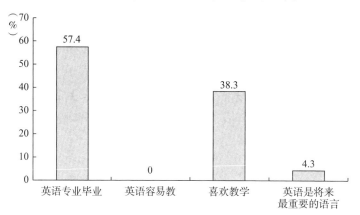

图 1　职业选择原因

由调查的结果可以看出，本科学的是英语专业成为大多数英语教师选择职业的首要原因。此外，还有不少教师喜欢教学，所以选择做英语教师。由此可见，专业和兴趣是影响一个人职业选择的关键因素。

2. 泰籍英语教师教学情况统计

（1）英语教师人数

在这些泰国学校中，东猜迪学校为小学，只有 1 名英语教师；其余均为中学，大多数学校的英语教师人数为 4 ~ 6 人。班韩一校的英语教师最多，共 10 人。相比之下，只有 4 名英语教师的东卡学校，在办学条件和师资方面就要差一些。

（2）教师的任课年级

除东猜迪学校为小学之外，其他学校教师的任课年级包括初中（1 ~ 3年级）和高中（4 ~ 6 年级）的各个年级。

（3）授课人数

授课人数为 100 人以下的教师人数为 2 人，占 5.2%；授课人数为 101 ~ 200 人的教师人数为 6 人，占 15.8%；授课人数为 201 ~ 300 人的教师人数为 21 人，占 55.3%；授课人数为 301 ~ 400 人的教师人数为 9 人；占 23.7%。有 2 人未答此题。

泰国中学一个班级的人数在 30 人左右。23.7% 的教师授课人数为 301 ~ 400 人，意味着这些教师的授课班级数在 10 个班级左右甚至更多，可见教师的工作量非常大。

（4）教师福利

此问题为多选题。40 名教师中，有 5 名教师未回答该题。该问题有 6个选项，涉及住宿费、用餐费、培训费、资料费、交通费及水电费。笔者发现，所有的泰国学校都没有为泰籍教师提供水电费，只有 1 所学校为泰籍教师提供了用餐费。泰籍教师选择居前二位的选项是培训费和资料费，其次是住宿费和交通费。由此可以看出，泰国学校对于教师培训和进修的支持力度较大，并且根据实际情况为教师提供其他便利条件。具体统计情况见表 7。

表 7　福利情况

住宿费	用餐费	培训费	资料费	交通费	水电费
7 人（20%）	2 人（5.7%）	26 人（74.3%）	23 人（65.7%）	7 人（20%）	0 人（0%）

注：表格中的数字是选择这项选项的教师人数，百分比是选择这项选项的教师人数占接受调查的所有教师人数的比例。

（5）教材使用情况

调查结果显示，所有泰籍英语教师使用的英语教材都是来自泰国教育部或者是泰国教育部指定的教材。各学校使用的教材有所不同，但是一所学校一般情况下使用的教材是统一的。① 所有填写问卷的英语教师都表示曾经换过教材，换教材的原因多种多样。选择"教师要求"这一选项的教师最多，有 16 人；选择"教材对学生不合适"的教师有 14 人；选择因"学校政策而换教材"的教师有 10 人；因"教材有难度而换教材"的教师有 5 人；另外，还有 2 名教师选择的是其他原因；选择"教材有错误"的教师有 0 人。

（6）教学时间

A. 教学时长

选择每周教学时长"10 小时以上"的教师最多，有 28 人，占 70%；有 10 名教师选择每周教学时长在"5 小时以下"，占总数的 25%；还有 2 人选择每周教学时长"5~10 小时"，占 5%。

B. 教学时间

本题可多选。泰国学校的上课时间略有不同，一般为上午 4 节课，下午 3 节课。大多数教师（26 人，65%）选择"8：00~16：00"；6 名教师（15%）选择了"8：00~12：00"，其余的 8 名教师（20%）选择的教学时间为"12：00~16：00"。所有教师的教学时间都在 8：00~16：00，没有在 16：00（即放学时间）之后的。

C. 课时

课时数最少的教师每周为 15 课时，最多的教师每周为 25 课时。每周 15~19 课时的教师和 20~25 课时的教师数量相当，各占 50%，均为 20 人。按泰国中小学每天 7 节课计，英语教师平均每天要上 3~5 节课，任务非常繁重。

由上可见：泰国的英语课课时多而且长，师资稳定；英语是泰国的第一外语，在泰国的国民教育课程体系中非常重要。

（7）教具的使用

只有 1 名教师表示在上课期间不使用任何教具，其他教师都表示会使

---

① 经调查，泰国素攀武里府的这些学校使用的英语教材为：*My World*，*World Wonders*，*Weaving It Together*，*Upstream*，*Mega Goal*，等等。

用教具。经统计,大部分教师使用的教具是电脑、CD、图片和投影仪等,少数教师会在上课时利用网络上的相关资源,或者利用报纸、杂志等,还有 1 名教师表示会在课堂上利用游戏、歌曲等。

(8) 开放性试题

开放性试题一共有 3 道,基本和实习教师的调查内容一致。因语言理解的差异,泰籍英语教师对于某些问题的理解也不一致,回答问题的角度也不一致。所以,笔者只对调查结果进行归纳总结,并不做量化分析。

A. 英语教学的发展趋势

几乎所有的泰籍英语教师都认为英语教学的发展趋势越来越好。因为英语"对全世界来说都很重要",推广英语教学可以"促进亚洲发展"。有教师认为,英语教学应该使用多种多样的教学方法和教学技术,让学生可以更好地学习英语。在教学目的方面,泰籍英语教师认为目标是一致的:让学生"敢说"英语,培养学生的"交际能力"。

B. 未来在泰国最受欢迎的语言

多名教师认为,将来会有两到三种语言在泰国受到欢迎。因为商贸往来的缘故,有 1 名教师认为"英语"、"日语"和"汉语"将在泰国受欢迎;有 1 名教师认为"汉语"和"韩语"会受欢迎;1 名教师认为"韩语"会受欢迎,因为学生很"感兴趣";有 5 名教师认为"英语"和"汉语"会受欢迎。在其余 32 名泰籍教师中,一半的教师认为英语会受欢迎,而另一半的教师认为汉语会受欢迎。泰籍英语教师认为"英语"会受欢迎的原因包括"英语是最重要的语言","是世界上使用最多的语言,便于沟通","推广英语利于加入东盟";另外,在泰国学习英语的人要比学习其他语言的人多,而且相对于其他语言,英语要更容易些。"汉语"将更受欢迎的原因主要是在经济方面。泰籍英语教师认为"中国经济发展很好","推广汉语更便于沟通"。可见,随着各国间的交往联系越来越密切,尤其是泰国想在东盟以及亚洲发挥更重要的作用,英语的桥梁作用将更加凸显出来。而随着中国经济的发展、中泰交往的加深,中国已然成了泰国最重要的贸易伙伴。汉语教学也将在泰国越来越重要。

C. 泰国英语教学的影响

40 名泰籍英语教师中,有一半的教师认为,泰国的英语教学对泰国的政治、经济和文化没有影响，因为"泰国文化和其他文化是不同的"。持不同意见的教师则认为，泰国的英语教学会使泰国的"文化和生活方式发生改变"，"使青年人更容易接受西方文化"，等等。很多泰籍教师也认为：英语教育能促进对外交流，各个方面都很重要，特别是在经济和文化方面；如果英语教育发展不好，将会影响泰国的国内、国际市场；对个人来说，能够使用英语将得到更多的机会、有更好的职位选择等。但是也有泰籍教师提出担忧：英语教育会使泰国的很多方面都发生改变，但不是所有的变化都是积极的，所以要正确对待这些影响。

（二）外籍非汉语教师调查情况

如前所述，在调查的 12 所泰国素攀武里府中小学中，只有乌通中学和乌通苏萨来中学这 2 所学校有非中国籍外籍教师。这 2 所学校一共有 4 名外籍非汉语教师。外籍教师问卷和泰籍英语教师问卷大体上相同，只是根据外籍教师的特殊情况做了一些调整。问卷语言为英语或汉语。

1. 外籍教师个人情况统计

（1）性别

4 名外籍教师中，有 3 名女性、1 名男性。虽然只有 4 名外教，但是仍然可以看出男女比例并不协调。

（2）年龄

在乌通中学的 2 名英国外籍教师年龄均在 30 岁以下，韩籍外教年龄在 31～40 岁，乌通苏萨来中学的菲律宾教师年龄在 41～50 岁。

据查，泰国政府或者学校对于外籍教师年龄没有限制。

（3）学历

2 名英国外籍教师为硕士研究生学历，其他两名外籍教师是大学本科学历，可见外籍教师的学历总体上高于泰国本土教师。

（4）母语

菲律宾教师的母语是菲律宾语和英语，两名英国外教的母语为英语，韩国外教的母语为韩语。

（5）收入

乌通苏萨来中学的菲律宾籍外教工资为每月 15000 泰铢以上，其余外籍教师的月收入均在 10000～15000 泰铢。

通过访问可知，泰国素攀武里地区的外籍教师月工资普遍在 10000～15000 泰铢，和泰国籍英语教师相比，这样的工资并不高。这也许是泰国素攀武里地区外籍教师不多的原因之一。

（6）教龄

乌通苏萨来中学的菲律宾外教教龄在 5～10 年，其余 3 名外籍教师的教龄都在 5 年以下。

（7）从事教学理由

所有外籍教师都表示"喜欢教学"，两名英国外教还在备注中标明："把英语作为外语来教是一种旅行的好方式。"可见，出于"喜欢教学"是这 4 名外籍教师在泰国素攀武里乌通市教学的首要原因。

2. 外籍教师教学情况统计

（1）所教班级情况

乌通苏萨来中学的菲律宾外教教授 5～7 个班，乌通中学的韩国外教教授 8 个班，2 名来自英国的外教分别教 21 个和 20 个班。在乌通苏萨来中学的菲律宾外教、乌通中学的 2 名英国外教所教的班级中，每个班的学生都多于 50 人；乌通中学的韩国外籍教师共教 300 名学生。

（2）签约期限

2 名英国外教与乌通中学的签约期限为 1 个学期，菲律宾外籍教师与乌通苏萨来中学的签约期限是 1 年，韩国籍外教与乌通中学的签约期限是 1～2 年。

（3）外籍教师的来源

笔者根据以往的资料和实地考察，将泰国学校聘请外籍教师的途径分为 4 种，包括"学校自寻"、"通过泰国教育部"、"跟外国交流合约"及"其他方式"。在调查中，除了韩国外籍教师选择的是"跟外国交流合约"，其他 3 名外籍教师都选择的是"学校自寻"。这说明泰国素攀武里的中小学寻找外籍教师的途径比较单一，大多是依靠学校自己寻找教师。

（4）学校福利

因外籍教师情况特殊，笔者在原有选项之外增加了"往返飞机票/年"

这一选项。统计显示：4 名外教都选择的福利为"用餐费"；有 2 名外教选择两项，另一项福利是"水电费"；1 名外教选择 3 项，另外两项福利是"资料费"和"交通费"。

可见，泰国学校会针对不同情况，给予外籍教师一定的福利，但并未给外籍教师提供更多特殊照顾。

（5）教材

4 名外籍教师都没有使用已有教材。

（6）教学时间

A. 教学时长

韩语教师每周教学时长为 5 小时以下，菲律宾籍英语教师每周教学时长为 5～10 小时，2 名英国籍外教每周教学时长都超过了 10 个小时。

在教学时长上，英语教学时间显然比其他外语教学时间长。

B. 教学时段

除菲律宾籍外教的教学时间在 16：00 以后，其余 3 名外教的教学时间均在 8：00～16：00。

（7）外语课外活动

4 名外教都表示其所在学校有外语课外活动。

（8）开放性试题

A. 所教授科目的发展趋势

4 名外籍教师对其所教授科目的发展趋势没有太多设想，只有 1 名英国籍教师回答了此项问题。她认为，她所教授的科目可以让那些没有受到很好教育的泰国人在将来得到帮助。

B. 未来泰国最受欢迎语言

3 名英语外教都认为，将来最受欢迎的语言是英语；而韩语外教认为，将来在泰国韩语最受欢迎。

菲律宾外教认为，英语会最受欢迎，因为英语是"世界上最好的语言"；2 名英国外教认为英语最受欢迎的原因是，随着来泰国的游客增多，学习英语有助于当地泰国人在旅游产业中得到一份工作。

韩语外教认为韩语最受欢迎的原因是泰国年轻人都喜欢 Hi-pop。

C. 所授科目对泰国政治、经济、文化的影响韩国外籍教师认为"没有影响",1 名英国外教选择"不确定"。另 2 名英语外教认为"英语教学有助于国际关系发展",可以使国家之间"更好地沟通"。

此外,4 名外教都不认为将来汉语会在泰国最受欢迎。这也证明,虽然汉语的国际地位不断提高,"汉语热"也在泰国兴起多年,但是汉语的推广情况仍然不容乐观。

(三) 泰籍中文教师调查情况

在调查的 12 所中小学中,只有乌通中学有长期任职的汉语教师。因该汉语教师为泰籍教师,所以单独列出其调查情况。

1. 汉语教师个人基本情况统计

乌通中学的汉语教师性别为女;年龄为 30 岁以下;学历本科;月收入为 5001 ~ 10000 泰铢;是学校的公办教师;教龄 5 年以下;接受的汉语培训次数为每年 5 次以下。

该汉语教师选择的入职理由是"汉语很容易教","喜欢教学","汉语是将来最重要的语言"。

2. 汉语教师教学情况统计

该汉语教师的授课年级为初中,教授的汉语班级共 36 个,共 1500 人。学校提供的福利包括培训费和交通费。

3. 汉语教学情况

(1) 教材

所使用教材为《汉语教程》,来自中国内地。

曾经换过汉语教材,换教材的原因很多,主要是教师要求、教材有错误及教材对学生不合适。

(2) 汉语教学时间

每周每班有 3 课时的汉语课。

教学时段为 8：00 ~ 16：00。

(3) 汉语课堂

在汉语教学中教师最常使用的教具为多媒体、黑板和字卡等。

和其他泰籍英语教师相比,该名汉语教师为年轻教师,教龄不长。从她认为"汉语很容易教"可以看出，该校学生的汉语水平都停留在初级阶段。

（四）小结

笔者通过对泰国素攀武里这 12 所中小学教师的调查问卷的整理分析，发现有如下几个特点。

第一，关于学校提供的福利。相对于泰籍教师，泰国素攀武里府中小学都向外籍教师提供一定的福利，比如住宿费、交通费等，这在一定程度上有助于吸引外籍教师。

第二，关于工作负担。泰国素攀武里中小学的外语教师普遍工作负担较重，绝大多数教师每周上 15~25 堂课，平均每天上 3~5 堂课，每周的上课时间超过 10 个小时。经笔者访谈得知，缺少授课教师是教师工作负担重的主要原因。

第三，关于职业的选择。超过半数的泰籍英语教师选择职业的原因是因为外语专业毕业，其次才是喜欢教学。而 4 名外籍教师选择职业的原因均为喜欢教学。

第四，关于教具的使用。无论是泰籍汉语教师、英语教师还是外籍教师，教学过程中均使用多媒体等工具，这对于外语学习是非常有帮助的。

四　泰国素攀武里府中小学汉语学习者调查情况

外语教学的任务是培养能用目的语进行交流的人才。对外汉语教学中的"教"必须以学生的"学"为基础。对外汉语教学不同于本族人的语文教学，在学习对象、教学理念、教学模式等方面都有差异。[①] 为了解汉语在泰国素攀武里的推广情况，笔者还对上述 11 所学校学习汉语的中小学生进行了随机问卷调查。

接受调查的学生共 541 人，问卷回收率为 100%，有效率为 97%。

---

① 陈枫. 对外汉语教学法 [M]. 北京：中华书局，2008：8.

（一）学生调查问卷情况统计

1. 学生调查说明

（1）调查对象

调查对象来自泰国素攀武里地区 11 所中小学，年龄为 13～18 岁，年级为中学 1～6 年级。具体分布情况见表 8。

表 8　调查对象分布情况

单位：人

萨卡中中学	班韩一校	班韩五校	班韩七校	乌通中学	乌通苏萨来中学	东卡学校	东猜迪学校	川当中学	萨亚索姆中学	邦立中学
42	57	63	47	35	69	38	28	39	81	42

（2）调查问卷说明

本次调查旨在了解泰国素攀武里府中小学生对于学习汉语的态度以及对中国文化的了解程度。调查问卷均为客观选择题。鉴于泰国中小学生的汉语水平，问卷语言为泰语。本次调查中有 7 道题为半开放问题，回答语言为泰语。

2. 调查结果分析

（1）华裔子女比例

在所有参加问卷调查的学生中，华裔占 1.40%。但是调查结果并没有显示华裔子女对于汉语文化的了解程度好于非华裔子女。

（2）学习汉语原因

有部分学生没有填写此项。61.4% 的学生选择的是"长大后有用"；16.7% 的学生选择的是"学校、老师要求"；11.1% 的学生选择的是"不知道"；因家长要求而学习汉语的学生相对少很多，只占 5.6%；另外，1.4% 的学生学习汉语是因为喜欢汉语，还有 4.1% 的学生是因为汉语"有趣、好玩"而学习汉语。

（3）是否喜欢学习汉语

在被调查的中小学生中，选择"非常喜欢"汉语的占 16.9%；选择"喜欢"汉语的占 42.3%；选择"一般"的占 39.4%；选择"不知道"

的学生占 1.4%。可见喜欢汉语的学生占大多数，这有利于对于汉语推广。

在被问及"为什么喜欢汉语时"，"Enjoy"这个词是大多数学生的答案。除此之外，也有不少学生回答的是"会说中国话"、"会写汉字"等。回答"不喜欢汉语"的学生中，很多学生认为"汉语很难"、"比英语还难"。

（4）毕业后是否继续学习汉语

对于是否继续学习汉语这个问题，选择"不知道"的学生最多，占73.8%；19.7%的被测者选择"会"，6.6%的学生选择"不会"。

被问及原因时，选择"不知道"的学生的理由很单一："因为不确定将来的学校是否有汉语课"。选择"会"的学生中，大多数认为将来中国会在世界经济中发挥更重要的作用，很多学生想在将来和中国人进行贸易往来；也有学生认为，汉语在将来的工作中有用；还有学生是因为汉语有趣或者喜欢汉语教师而继续学习汉语。选择"不会"的学生中，多数认为汉语很难；也有一些学生想在中学毕业之后就工作，不想继续学习；还有学生不确定他们毕业之后是否继续上学。

（5）使用汉语可能性

本题有 9 个选项，让被试根据使用汉语的可能性由高到低进行排序。

选择"在汉语课堂上学习时"用到汉语的可能性最大的学生最多，占28.6%；选择"去中国旅游时"用到汉语的可能性最大的学生占21.4%；第三位是"去中国学习时"，占19.6%；认为自己在"长大后的工作中"使用汉语的可能性最大的学生占16.1%；选择其他4个选项即"看中国影视剧或听中国歌曲"、"与中国朋友交流中"、"去中国餐馆吃饭时"和"看中文报刊或网页时"用到汉语可能性最大的学生比例分别为7.1%、3.6%、1.8%和1.8%；没有学生选择"去中国商店买东西时"这个选项。

笔者认为，从这道题的统计结果来看，选择人数最多的3个选项为"在汉语课堂上学习时"、"去中国旅游时"及"去中国学习时"，这说明泰国素攀武里地区中小学生即使在课堂中系统地学习汉语，在平时的生活中也很少能使用汉语，难以保证长期的学习效果。

（6）关于汉语学习中的"听"、"说"、"读"、"写"

A. 何者最重要

认为"说"最重要的学生最多，为36.7%；认为"听"最重要的学生次之，占30.5%；认为"读"和"写"最重要的学生分别占18.1%和14.7%。

B. 何者最不重要

选择"其他"选项的学生最多，占36.1%；其次是29.2%的学生认为"写"最不重要；接下来分别是"听"、"说"、"读"，分别占总数的15.3%、11.1%和8.3%。

选择"其他"的学生最多，这意味着学生认为汉语中的"听"、"说"、"读"、"写"都很重要。

C. 何者最难学

有超过半数的学生（51.3%）认为汉语学习中"写"最难学，其次分别是"读"、"说"、"听"，选择的学生分别占21.8%、19.2%和5.1%。

D. 何者最容易学

有47.5%的学生认为"听"是最容易学的；接下来依次是"说"、"读"、"写"，分别占22.5%、16.2%和13.8%。

E. 何者最喜欢学

40.8%的学生最喜欢学的是"说"，26.4%的学生最喜欢学习"听"，随后依次是"写"、"读"，分别占18.4%和11.8%。

F. 何者最不喜欢学

有54.1%的学生最不喜欢学的科目是"写"，有14.8%的学生选择的是"其他"，接下来依次是"读"、"说"、"听"，分别占13.5%、12.2%和5.4%。

"何者最难学"与"何者最易学"体现出较为明显的对比关系。约半数的学生认为"写"最难，"听"最易，因此，在"何者最不喜欢学"中，有大约半数的学生最不喜欢学习"写"汉字。但是，在"何者最重要"和"何者最不重要"的选择中，认为"说"最重要的学生最多，认为"写"最重要的学生最少，可见，学生认为"听"、"说"、"读"、"写"4项技能都很重要。

（7）关于教材

超过半数（55.2%）的学生对所使用的教材持"满意"的态度，有27.6%的学生觉得教材"一般"，没有学生对教材持"不满意"的态度，有17.2%的学生对教材持"无所谓"的态度。

学生对于教材的满意度一定程度上说明了汉语教材选择的正确与否。如调查结果所示，大多数学生对于汉语教材的选择是满意的。

（8）关于汉语教师

绝大多数（占96.5%）泰国学生喜欢汉语教师。在喜欢的原因中，选择"汉语教师脾气好"与"汉语课堂有意思"这两个选项的学生最多，分别占42.6%、41.2%。

形成对比的是，剩余的3.5%的泰国学生不喜欢汉语教师，在不喜欢的原因中，选择"汉语教师脾气不好"与"汉语课堂没意思"的泰国学生各占50%。

（9）关于汉语教师志愿者、孔子学院、HSK考试

41.3%和39.1%的学生听说过教师志愿者和孔子学院，69%的学生表示没有听说过HSK考试。

（10）是否去过中国

仅有4%的学生去过中国，其余96%的学生都没有去过中国。在回答"将来会不会去中国"这个问题时，有53.8%的学生回答"不会去中国"，15.4%的学生选择"不知道会不会去"。在回答"将来会去中国"的学生中，有44.4%的学生去中国是为了看望亲人和朋友，其次是旅游和读书。

（11）心目中与中国关系最密切的图案及其排序

在孔子、北京奥运会会标和吉祥物、中国国旗、天安门广场、包青天电视剧的海报及饺子6幅图中，泰国中小学生对中国国旗最为熟悉，51.2%的学生选择此项；对泰国中小学生来说，最不熟悉的画是孔子像，27.3%的学生选择此选项。

（二）小结

笔者通过对前文所述11所学校的中小学学生的问卷调查，发现泰国素攀武里府的中小学生对于学习汉语的态度是积极的。

第一，泰国中小学生喜欢学习汉语。调查显示华裔子女并没有占很大的比例，但是据笔者在泰国的观察，中国文化已经对泰国文化产生深刻的影响，大多数中小学生喜欢学习汉语。

第二，学习汉语有着更深层次的原因。随着中国－东盟贸易经济区的发展，中国对泰国经济具有深远的影响。在被问及为什么学习汉语时，多数学生选择的是"长大后有用"；选择要在毕业之后继续学习汉语的学生也比选择不会继续学习汉语的学生要多。对比英语在国际社会上的影响和英语在泰国的普及程度，可以看出，一个国家的强大与发展，对于这个国家所使用的语言的推广，有着不可估量的作用。

第三，使用汉语的机会少。由调查可知，泰国中小学生使用汉语途径单一，多数学生仅仅是在汉语课堂上使用汉语；加之汉语本身的特点，很多泰国中小学生认为汉语难学，最难学习的是如何书写汉字。

第四，对教材较满意。随着泰国"汉语热"的持续升温，泰国汉语教材丰富多样，多数泰国学生对于汉语教材持满意的态度。

第五，教师脾气好让学生喜欢汉语课堂。调查显示，泰国学生更为看重的是"汉语教师脾气好"及"汉语课堂有意思"。据笔者观察，泰国本土教师在课堂上对泰国学生要求比较严格，虽然在课下师生关系都较为融洽，但是在课上，一般泰国教师都保持着教师的绝对尊严。所以泰国学生对于脾气好的汉语教师有非常大的好感。但是，使学生喜欢汉语课、喜欢学习汉语不能仅仅依靠汉语教师的"好脾气"，而是要努力活跃汉语课堂，利用多种手段吸引泰国学生的注意力。

第六，对 HSK 考试比较陌生。随着各地孔子学院开办的各种活动以及汉办派出的泰国志愿者逐年增多，泰国学生对于志愿者和孔子学院并不陌生，但是，对于通向中国大学的 HSK 考试，泰国学生了解并不多。如何吸引更多的泰国学生来中国上大学，更加近距离地了解中国和中国文化，这是汉语教学需更加重视的问题。

第七，泰国学生对中国的了解，主要通过电视等媒介。泰国学生对于北京奥运会吉祥物、电视剧包青天的剧照都很熟悉，但在 6 幅图中最不熟悉的是孔子画像。如何面向泰国中小学生进一步推广中华文化是一个非常值得探究的问题。

五　泰国素攀武里地区汉语教学存在的问题及建议

随着全球贸易的发展、经济一体化程度的加深和信息技术的飞快发展，尤其是中国－东盟贸易自由区的建立，泰国政府越来越重视外语教学，以期培养更多的国际化人才。从 1992 年起，泰国开始改变汉语教育政策，放宽对华校的限制，并允许所有的中小学开设汉语课程。1998 年，泰国教育部批准汉语可以作为大学入学考试中的一门外语课程，代替德语、法语等。2000 年，泰国教育部正式通过汉语成为高中课程的决议。[①] 从 2003 年起，泰国教育部同意泰国小学可以开设汉语课。从 1992 年至今，泰国的汉语教育取得了令人惊叹的发展。

泰国的汉语教育一直是中国汉语推广的一个亮点，每年汉办都向泰国派出大量的志愿者。国家汉办网站显示，2008 年，国家汉办派往德国的志愿者人数为 21 人，而派往泰国的志愿者人数达到 500 人，2011 年派往泰国的汉语教师志愿者达到了 1200 人。但是，笔者深入泰国素攀武里地区对普通中小学调查后发现，在泰国汉语推广取得巨大成就的背后，泰国的汉语教学与汉语推广也存在一些问题。

（一）泰国素攀武里府中小学汉语教学中存在的问题

1. 教学大纲与教材

（1）教学大纲

"教学大纲是根据教学计划、以纲要形式制定的、对具体课程的教学目的、教学内容、教学进度和教学方法进行规范的指导性文件。"[②]

在笔者调查的泰国素攀武里府的 12 所中小学中，虽然都已经开设了汉语课程，有的学校还有专门的汉语教师，但是泰国教育部没有制定统一的汉语教学大纲，也没有一所学校制定自己的汉语教学大纲。汉语日常教

---

① 方雪. 泰国汉语教学与汉语推广研究 [D]. 山东大学硕士学位论文，2008：17.
② 刘珣. 对外汉语教育学引论 [M]. 北京：北京语言大学出版社，2010：301.

学、汉语考试的内容等都由各任课教师自己确定。这就造成授课内容较随意、汉语教学目标不明确、教学内容重复等问题。据了解，多数学校对汉语的教学效果并不做要求。

（2）汉语教材

泰国教育部并没有指定汉语教学的教材，这也导致素攀武里府开设汉语课的中小学没有统一的教材。刘珣在《对外汉语教育学引论》中提到，教材要有"五性"："针对性、实用性、科学性、趣味性和系统性"。[①] 在泰国素攀武里府中小学，常用的汉语教材是《汉语教程》、《快乐汉语》、《体验汉语》、《跟我学汉语》等。但是多数教师都在已有教材的基础上，根据所教学生的实际情况对教材进行了改编，也有少数汉语教师根据其他材料以及学生的实际情况自编教材，由此产生教材内容不科学、授课内容不规范等问题。另外，少数学校没有汉语教材。

在素攀武里府 12 所中小学中，只有 1 名泰籍汉语教师，其他学校均由志愿者或者实习教师授课。汉语教师彼此陌生，并不能就所教内容进行沟通，加上泰国中小学没有统一的汉语教学大纲，多数学校也没有统一的汉语教材，汉语教师频繁更换，很容易使讲授的内容前后重复或不能衔接。

2. 汉语教师

第一，在 12 所中小学中，任教的汉语教师年龄均在 30 岁以下，是名副其实的年轻教师。不可否认，无论是汉办派出的志愿者还是实习教师，都有强烈的责任心，有对中华文化的热爱之情，也有对泰国汉语推广的热爱；但我们也看到，这些年轻教师虽然在出国之前都接受过汉语教学的培训，但他们缺少汉语教学的实际经验，同时也缺少泰国中小学的课堂教学经验，比如面对课堂上的突发情况，他们的处理办法单一，有时甚至束手无策。

第二，根据问卷调查以及笔者观察，泰国中小学生"说"外语的能力较差，很多中学生在高中毕业时仍不能说出完整的英语句子。因此，完全不会泰语的汉语教师很难利用英语在课堂上有效地组织教学。而实际上，

---

① 刘珣. 对外汉语教育学引论 [M]. 北京：北京语言大学出版社，2010：314.

多数汉语教师只能利用泰语进行简单沟通，语言障碍是每个汉语教师都要面对的问题。

第三，如前所述，12 所学校的汉语教师均低于 30 岁。苏琪研究发现，泰国国立中学的汉语教师年龄多在 20～29 岁，几乎没有 40 岁以上的汉语教师。[①] 有经验的汉语教师很少，年轻教师难以找到请教对象。而且，很多汉语教师在到任之前对所任教的学校和学生情况并不了解。相比之下，泰籍英语教师的年龄结构较为合理。年轻教师在英语教学过程中，既能贯彻先进的教学理念，也有教龄较长的有经验的教师给予指导。

3. 学校对汉语教学的态度

调查显示，多数汉语教师"满意"学校对汉语推广的态度，认为学校对汉语教学持支持态度。比如，所有接受调查的学校都可以利用多媒体进行教学，有字卡等教具。但是有汉语课外活动的学校不足一半。泰国中小学以活动丰富多彩著称，但是相较于英语课外活动，汉语课外活动并不多。笔者发现，学习汉语的中小学生没有环境练习使用汉语，学生使用汉语最多的地方是汉语课堂。相比之下，近年来泰国华校汉语教学与文化推广都取得了很大的成就。这些成就的取得，要归功于汉语教学时间长、对汉语教学的要求高等泰国华校自身的特点，更要得益于华校的学生可以学以致用，能够在更多的活动中使用汉语。但是，泰国普通中小学难以提供这样的学习机会，部分学校由于种种原因，甚至不愿意参加当地孔子学院举办的一些活动。

4. 泰国学生

第一，泰国中小学生学习汉语的态度令人担忧。据笔者在素攀武里府中小学实习时观察，泰国中小学生课业压力不大。很多泰国教师认为，泰国学生学习不认真的原因很多，比如：学生年龄不大，对于未来没有好的规划；学生家长对于子女的教育不够，对于子女的学习也不够重视；泰国人口不多，考大学相对来说比较容易，除几所很好的大学外，申请入学并不困难；等等。如前所述，大多数学生喜欢汉语，但被问及是否继续学习汉语时，"不知道"的学生占大多数，因为这取决于升入的学校是否有汉

---

① 苏琪. 泰国国立中学汉语师资现状调查及研究 ［D］. 暨南大学硕士学位论文, 2009.

语课。另外，很多汉语教师指出，很多学生虽然喜欢汉语，但是课堂纪律不好，对汉语学习的态度也不认真。

第二，很多学生认为汉语比英语难，继续学习汉语的原因是对将来有用，只有少部分学生觉得有趣或者喜欢汉语而学习。目前中国对世界的影响与欧美国家相比还有一定差距，如果仅以就业为导向，那么更多的泰国人会选择用更多的时间去学习英语，而不是汉语。如何让更多的泰国学生对汉语学习产生兴趣，是在泰国任教的汉语教师需要解决的问题。

（二）对泰国素攀武里府中小学汉语教学的建议和意见

1. 教学大纲与教材

到目前为止，泰国教育部还没有专门针对汉语教学编写大纲及规定教材。那么我国相关部门是否可以组织一些真正深入泰国中小学的一线教师编写针对性较强的汉语教学大纲及汉语教材，尤其是针对泰国普通中小学汉语学习者的汉语教学大纲以及知识点不多而课堂活动丰富的汉语教材？作为负责汉语推广的机构，汉办和孔子学院已经做了大量的工作，比如出版有针对性的教材、派出汉语教师志愿者等。很多汉语教师使用的教材，如《汉语教程》、《快乐汉语》都是由汉办组织教师编写的，并且是泰语版，很受欢迎。但是，在素攀武里府开设汉语课程的中小学中，多数班级每周只有一堂汉语课。一位一线汉语教师曾经戏谑地说："我们就是在不断'炒冷饭'。"每周一堂课的汉语课虽然为必修课，但是实际上更类似于汉语兴趣班。每堂课教师都要花不少精力对学过的内容进行复习，否则无论课堂效果多好，在一周根本不接触汉语的情况下，学生也会把上一节课的内容遗忘干净。一个在普通中学学过一年汉语的学生，只会说"你好"、"再见"，这样的情况并不少见。

不利用现有教材，并不是否定现有教材。现有教材对于那些对汉语教学要求较为严格的学校是适用的，但是对于类似"汉语兴趣班"的课堂并不适用。另外一个很矛盾的现象是：知识点少、活动多的教材是针对年龄较小的汉语学习者编写的；但是实际上，很多高年级的学生也是初学者，如何给高年级学生组织课堂教学活动，是一个令汉语教师非常头疼的问题，因此教材的编写还需考虑学习者不同的年龄特点。

综上所述，如果能出版由泰国中小学一线汉语教师编写的教材，并出台指导性的大纲，而不是让各位年轻汉语教师"摸着石头过河"，这对于泰国普通中小学的汉语教学是非常有帮助的。

2. 汉语教师的培养与培训

（1）泰国本土汉语教师的培养

应当大力培养泰国本土汉语教师人才。泰国汉语教育水平的提高，应该依靠泰国本土教师，而非数量有限的中国教师。目前，中国有多所高校和泰国中小学签订了共同培养泰国本土汉语教师的协议。只有当这些本土汉语教师成为教学中坚力量时，泰国的汉语教学才能真正步入正轨。

（2）中国对外汉语教师的培训

首先，困扰这些年轻汉语教师的第一个问题是语言问题。中国高校除广西师范大学等少数几所大学之外，都没有开设外语为泰语的对外汉语专业。很多到泰国任教的实习教师（基本上是对外汉语专业或者汉语国际教育专业的学生）都不会讲泰语，这给他们的实习造成了不小的困难。笔者查阅过 2012 年国家汉办培训赴泰志愿者的课程表，发现在为期一个月的培训中，大概只有 9 堂泰语培训大课。因此，即使经过培训，对于之前并未接触过泰语的志愿者来说，在泰国的中小学课堂上使用泰语进行教学也是有困难的。我国很多学校的汉语国际教育专业（包括对外汉语专业）都非常注重学生的外语能力，但是大多数学校都只注重英语能力的培养。那么随着汉语推广的发展，是不是应该给这个专业开设二外甚至三外课程，以拓展这个专业学生的专业素质？学习一门外语需付出持续和长久的努力，突击性的学习往往效果不佳。

其次，培训、学习的针对性有待提高。笔者在就读研究生期间，学校组织了很多卓有成效的教学活动，比如到本校和其他高校的国际教育中心进行实习，和国际教育中心的一线教师进行交流，等等。但是，也有些教学活动的效果并不理想。比如，组织汉语国际教育硕士和对外汉语专业的学生去国内的小学实习。虽然在小学实习可以让我们更了解小学生的特点，也有利于第二阶段的国外实习，但是就教学本身来说，母语教学和非母语教学有着很大的差别，母语教学的很多教学方法并不适用于对外汉语教学的课堂。

因此，学校和当地孔子学院应该针对当地学校的实际情况来培训即将任教的年轻汉语教师，比如在这些教师任教之前，请原来在这些学校任教的教师对新教师进行培训或者开展座谈交流。

最后，汉语教师应该摆正心态。很多汉语教师都是第一次走出国门，对泰国的汉语教育情况并没有足够的了解。出国后的现实和出国前的设想也许有很大的差距。但是，笔者认为，对外汉语教师是一项神圣的职业，汉语教师往往代表着中国的形象。汉语教师不应因为所教内容简单而有混日子的想法。如果仅仅因为想去泰国旅游而申请担任教师志愿者的话，那么就背离了从事汉语国际教育的初衷。汉语教师和志愿者都是一扇窗，很多异国的孩子正是通过这些汉语教师认识中国。

3. 汉语文化推广

一名英国外教在"学校寻求外籍教师途径"的备注中注明，她是通过一个TEFL（Teaching English as a Foreign Language）公司来泰国任教的。由此可见，虽然英语已经成为国际上通用的语言，但是以英语为母语的国家仍然不遗余力地推广自己的语言和文化，希望世界上更多人学习英语、使用英语、了解英语文化。除了我国的孔子学院，德国的歌德学院、西班牙的塞万提斯学院，都是各国专门设立的推广本国语言文化的组织，并都取得了不错的成绩。另外，法国、日本等国家也在不遗余力地推广本国语言，并把它作为国家战略目标。

据孔子学院官网统计，截至2010年10月，共有96个国家（地区）设立了322所孔子学院和369个孔子课堂。孔子学院（课堂）作为外国人学习汉语及汉语文化的重要场所，对汉语文化在世界各国的传播发挥了重要的作用。"汉语热"在世界各地的兴起和汉办及孔子学院的大力推广是分不开的。但是也应该看到，"汉语热"与我国强大的经济实力和国际影响力有着密切的联系。由调查可知，泰国中小学生学习汉语最主要的原因是"对将来有用"，而汉语教育对泰国的影响也主要体现在对两国经贸发展的促进上。虽然汉语教学日益受到重视，但是对比英语教育和韩语教育，汉语教育仍有诸多问题。首先，在国家利益的推动下，泰国政府不遗余力地推动汉语教育。但是，在泰国人的日常生活中，汉语的用处远小于英语。其次，当地泰国华裔家庭使用的是家乡话，很多泰国华裔二代对汉语一无所知。再次，泰国大力发展旅游业，芭提雅、普吉岛世界闻名，到泰国旅游的中国游客虽然越来越多，但是通用语言仍然是英语。最后，在泰国高中升学考试中，英语是必考科目，汉语则是选考科目，而且有德语、法语等其他外语可选择。虽然韩语教学并不像汉语教学一样在泰国受到政府和皇室的重视，但是韩国娱乐文化在亚洲的盛行，成为泰国学生学习韩语的重要原因。在这一方面，汉语显然没有韩语那样大的吸引力。

因此，如何提高汉语的吸引力，使汉语更"民间化"，是汉办和当地孔子学院要解决的重要问题。由调查可知，泰国学校在组织汉语活动方面并不十分积极，有一半的学校没有汉语活动。这项工作只能由当地孔子学院和汉语教师来完成。笔者在泰国素攀武里府实习期间，曾经参加过当地孔子学院举办的汉语演讲比赛。但是笔者所在的学校并未派学生参加，原因是规定篇目太难，学生无法完成。而且在比赛过程中，笔者发现华校的学生占有绝对的优势。因此，孔子学院在组织活动时应该考虑各个学校学生的不同水平，分阶段、分层次组织活动。否则，统一化的活动很难调动汉语水平低的学生的参与积极性。

书法、剪纸、中国画等中华才艺的展示在汉语推广中是必不可少的，但是对于提高学生学习汉语的兴趣并未无显著作用。笔者认为，孔子学院可以根据泰国学生好动、动手能力强等特点来开展活动：定期在各学校教授太极拳，并举行太极拳比赛；举办跟中国文化相关的绘画比赛、书法比赛等各类比赛等。只要有利于宣传中国文化，把中国文化融入其中，吸引更多的泰国学生去了解中国文化，这样的活动就是成功的。

汉办拥有较丰富的汉语文化推广的电子资源，但是这些资源的针对性不够强，质量也有待提高。应该制作更多的、针对不同年龄与不同国家的介绍中国文化的电子资源，比如开发一些游戏软件、制作一些动漫版的中华文化光盘等。例如，在汉办的电子资料里有关于中国春节的介绍，但是其内容并不适合泰国中小学生学习。首先光盘只有英语和中文字幕，学生难以看懂。其次，该光盘大量使用文字来介绍中国春节习俗，缺少画面等内容，学生觉得索然无味。相反，电视剧等具有大得多的吸引力，这也是为什么在问卷调查中很多学生不认识孔子却认识"包青天"。

结　语

中泰交往历史源远流长，中国和泰国的贸易联系也越来越紧密，"汉语热"在泰国日益升温。泰国的汉语教育已经有很长的历史，很多泰国教师认为未来汉语在泰国会更受欢迎，但是我们应看到：泰国素攀武里府普通中小学的汉语教育大多处在刚刚起步的状态，远没有形成体系；正规的汉语教育泰国的发展时间并不长，泰国的汉语教育任重而道远。

未来，汉办、孔子学院、学校、汉语教师需要共同努力，改变中小学汉语教育只有汉语课堂、学生无处使用汉语、学校也不知该怎么举办汉语活动的尴尬境地；让一批批年轻的汉语教师志愿者和实习教师在中小学任教之后，真正地把汉语的种子撒在各个学校；各所学样应当聘请长期固定的本土汉语教师，与每年从中国去任教的年轻汉语教师一起，使泰国的中小学生真正能喜欢汉语、学会汉语。

参考文献

[1] 陈记运. 泰国汉语教学现状 [J]. 世界汉语教学，2006（3）.

[2] 陈艳艺. 泰国学生初学汉语口语偏误及教学对策——以泰国清莱皇太后大学汉语教学实践为例 [D]. 厦门大学硕士学位论文，2007.

[3] 程方平. 泰国的教育改革 [J]. 中国民族教育，2004（1）.

[4] 程方平. 发达国家教育管理制度 [M]. 北京：时事出版社，2001.

[5] 寸雪涛. 从泰国政府政策的变化剖析当地华文教育的发展历程 [J]. 东南亚纵横，2006（8）.

[6] 董红. 全球化背景下的泰国高等教育改革特点初探 [J]. 成都大学学报（教育科学版），2009（1）.

[7] 方雪. 泰国汉语教学与汉语推广研究 [D]. 山东大学硕士学位论文，2008.

[8] 郭裕湘. 泰国高校汉语教育的历史、现状及对策 [J]. 钦州学院学报，2010（5）.

[9] 胡惠莲. 泰国初级汉语课程的词汇教学 [D]. 厦门大学硕士学位论文，2007.

[10] 阚阅，周岩. 泰国高等教育现代化研究 [J]. 江苏高教，2006（5）.

［11］李琴．后发达国家高等教育国际化研究［D］．山东大学硕士学位论文，2010.

［12］李延凌．泰国［M］．南宁：广西人民出版社，2004.

［13］李延凌，主编．中国－东盟自由贸易区问答 108［M］．南宁：广西人民出版社，2004.

［14］刘晓勋．泰国高校中文系汉语语音教学研究［D］．扬州大学硕士学位论文，2009.

［15］刘珣．对外汉语教育学引论［M］．北京：北京语言大学出版社，2000.

［16］罗珺珺．泰国三套常用初级汉语教材练习设置比较研究［D］．暨南大学硕士学位论文，2010.

［17］苏琪．泰国国立中学汉语师资现状调查及研究［D］．暨南大学硕士学位论文，2009.

［18］孙红．面向泰国汉语教学"国别化"词表的研制［D］．暨南大学硕士学位论文，2009.

［19］陶倩．泰国英语教育发展研究［D］．广西师范大学硕士学位论文，2010.

［20］王宇轩．《体验汉语》（泰国中小学系列教材）调查评估研究［D］．暨南大学硕士学位论文，2009.

［21］谢振发．泰国大学生汉字辨认情况研究［D］．北京语言大学硕士学位论文，2007.

［22］央青．泰国汉语快速传播对其它国家顶层设计的启示［J］．西南民族大学学报（人文社会科学版），2011（2）.

［23］余定邦，陈树森．中泰关系史［M］．北京：中华书局，2009.

［24］周江林，宋菊．泰国教育改革主线及特征分析：1997－2005［J］．外国中小学教育，2007（6）.

泰国华侨崇圣大学汉语教育调查与研究

汪　琼（2013 届汉语国际教育专业硕士）

导师：黄南津　龙松林

摘　要：鉴于泰国华侨崇圣大学在泰国汉语教育界的独特性、典型性及代表性，本文以泰国华侨崇圣大学中国语言文化学院为研究对象，通过文献资料收集、个别访谈、问卷调查、电子邮件等方式，从师资队伍的数量与结构、教材编纂的来源与体系、课程设置的变化与调整、学生学习汉语的动机与动因四个方面来深描其汉语教学的发展过程，分析演变原因，预测发展趋势。

关键词：华侨崇圣大学　汉语教学　教育史

一　华侨崇圣大学概况

（一）华侨崇圣大学简介

华侨崇圣大学（以下简称圣大）创立至今已有 70 余年历史，是泰国第一所也是唯一一所由华人捐款全资兴建、管理和不以营利为目的的综合性大学，同时也是第一所、至今为止唯一一所获泰国普密蓬皇上恩赐校名并御驾亲临主持揭幕典礼的私立大学。

圣大的所有权属于泰国华侨报德善堂。该善堂创建于 1910 年，是泰国规模最大、贡献最多并由华人主办的慈善基金会。

圣大的前身为 1942 年成立的华侨助产学校，1981 年升格为华侨学院，开始招收护士学专业本科学生。1990 年，著名侨领、报德善堂董事长郑午楼博士发起创办华侨崇圣大学，1992 年 5 月获得泰皇恩赐校名"华侨崇圣大学"，1994 年 3 月 24 日，泰皇主持圣大揭幕大典，一时成为泰华社会的盛事。①

圣大创立之初就确立了"学成为社会服务"的办学理念，期望能成为泰国的中国语言文化研究基地。学校每年都为教师提供超过 500 万泰铢的研究预算，用于开展关于中国语言文化和中泰关系等方面的研究工作，还不断为社会提供学术服务。中文系 2010 年独立为中国语言文化学院，提出让国内外学生在国际性的氛围中学习中国语言和中国文化，并设立泰中研究所，负责研究和传播中国语言文化。②

圣大图书馆建立于 1992 年，发展为泰国以至东南亚地区最大的汉语教育研究及泰中历史文化研究的资料中心，是其目的之一。据统计，该图书馆馆藏共约 20 万册，仅中文藏书就有 4 万余册，居泰国大学之首。③

目前，圣大已与中国 39 所大学建立了学术交流与合作关系，持续实施中泰师生的交流计划，每年圣大都派出中文专业学生和中医学院学生到中国留学一年，同时圣大每年接受大约 300 名中国学生来此留学。④ 圣大高度重视中文教学，并取得了丰硕成果。

（二）中文系的发展概况

圣大创立之初即成立中文系，隶属于人文学院，2000 年发展为文学院中文系。从 2010 年开始，中文系独立为中国语言文化学院。将中文系独立建制乃泰国首创。中国语言文化学院包括本科和硕士专业。本科为汉语专业，2011 年增加了中国语言文化专业。硕士专业有三个，即中国现当代文学（2006 年与福建华侨大学合作办学）、对外汉语教学（2010 年与广西大

---

① 朱其智. 泰国华侨崇圣大学的汉语教学 [J]. 中山大学学报论丛，1997（4）.
② 华侨报德善堂 100 周年特刊 [M]. 北榄府：华侨崇圣大学出版社，2010：140.
③ 圣大图书馆存档资料.
④ 中华日报，2010 - 09 - 13.

学合作办学）、高级商务汉语（2010 年与云南财经大学合作办学）。该学院 2011 年申请成为汉语水平考试（HSK）中心。建系以来，学生人数飞速增长，由 1992 年的 5 人发展到 2012 年的 587 人。①

中文系②还面向社会举办短期基础中文、中级中文、高级中文、商业中文和中文师资等培训班。此外，为了增加学生的知识、创造良好的学习环境、促进学生学习中国文化，中文系每年组织学生到北京大学、北京语言大学等高等学府短期留学。

圣大非常重视汉语教学，致力于打造强大的师资队伍，自 1994 年开始即派泰籍教师到北京大学、北京语言大学等高等学府攻读汉语专业的硕士、博士学位。除聘请有良好中文水准的泰国教师之外，圣大中文系还先后从北京大学、北京语言大学、中山大学、暨南大学、北京师范大学、台湾师范大学礼聘具有丰富经验的汉语专家、教授前来授课。到 2012 年，中文系教师总数已达 31 人，其中泰籍教师 16 人，中国籍教师 15 人。

圣大中文系与中国内地高校始终保持着密切联系，1995 年就同中国 4 所著名大学——北京大学、北京语言大学、中山大学和暨南大学签订了教学和学术交流合作协议书③，目前还与中国华侨大学、广西大学、云南财经大学 3 所大学合作办学。自 2008 年开始，该学院与国内多家知名院校开展了学生交换教育合作项目，包括钦州学院、广西民族大学、广西东方职业技术学院、中央民族大学、华侨大学等。

二　师资队伍——数量与结构

圣大师资队伍的持续优化是圣大汉语教育蓬勃发展的保证。本土教师和外籍教师从数量看在不断增加，从结构看逐渐成平分之势，师资的知

---

① 圣大中文系办公室存档资料；谢玉冰，黄如依，何福祥，等 . The Evaluation of the Bachelor of Arts Program in Chinese：Huachiew Chalermprakiet University（泰文）［M］. 北榄府：华侨崇圣大学出版社，2008：269.

② 行文中，为表述方便，沿用"中文系"这一旧称，实际上，圣大中文系 2010 年即独立为中国语言文化学院。

③ 李大遂 . 上下同心　振兴中华［M］. 北榄府：华侨崇圣大学出版社，1995：56.

识、年龄、性别等结构渐趋合理。

（一）本土教师与外籍教师渐成平分之势

圣大中文系师资队伍由本土教师和外籍教师组成。本土教师在本文中指泰国本地的教师。他们大多是华裔，也有个别泰国本土人。本土汉语教师有一部分是 20 世纪 80 年代初选修汉语专业的本科毕业生，通过聘请、推荐等方式到圣大任教；另一部分是 20 世纪 90 年代在圣大中文系汉语专业就读、成绩优异且自愿留校任教的毕业生。外籍教师即非本土教师，主要是指来自中国内地和台湾的教师，包括汉办派驻教师、圣大自聘教师、合作单位派驻教师三类。

2000～2006 年，圣大中文系的本土教师由 8 人增加到 11 人，本土教师占教师总人数的比例较大，最低时亦达到 61.11%；外籍教师由 3 人增加到 7 人，与本土教师数量相比较少，占教师总人数的比例最高时仅为 38.89%。其中 2004 年是本土教师和外籍教师数量对比最悬殊的一年，本土教师达到 78.57%，为历年最高，而外籍教师仅为 21.43%（见表 1）。整体而言，2000～2006 年，本土教师的比重远大于外籍教师，是圣大中文系师资的主要力量。

2007～2012 年，本土教师数量由 11 人增加到 16 人，外籍教师由 8 人增加到 15 人。2012 年是中文系师资队伍最强大的一年，总数为 31 人，其中本土教师 16 人，外籍教师 15 人，分别占 51.61% 和 48.39%（见表 1）。其中，4 名本土教师学成归国任教以及合作单位派驻教师人数的增加是 2012 年师资队伍壮大的主要原因。

可见，2000～2012 年，从总体发展趋势来看，在本土教师和外籍教师人数不断增加、教师队伍逐渐壮大的同时，本土教师占教师总数的比重逐渐下降，外籍教师比重逐年上升，二者渐趋平分之势。

表1 2000～2012 年圣大中文系师资队伍人数和比例变化

单位：人，%

年份	本土教师数量	外籍教师数量	本土教师比例	外籍教师比例
2000	8	3	72.73	27.27
2001	8	4	66.67	33.33

续表

年份	本土教师数量	外籍教师数量	本土教师比例	外籍教师比例
2002	8	3	72.73	27.27
2003	9	4	69.23	30.77
2004	11	3	78.57	21.43
2005	10	4	71.43	28.57
2006	11	7	61.11	38.89
2007	11	8	57.89	42.11
2008	10	9	52.63	47.37
2009	12	10	54.55	45.45
2010	15	12	55.56	44.44
2011	12	14	46.15	53.85
2012	16	15	51.61	48.39

资料来源：圣大中文系办公室存档资料。

师资队伍人数和比例的变化主要源于三个方面的原因。第一，圣大领导层重视汉语教学，不仅聘请大量本土汉语教师和有经验的外籍教师，而且与中国高校合作办学，聘请知识广博、科研能力强的中国教师前来任教。第二，圣大领导人眼光长远，从早期便开始送本土师资到中国留学，攻读硕士、博士学位，以提高师资队伍质量。第三，中国政府和国家汉办重视对外汉语教育。国家汉办公派大量汉语教师到海外任教，同时实行海外教师培养计划，确保各国汉语教育的可持续发展。

（二）外籍教师的构成

1. 外籍教师总体简介

圣大外籍教师包括两类，即中国大陆教师（以下简称大陆教师）和台湾教师。大陆教师主要分为汉办公派、志愿者、合作单位派驻、圣大自聘四种；台湾教师包括合作单位派驻和圣大自聘两种。详见表2。

表2　2000～2012年圣大中文系外籍教师类别及数量变化

单位：人

年份	大陆教师				台湾教师		总数
	汉办派驻		合作单位派驻	圣大自聘	合作单位派驻	圣大自聘	
	公派	志愿者					
2000			2		1		3
2001			3		1		4
2002			2		2		4
2003			3	0	0	1	4
2004			2	0	0	1	3
2005			3	0	0	1	4
2006			2	2	2	1	7
2007	1		3	1	2	1	8
2008	1		4	2	1	1	9
2009	1	1	4	3	0	1	10
2010	1	5	2	3	0	1	12
2011	1	5	2	4	0	2	14
2012	1	6	3	3	0	2	15

资料来源：圣大中文系办公室存档资料。

2. 大陆教师地位稳固

随着中国经济的迅猛增长，汉办公派教师和教师志愿者队伍逐渐壮大。从表2可知，2007～2012年，中文系每年都有1位公派教师，并于2009年迎来第一批志愿者，虽仅有1人，但2010年便增加到5人。公派教师和志愿者教师是中国政府支持的一支主要师资力量。

合作单位派驻教师主要是指与圣大合作办学的大陆高等学府的专、兼职专家和教授，他们是圣大汉语教学质量不断提高的重要保障。1994～2006年，圣大每年都从中国大陆和台湾聘请3～4位汉语教师到中文系任教。2006年圣大开始与福建华侨大学合作办学，2007年华侨大学开始派教师前来任教。2010年圣大与广西大学、云南财经大学合作办学，广西大学、云南财经大学不断派遣教师前来任教，充分保证了圣大汉语师资的稳定发展。

自 2006 年开始，圣大自聘大陆教师前来任教，最多时一年达到 4 位，此类教师大多是出于经济原因并喜欢在泰国生活，通过介绍或应聘到圣大教授汉语，有一定的教学经验和泰语基础。

大陆教师在汉语教学方面的优势比较明显。他们普通话标准，使用的课本和板书均为简体字，有利于学生学习；教材内容新颖，贴近生活，能激发学生的兴趣；教学模式新颖、方法灵活。公派教师、合作单位派驻教师和圣大自聘教师均有一定的教学经验且知识广博；教师志愿者大多是在读硕士生，积极负责，备课认真，能与学生有良好的沟通，很受学生欢迎，因此能取得良好的教学效果。大陆教师队伍的稳定发展，是圣大中文系汉语师资队伍不断壮大和优化的重要保障。

3. 台湾教师日益减少

圣大自办学之初便有台湾教师任教。从表 2 可知：十多年来台湾教师人数较少且变化不大，合作单位派驻教师 2000～2002 年每年 1～2 人，2006～2008 年由 2 人减至 1 人，其他年份则无合作单位派驻教师；2003～2012 年圣大一共解聘过 2 名台湾教师，都是年过六旬的老教师。

台湾教师虽然数量少，但也曾有教师担任圣大中文系主任，使用台湾的教材及教学模式，教授繁体字，在圣大汉语师资队伍中扮演过重要角色。

台湾教师数量减少的主要原因为：第一，中国大陆日益发展壮大。第二，汉办派往泰国的公派教师和志愿者教师数量日益增加，成为圣大汉语师资队伍的主要力量。第三，台湾教师自身存在一定问题，如教师年龄偏大，使用台湾的教学模式，选用台湾课本，教授繁体字，教学内容及方法不适应新时代学生的需求，等等。因此，圣大与台湾高校的合作日益减少，台湾教师数量也不断减少，从 2009 年起不再有合作单位派驻的台湾教师，现仅有两位自聘的经验相当丰富的台湾教师。

（三）师资结构渐趋合理

师资队伍结构的优化有利于学校教学水平和教育质量的提高。下面从数量、性别，年龄、学历四个方面，对十多年来圣大中文系师资队伍的结构进行分析。

1. 师生比例渐趋合理

从表3可以看出：2000~2012年，教师数量基本呈逐年上升趋势，2012年的教师数量约是2000年的2.8倍；学生数量虽中间偶有下降但总体也呈上升趋势，2012年约是2000年的2.5倍；师生数量比例由2003年与2004年最低时的1：39提高到2012年的1：19，师生比例渐趋合理。以下根据数据的变化，将师生数量及比例分为2000~2001、2002~2005、2006~2012这三个阶段来分析说明。

表3　2000~2012年圣大中文系师生数量及比例

单位：人

年份	2000	2001	2002	2003	2004	2005	2006	2007	2008	2009	2010	2011	2012
教师	11	12	11	13	14	14	18	19	19	22	27	26	31
学生	234	301	394	502	541	529	498	424	380	504	530	499	587
师生比	1：21	1：25	1：36	1：39	1：39	1：38	1：23	1：22	1：20	1：23	1：20	1：19	1：19

注：泰籍教师出国深造期间未算在数据中。

资料来源：圣大中文系办公室存档资料；谢玉冰，黄如依，何福祥，等. The Evaluation of The Bachelor of Arts Program In Chinese：Huachiew Chalermprakiet University（泰文）[M]. 泰国：华侨崇圣大学出版社，2008：269.

2000~2001年，教师数量增加1人，学生数量增加了67人，师生比例平均保持在1：23；2002~2005年，教师数量由11人增加到14人，学生数量则突飞猛进，由394人增加到529人，师生比例由2002年的1：36变为2005年的1：38，师生比例平均值为1：38；2006~2012年，教师数量大幅增长，由18人增加到31人，学生数量由498人增加到587人，师生比例由1：23变为1：19，师生比例平均值为1：21。

根据朝鲁、梁秀基对1970~1986年世界高等教育教师与学生比的统计，世界各国高校师生比的平均水平为1：14。[①] 与世界平均师生比值相比，圣大中文系2000~2001年师生比例稍低，主要是因为圣大办学不久，汉语教师数量有限，师生比平均值达到1：23。随着"汉语热"的出现，学习汉语的人数急剧增长，汉语教师供不应求，特别是2002~2005年，圣

① 朝鲁，梁秀基. 我国高等院校师生比研究 [J]. 内蒙古师大学报（哲学社会科学版），1997（4）.

大中文系的学生数量最高达到 541 人，师生比例最低达到 1：39，这种情况引起了学院领导的重视。因此，从 2006 年开始，学院开始控制招生数量、壮大师资队伍，不仅增加本土教师，而且从中国大陆、台湾高校聘请汉语教师前来任教。此措施有效地缓解了中文系师资供不应求的问题。随着本土教师的增加，以及汉办公派教师、教师志愿者、合作办学教师的到来，师资队伍日益壮大，2006～2012 年，教师数量由 18 人增加到 31 人；学生数量变化起伏较大，最少时为 380 人，最多达 587 人。其中，2012 年是变化最大的一年，教师数量达到历史之最（31 人），学生数量也达到十多年来之顶峰（587 人），师生比例为 1：19。

由此看出，十多年来，受学校发展及"汉语热"等多方面因素的影响，圣大中文系的师生比例发生了较大的变化，总体来说逐渐趋向合理化。

2. 性别比例变化起伏较大，但总体属合理范围

由表 4 可以看出：2000～2012 年，圣大中文系男、女教师数量总体都呈持续上升趋势，女性教师多于男性教师。

表 4　2000～2012 年圣大中文系教师男女数量及比例

单位：人

年份	男	女	男女比例
2000	4	7	1：1.75
2001	5	7	1：1.40
2002	5	6	1：1.20
2003	5	8	1：1.60
2004	5	9	1：1.80
2005	5	9	1：1.80
2006	6	12	1：2.00
2007	7	12	1：1.71
2008	7	12	1：1.71
2009	7	15	1：2.14
2010	8	19	1：2.38
2011	10	16	1：1.60
2012	11	18	1：1.38

资料来源：圣大中文系办公室存档资料、往届学生调查问卷。

十多年来，圣大中文系教师性别比例变化起伏较大。2006~2010年，女性教师大量增加，主要是因为汉办派驻的教师大多为女性，同时，归国任教的本土教师中女性教师也占多数。2011~2012年，由于合作单位派驻的教师主要为男性教师，因此男女教师的比例逐渐平衡。值得注意的是，2012年男女教师比例为1：1.38，这主要得益于2位合作单位派驻的教师和1位学成回国任教的本土教师均为男性。

目前国际上高校男女教师的比例尚无统一、合理的标准。但纵观国内外的外语院系可知，女生数量通常多于男生，因此女性教师多于男性教师也在情理之中。2000~2012年，圣大中文系男女教师比例平均值为1：1.73，笔者认为总体属合理范围。

3. 师资队伍渐趋年轻化

从表5可知：2000~2012年，35岁以下的教师在教师中的比重总体上不断增大，截至2012年底，占58.06%；35~45岁的中年教师的比重总体上逐渐减小，由2000年的54.55%缩小到2012年的25.81%，比重变化较为明显；45岁以上的教师较少，2012年仅占16.13%。由此可知，2000~2012年，圣大中文系的师资队伍渐趋年轻化。

表5　2000~2012年圣大中文系教师年龄及比例

单位：人，%

年份	30岁以下	30~35岁	35~40岁	40~45岁	45岁以上	35岁以下	35~45岁	45岁以上
2000	2	3	4	2	0	45.54	54.55	0.00
2001	2	3	4	0	3	41.67	33.33	25.00
2002	1	3	3	1	3	36.36	36.36	27.28
2003	1	5	3	1	3	46.15	30.77	23.08
2004	4	5	3	0	2	64.29	21.43	14.28
2005	3	6	3	0	2	64.29	21.43	14.28
2006	5	6	5	0	2	61.11	27.78	11.11
2007	7	4	3	3	2	57.89	31.58	10.53
2008	9	3	1	3	3	63.16	21.05	15.79
2009	5	9	2	3	3	63.64	22.73	13.63

年份	30 岁以下	30～35 岁	35～40 岁	40～45 岁	45 岁以上	35 岁以下	35～45 岁	45 岁以上
2010	7	8	3	5	4	55.56	29.63	14.81
2011	10	5	2	4	5	57.69	23.08	19.23
2012	12	6	3	5	5	58.06	25.81	16.13

资料来源：圣大中文系办公室存档资料、往届学生调查问卷。

十多年来，圣大中文系师资队伍渐趋年轻化是有其深刻原因的。2000～2003 年，教师年龄结构较为合理。35 岁以下的青年教师占教师总数的平均比例为 41.43%，35～45 岁的中年教师平均占比为 38.75%，45 岁以上的教师平均比例为 19.82%。这主要得益于圣大在聘请本土青年教师的同时，还聘请大陆具有资深经验的专家前来授课，同时也有合作单位派驻的中年教师。

2004～2012 年，青年教师占有较大比例，中年教师比例明显缩小，45 岁以上的教师数量也有所减少。35 岁以下的青年教师占教师总数的平均比例为 60.63%，35～45 岁的中年教师平均占比为 24.95%，45 岁以上的教师平均占比为 14.42%。这是因为，随着"汉语热"的兴起与国家汉办的支持，本土年轻教师越来越多，汉办派驻的教师中也以年轻教师居多。中年教师和具有丰富经验的教师的占比不断下降，主要有两方面原因：第一，国内教师培养不起来，学校和专业的发展时间均较短，因此本土汉语教师大多为年轻教师，资深教师数量有限；第二，国外教师引不进来，国外中年以上的教师大多有了家庭，需要时间和精力照顾家庭，同时，他们也是国外高校教育发展的主干力量，出国有诸多不便。

师资队伍的年轻化使 35 岁以下的青年教师成为中文系发展重要的后备力量。但也不难看出，师资队伍中，不少教师是 30 岁以下刚毕业不久的硕士，他们年龄偏低，教学经验与科研能力还不足；35～45 岁的中年教师具有较丰富的经验，且能与时俱进，是汉语教学的主要力量，但其占比不断下降，无疑对教学质量的提高有较大影响；45 岁以上的资深教师大多有 20年以上的教学经验，有较为成熟的教学方法和模式，是教学质量不断提高的重要保障，其占比不断下降在一定程度上不利于圣大整体汉语教学水平的提高。

4. 教师学历水平逐渐提高

十多年来，圣大中文系教师的学历水平逐步提高。统计表明，2000～2012 年，圣大中文系教师学历水平有较大变化，本科学历教师数量总体上逐渐减少，本科以上学历的教师数量整体上呈持续上升趋势（见表 6）。

表 6　十多年圣大中文系教师学历变化

单位：人，%

年份	本科	在读硕士	硕士	在读博士	博士	本科	硕士（含在读硕士）	博士（含在读博士）
2000	2	0	8	0	1	18.18	72.73	9.09
2001	2	0	9	0	1	16.67	75	8.33
2002	2	0	8	0	1	18.18	72.73	9.09
2003	3	0	7	0	3	23.08	53.85	23.08
2004	5	0	7	0	2	35.71	50	14.29
2005	5	0	7	0	2	35.71	50	14.29
2006	6	0	10	0	2	33.33	55.56	11.11
2007	5	0	11	0	3	26.32	57.89	15.79
2008	3	0	13	0	3	15.79	68.42	15.79
2009	3	1	14	1	3	13.64	68.18	18.18
2010	2	5	15	1	4	7.41	74.08	18.51
2011	2	6	12	1	5	7.69	69.23	23.08
2012	2	6	17	0	6	6.5	74.19	19.35

资料来源：圣大中文系办公室存档资料、往届学生调查问卷。

由表 6 可知：2000～2012 年，圣大中文系教师中，本科学历教师人数总体上不断减少，占教师总数的比例由 2000 年的 18.18% 缩小到 2012 年的 6.5%；硕士学历及在读硕士的教师人数增长最为明显，由 2000 年的 8 人增加到 2012 年的 23 人，占教师总数的平均比例为 64.76%；博士学历及在读博士的教师人数较少，但也不断增加，由 2000 年的 1 人增加到 2012 年的 6 人，占教师总数的平均比例为 15.38%。

本科学历的教师大多毕业于圣大汉语专业，根据学校的培养计划，大约工作 1 年后会被送到中国留学并因此拥有硕士学历。在读硕士主要是教师志愿者，在圣大任教 1~3 年。2012 年，博士学历的教师人数达到历年最高峰，一共有 6 人，其中包括 2 位本土教师、2 位合作单位派驻教师、2 位圣大自聘教师，他们的职称大多是副教授，并有丰富的教学经验和较强的科研能力，是圣大汉语教育事业不断发展的重要力量。

高等教育的发展离不开高水平的师资队伍。十多年来，圣大中文系师资队伍不断壮大和发展，这是泰国政府、圣大、中国政府和国家汉办共同努力的结果。师资队伍的壮大和师资结构的优化是圣大汉语教育事业蓬勃发展的重要保障。

三　教材编纂——来源与体系

（一）教材来源多样

圣大中文系汉语教材主要有引进、合编、自编 3 种形式。近年来，圣大汉语教材来源逐渐多样化，教材选择更加广泛，内容更加丰富且趋本土化。

2000 年以前，圣大的汉语教材主要是从中国香港和台湾、新加坡购买，汉字均为繁体字，且有部分书籍的文字使用竖排格式，如《初级汉语课本（下册）》①、《国语会话（一）》②。随着中国经济、中泰贸易的进一步发展，简体字的重要性越来越明显，为了与中国大陆接轨，圣大从港台购买的教材数量逐渐减少，繁体字书本也逐渐减少，转变为主要从中国大陆采购教材，同时，汉办和中国驻泰大使馆也向圣大赠送教材。由于引进的教材缺乏针对性，因此出现了合编教材及自编教材，教材来源逐渐多样化。例如，2000~2005 年，圣大使用的基础汉语教材《基础汉语》③ 一、二册，是由本校教师朱其智、黄祖英自编而成的；2004 年使用的《基础汉

---

① 初级汉语编委会. 初级汉语课本（下册）［M］. 香港：神州录影出品海外录影公司，1996.
② 台湾师范大学国语教学中心. 国语会话（一）［M］. 台北：中国语文教材研究会，1989.
③ 朱其智，黄祖英，主编. 基础汉语［M］. 北榄府：华侨崇圣大学文学院中文系，1997.

语入门（试用稿）》①，是由中山大学和圣大合作编写的；2006 年出版的《泰国人学汉语》② 共 4 册，由中山大学与圣大合作编写，是一部专为泰国学习者编写的汉语教材，具有较强的本土化色彩，从 2006 年至今，圣大基础汉语课一直选用此套教材。据笔者在圣大实习所知，圣大没有规定汉语课教材，由任课教师自行选择教材，因此，即使同一年级使用的教材都有差异，甚至存在繁简字体的差异，而且部分课程使用本校教师自编教材。例如，2011～2012 年使用的《汉语正音》是由几位任课教师参考《实用视听华语一》③ 和《轻松汉语正音课本》④ 等教材整理编写而成的。此类教材有利于教师灵挑选择合适的话题内容，更贴近学生实际和需要，有利于激发学生的积极性，但因未经审核而缺乏准确性和科学性。

（二）教材体系更加完备

1. 三大教材系列

十多年来，圣大对汉语教材没有统一规定。如前所述，教材来源分为引进、合编、自编三类。引进教材包括完全引进教材和汇编教材，例如：刘珣主编的《新实用汉语课本》⑤ 为完全引进教材；2011～2012 年使用的《汉语会话二》来自《汉语会话 301 句》⑥ 中的第 28～40 课，这种由任课教师根据学生情况和需求从引进教材中挑选部分内容，或者将一两本书中的部分内容汇合在一起编写而成的教材则为汇编教材。合编教材主要指中泰合编的教材，如徐宵鹰、周小兵主编的《泰国人学汉语》⑦。自编教材包括在圣大工作的中国教师编写的教材和圣大本土教师自己编写的教材，主要供圣大本校学生使用，如朱其智、黄祖英主编的《基础汉语》和谢玉冰

① 中国广州中山大学，泰国华侨崇圣大学，编. 基础汉语入门（试用稿）［M］. 北榄府：华侨崇圣大学出版社，2004.
② 徐宵鹰，周小兵. 泰国人学汉语［M］. 北京：北京大学出版社，2006.
③ 台湾师范大学国语教学中心. 实用视听华语一［M］. 台北：正中书局，1999.
④ 刘影，冯玥. 轻松汉语正音课本［M］. 北京：北京语言大学出版社，2003.
⑤ 刘珣，主编. 新实用汉语课本［M］. 北京：北京语言大学出版社，2003.
⑥ 康玉华，来思平. 汉语会话 301 句：第三版［M］. 林勇明，译. 北京：北京语言大学出版社，2005.
⑦ 徐宵鹰，周小兵. 泰国人学汉语［M］. 北京：北京大学出版社，2006.

博士编写的《大众传媒汉语》①。

其中，《基础汉语》（自编）、《新实用汉语课本》（引进）、《泰国人学汉语》（合编）这三本教材是十多年来圣大中文系基础汉语课程使用时间较长的教材。从教材编写目的、原则和教材内容上看，它们各有优点和不足。相较而言，《泰国人学汉语》这套教材较适合泰国学生。虽然此教材也有缺点，但其在逻辑结构、内容安排等方面更胜一筹。

2. 教材总体发展趋势

圣大一直在寻求适合泰国学生学习的教材，教材选用的总体趋势是：引进教材—合编教材—自编教材。以下选取四套圣大在不同时间段使用的、较典型的教材，来回顾圣大教材选用的发展历程。

引进教材：刘珣主编的《新实用汉语课本》的使用时间大概为2005～2009年。随着此前使用的《基础汉语》的不足之处逐渐显露出来，如语法方面不注重完整性、每一课的内容含量较少、课后练习偏少等，《新实用汉语课本》开始成为圣大的通用教材。此套教材是国家汉办委托刘珣教授编写的，以结构为基础，结构与功能、文化相结合，课文具有一定的趣味性。

合编教材：《泰国人学汉语》由中泰合编而成，是一部针对性较强的国别汉语教材，使用时间大概是2009～2012年。合编教材的出现和使用，说明引进教材也有其不足之处，如内容较难、缺乏针对性等。《泰国人学汉语》最大的特点在于课文中的生活场景较逼真，还有课文背景介绍等，具有较强的实用性和趣味性，受到泰国学生的广泛欢迎。

朱其智、黄祖英主编的《基础汉语》的使用时间大概在2000～2005年。朱其智、黄祖英是在圣大任教的中国教师，两人受圣大时任中文学院院长的委托，为本校学生编写了该教材。随着办学规模的扩大和学生数量的增多，引进教材不能满足泰国学生的学习需求，圣大需要一套真正适合本校汉语专业学习者的教材，由此开始自编教材。

自编教材：近两年汉语课使用的教材大多是本校教师自编的教材。自编教材参考相关资料，从多本教材中挑选适合学生需求的内容进行整理加工而成。以谢玉冰博士的《大众传媒汉语》为例，这本书是谢玉冰博士参

---

① 谢玉冰. 大众传媒汉语［M］. 北榄府：华侨崇圣大学出版社，2011.

考有关文献、最新报纸和网站（如《人民日报》、《世界日报》、《中华青年报》、《京华时报》、人民网、中国新闻网、央视国际等）内容自编而成，具有实用性和时代性。值得一提的是，此类教材更具针对性，有助于实现教学目的并激发学生的学习兴趣，从而提高教学质量。

圣大聘请中国教师自编的教材和本土教师自编的教材存在一定区别。中国教师编写的教材，虽然也是针对泰国学生，但与本土教师自编的教材相比，仍具有一定中国特色，这主要与中国人的思维方式和生活环境有关；本土教师自编的教材更具泰国特色，但在汉语的表达方式方面不太准确。

（三）教材内容更趋实用

刘珣的《对外汉语教育学引论》对实用性的定义为：内容从学习者的需要出发，语言材料来源于生活，教学过程交际化。[①] 实用性要求教材的内容设计及编写过程不仅要有利于教材总体目标的实现，而且要充分考虑教材的实际应用价值。同时，实用性还体现在内容安排方面，如先易后难、急用先学、注重语法的内在联系等。实用性是学生选择教材的重要标准之一，如果教材让学生有"所学无处用，所需学不到"之感，自然不能激发其学习兴趣。

十多年来，圣大选用汉语教材日益重视贴近学生实际，注重实用性。这不仅表现在基础课程的教材选用上，而且表现在商业课程的教材选用上。

1. 基础课程所选教材

总的来说，基础课教材的内容更为系统易学。如会话课早期一直使用台湾师范大学国语教学中心 1989 年出版的《国语会话（一）》。这本书采用繁体字，注音符号标音，内容较陈旧且为对话的方式，对话情节较单一、问答较死板无趣，不能激发学生的兴趣。近几年，教师使用《汉语会话301 句》第三版，该教材生词、语法部分都有泰语解释，课文内容较新，并配有黑白漫画，语音在前三课使用图表与文字说明结合的方式进行

---

① 刘珣. 对外汉语教育学引论［M］. 北京：北京语言文化大学出版社，2000.

集中介绍，知识性较强、内容较全面，有利于系统学习。

当然，任何一套教材都不可能完全满足每个学生的需求。为了使教材内容更加贴近学生实际，使学生的需求得到最大满足，近几年来，圣大中文系的教师苦心研究，对教材内容、结构顺序、教学方法等都进行了精心的调整。如2009年使用的《阅读一》选自张世涛主编的《初级汉语阅读教程》① 中的第1～12课；2010年使用的《汉语秘书》为自编教材，资料来源于李立等主编的《公司汉语》②，参考资料为黄万华、赵毓麟的《秘书学新编》③。同时，教师还使用多媒体进行教学，为学生营造良好的学习环境和氛围，将课堂教学与社会实际需求相结合，将新知识和新技能相结合。随着国别化教材的出版、自编教材的不断增多，教材内容的实用性和针对性更加显著，极大激发了学生学习的动力。

2. 商业课程所选教材

为满足学生求职的需要，商业方面的课程不断增加，各种相关的教材不断涌现。

在教材的选择上，圣大坚持实用、易被学生接受的原则，如航空商业汉语选用中国水利水电出版社2010年7月出版的《机场、空乘服务实用英语对话及词汇手册》④，该书为英汉对照，每课包括常用句型、经典对话、知识补贴三部分。为了便于学习，实用英语对话部分还配有标准语音录音。值得一提的是，知识补贴部分还为学习者提供机场、机票等方面的常用知识。其内容全面、实用、合理，受到相关读者和学习者的欢迎。

2012年的商务导游课选用两本教材。一本是朱拉隆功大学编写的，为市委导游培训班学生所用，教材内容全面、实用。不足之处是教材为泰语本，任课教师授课时需自己译为汉语，上课时学生必须借助讲义和PPT，这对学生的汉语学习有一定影响。另一本是泰国导游局编写的，为汉－泰翻译本，主要介绍泰国著名的大皇宫和玉佛寺，介绍详细、语言连贯，但

---

① 张世涛，刘若云. 初级汉语阅读教程 ［M］. 北京：北京大学出版社，2002.
② 李立，丁安琪. 公司汉语 ［M］. 北京：北京大学出版社，2002.
③ 黄万华，赵毓麟. 秘书学新编 ［M］. 北京：警官教育出版社，1994.
④ 李文静. 机场、空乘服务实用英语对话及词汇手册 ［M］. 北京：中国水利水电出版社，2010.

未涉及其他景点，内容较少。

2011 年的《大众传媒汉语》是任课教师（谢玉冰博士）自编的教材，资料主要来源于网络和报纸，教材内容贴近生活，具有实用性和时代性。如"泰华各界庆祝泰中建交 35 周年"和"第七届《汉语桥》概况"。此类话题容易激发学生的学习兴趣，并能使学生了解国内外消息。

由此可见，此类商业课程的教材本身具有实用的特点，经过教师专业化的选择和集思广益的编写，教材内容更具针对性和实用性。

综上所述，圣大教材来源逐渐多样化，主要课程的教材体系逐渐完备。教材来源的多样化为高质量教材的选择提供了保证；中文系所用教材无论从编写目的、编写原则还是内容结构方面，都逐渐完善，教材内容编排由浅入深，循序渐进，条理更加清晰；随着本土化教材、国别化教材以及自编教材的增多，教材内容更加丰富，更具本土化色彩，针对性和实用性明显增强。

四 课程设置——变化与调整

在教学中，课程设置至关重要。课程设置是否合理，直接影响到教学质量的高低，进而影响到人才培养的质量。因此，课程设置不仅要适应社会的发展，而且要满足学习者未来职业的需求。

为了适应社会发展、培养实用人才，圣大以人力资源市场需求为导向，根据现实需要，十多年来共进行了三次大的课程体系调整，在删除落后课程的基础上，增设了不少特色课程，如医生和护士专业汉语、公关汉语、旅游管理汉语、航空汉语、导游汉语等。此外，从 2006 年开始，圣大还与中国高校合作开设了三个研究生专业，分别是中国现当代文学（2006年与福建华侨大学合作办学）、对外汉语教学（2010 年与广西大学合作办学）、高级商务汉语（2010 年与云南财经大学合作办学）。对课程的不断调整和特色课程的设置，使圣大的汉语课程不断优化。

（一）课程调整的依据及方针

目前，泰国尚未开展汉语专业课程的评估工作，但泰国《教育法》

规定，为提高教育质量，国家标准与质量评估办公室负责对全国的所有学校每 5 年进行一次外部评估，大学也不例外。[①] 因此，圣大每 5 年对课程进行一次调整。圣大对课程的调整，主要通过问卷调查的方式，选取学习该课程的第一、二届毕业生及任课教师作为调查对象，发放调查问卷，使用平均统计的方法进行评估，并由大学部进行审验和批准。

（二）十多年来的三次大调整

从 1998 年至今，圣大中文系的汉语课程共有三次大的调整，主要表现在课程学分的变化、课程设置的增减、专业课分组情况变化、课程内容等方面（见表 7）。

表 7　1998～2011 年圣大中文系课程组成及学分变化

	1998 年	2001 年	2006 年	2011 年
总学分	≥138	≥138	≥137	≥144
公共课	≥30	≥30	≥30	≥30
专业课程	≥75	≥87	≥86	≥93
专业必修课	48	75	59（+6 主干课）	66（+6 主干课）
专业选修课	≥27	≥12	≥21	≥21
副主修课	≥24	≥15	≥15	≥15
自由选修课	≥9	≥6	≥6	≥6

资料来源：谢玉冰，黄如依，何福祥．The Evaluation of the Bachelor of Arts Program in Chinese：Huachiew Chalermprakiet University（泰文）［M］．北榄府：华侨崇圣大学出版社，2008：257；华侨崇圣大学汉语专业本科课程（改善版）（泰文）［M］．北榄府：华侨崇圣大学出版社，2006：8-22；华侨崇圣大学汉语专业本科课程（改善版）（泰文）［M］．北榄府：华侨崇圣大学出版社，2012：7-13。

从表 7 可知：圣大中文系的课程包括公共课（一般课程）、专业课程、副主修课程、自由选修课程等。其中专业课为汉语课程，包括主干课、专业必修课、专业选修课；公共课和副主修课（相当于中国的辅修课）为非

---

① 丁米．泰国大学汉语课程教学改革研究［D］．华东师范大学博士论文，2011．

汉语课程；自由选修课是供其他学院学生选择的汉语课，中文专业的学生不可以选。

十多年来，课程的总学分有所增加，由 1998 年的 138 学分增加到 2011 年的 144 学分。其中，专业课的学分变化最大，由 1998 年的 75 学分增加至 2011 年的 93 学分；公共课、副主修课、自由选修课学分基本没有变化。

（三）课程调整结果

1. 课程学分设置较合理

十多年来，圣大汉语专业课程总学分逐渐增加，其中专业必修课的学分变动较大，从 1998 年的 48 学分增加到 2001 年的 75 学分，后于 2006 年减少到 59 学分，2011 年又增加到 66 学分；专业选修课在 2011 年由 2001 年的 12 学分增加到 21 学分。公共课、辅修课及自由选修课学分基本未变。

2006 年圣大汉语必修课为 65 学分，占主修课总学分的 75.58%，2011 年课程调整后，圣大在汉语主修课学分设置方面渐趋合理，突出了汉语专业课程的重要性。

2. 课程设置渐趋多样并符合社会需求

经过调整后，课程设置逐渐多样化，更加符合学生的学习需求和社会发展的需要。由图 1 可知，37.14% 的学生毕业后打算从商，毕业后计划做导游的学生占 15.24%。因此圣大 2001 和 2006 年增加了大量的相关课程，如商务汉语会话、商务旅游、旅游汉语、商务汉语写作等，以满足学生求职的需要；同时在 2011 年删掉了部分专业性较强的课程，使课程设置总体上更符合学生和社会的需求。此外，圣大还根据办学理念开设了潮州话、医院汉语、汉语商务航空、导游汉语等特色课程。

2006 年是圣大课程调整力度最大的一年。经过调整后，圣大的课程分类更细、设置更齐全，尤其是专业选修课，开设了文学组和商业组等种类丰富的课程，既更加符合学生和社会发展的需要，也大大提高了学生学习的积极性。同时，教师在教学过程中对新的课程不断进行适时的评估，并加以适当调整，以最大限度地提高教学质量，满足学生学习的需要。

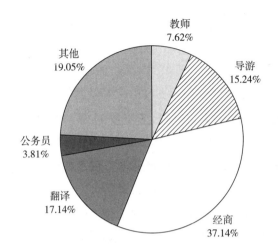

图1　2009届学生毕业求职方向

数据来源：2009届学生问卷调查。

总之，经过几次大的调整，十多年来圣大汉语专业课程设置渐趋合理，无论在课程学分的设置还是课程内容方面，都在不断优化。当然，圣大在课程设置方面也有其不足之处，本文将在下面进一步分析。

五　学生——动机与动因

"动机"一词，来源于拉丁文"movere"，其含义是"移动"或"影响行动"。研究表明，动机与人类的行为表现有非常密切的关系。关于学习动机理论的表述不一，但具体内涵基本相同，即学习动机是一种无法测量的内在能力，除了能对学习产生重要影响，还能给学习者提供努力方向和坚持不懈的能量。[①]

调查结果显示：十多年来，圣大学生的学习动机不断变化，并趋向多样化。

---

① 王佳权．大学生师生关系、学习动机及其关系研究［D］．华中师范大学硕士学位论文，
2007.

（一）调查对象和调查方法

1. 调查对象

本项调查的对象是十多年来圣大中文系主修汉语的汉语专业学生，共116人。其中包括2000～2006届的毕业生11人（现为圣大汉语教师或行政人员），2009届学生105人（笔者调查时念大四），分别作为2000～2006届和2007～2012届学生的代表进行分析和比较，观察并探讨学生学习动机的变化以及影响学习动机的因素。

2000～2006届的11人中，男生有3人，女生有8人；华裔有10人，非华裔有1人；10人年龄在25～30岁，仅1人在30～35岁；8人现为中文系汉语教师，3人为圣大行政人员；父母能够熟练使用汉语的占31.82%，会讲潮州话的占44%，商人占40.91%。

2007～2012届的105人中，男生为20人，女生为85人；华裔为67人，非华裔为38人；有56.19%的学生上本科前学过1～3年汉语；49.52%的学生未考过HSK；在毕业后想从事的工作中，占比最大的是经商，占37.14%；父母不会说汉语的占50%，日常交流使用泰语的占69.75%，商人占48.06%。

2. 调查方法及问卷设计

本研究主要使用问卷调查结合访谈的方法。采用对比分析、相关分析、因果分析等方法对问卷调查、访谈调查所获资料进行综合性整理、分析和比较研究。

问卷内容分为两大部分，一是基本信息部分，二是动机部分（最初选择汉语专业的主要原因），大多为选择题。第一部分为9题，主要包括性别、是否华裔、父母情况等；第二部分共有13题（可多选），分为内因和外因，其中，内因有3题，外因有10题。

为保证问卷调查的准确性和有效性，问卷由笔者发放并限时收回。共发放问卷116份，回收有效卷116份，回收率达100%。

另外，笔者对5位汉语教师进行了访谈，以了解往届学生的学习动机和圣大汉语教学中遇到的问题。

（二）十多年间学生学习动机的变化

根据统计可知：十多年来，圣大中文系学生的学习动机逐渐多样化，不仅表现在每位学生学习动机数量的增多，而且还表现在学习动机种类的多样化。

1. 学生学习动机数量的增加

本文将学生学习动机的总数与学生人数之比定义为学生的"动机系数"，此动机系数可以反映学生学习动机的多样性。

调查结果显示：2000~2006 届学生学习动机的总数为 25，数量为 11 人，因此动机系数为 2.27，此动机系数意味着平均每个学生的学习动机数量为 2.27 个；2007~2011 届学生学习动机的总数为 381，数量为 105 人，动机系数为 3.63。可见，2007~2012 届的学生学习动机的系数明显较大，学习动机更多样化。

调查结果显示：2000~2006 届学生本科时最初选择汉语专业的动机最多有 4 个，仅有 1~2 个动机的为 7 人，占总人数的 63.64%，有 3~4 个动机的为 4 人，占 36.36%；而 2007~2012 届学生中最初选择汉语专业的动机最多达 7 个，仅有 1~2 个动机的为 18 人，占总人数的 17.14%，有 3~4 个动机的为 62 人，占 59.05%，5 个动机以上的有 25 人，占 23.81%。可见，十多年来学生学习动机明显多样化。

2. 学习者学习动机类别的增加

著名学者 Deci 和 Ryan 将语言学习动机分为内部动机和外部动机。内部动机是一种自发产生的动力，来自个体对某件事情的兴趣以及对其意义的认识，相比较而言，内部动机能维持较长时间，有助于取得长远的成功；而外部动机是受外部因素（如别人的夸奖、鼓励、惩罚等）影响产生的结果；当然，外部动机在短期内也能取得明显效果，但很难长期维持下去。[①] 因此，对第二语言学习者来说，内部动机对其坚持不懈地投入能起到更长久的激励作用。当然，恰当使用外部动机也能收到意外的效果，如果将两种动机结合起来，则能收到事半功倍的效果。

调查结果显示：2000~2006 届学生中出于内部动机学习汉语的占

---

① 詹文芳. 泰国学生汉语学习动机调查研究 ［D］. 华中科技大学硕士论文，2011.

52%，出于外部动机学习汉语的占48%；而2007～2012届学生中两者的比例分别为35.17%和64.83%。可见，十多年来，圣大中文系学生的学习动机受外部因素的影响逐渐增大，从长远看不利于圣大的汉语教学。

笔者将学习者内部动机分为自身兴趣和出国深造两类，将外部动机分为父母鼓励，工作因素，目标不明、跟随潮流，获取奖学金留学，有利于毕业五大类。2000～2006届学生中出于自身学习兴趣的占40%，想要出国继续深造的占12%，受父母鼓励的占20%，出于工作考虑的占12%，目标不明确、跟随潮流的占16%，为获取奖学金以出国留学以及为有利于毕业的尚无人选；2007～2012届学生中出于自身兴趣的占30.18%，计划出国继续深造的占4.99%，出于父母鼓励的占9.19%，出于工作考虑的占28.08%，目标不明确、跟随潮流的占21.78%，为获取奖学金以出国深造的占4.21%，为有利于毕业的占1.57%。

可见，十多年来学生的学习动机逐渐多样化。其中，内部动机呈逐渐减少趋势；在外部动机中，出于工作考虑和目标不明确、跟随潮流越来越常见。

3. 学生学习动机转变的因素

随着中国经济的发展和中泰关系的深入，汉语在泰国的使用日益广泛，其推广速度居东南亚之首。圣大是由泰国华侨集资创办的一所综合性大学，无论从教师、教材还是在课程方面都有其优势，近年来发展势态良好。圣大华裔学生居多，家庭环境对学生的汉语学习也有很大影响。笔者认为，学生学习动机的转变离不开社会环境、家庭环境、学校环境的影响。

（1）社会环境

第一，中国政府及汉办的努力。近年来，随着中国经济的快速发展、对外开放的不断深入、国际地位的不断提高，中国在国际上的影响力日渐扩大，世界各国人民学习汉语的热情日益上涨。从2003年国家汉办正式派志愿者前往泰国从事对外汉语教学，到2008年共创办12所孔子学院，以及迄今为止共创办11所孔子课堂，无论是在泰国任教的7000多名教师志愿者，还是每年实施的交换生和留学生优惠政策等项目，都有力地促进了汉语在泰国的推广。中国政府和国家汉办的推动，是影响学生学习动机变化的因素之一。

第二，泰国政府及领导人的支持。泰国是东南亚汉语教育发展与推广速度最快的国家之一。泰国政府和领导人非常重视汉语教育的发展，特别是中泰人民的友好使者——诗琳通公主，她 23 年里 18 次访华，在中国历史、语言、文化等方面有浓厚的兴趣和较深造诣。她鼓励国人学习汉语，为促进中国语言和文化在泰国的传播发挥了巨大的作用。

在调查中，2000~2006 届学生中选择"因为泰国的领袖倡导，政府鼓励，强调学汉语的重要性"和选择"因为汉语是一门新兴语，在泰国很流行"而学习汉语的比例分别占 0% 和 4%；而 2007~2012 届学生中选择上述两项的比例分别为 2.89% 和 13.38%。可见，随着中泰两国关系的进一步深化，泰国政府和领导人的鼓励增强了学生学习汉语的动力，汉语在泰国的流行也引起了学生对汉语的兴趣。

第三，其他因素。泰国现有 6 家华文报，即《中华日报》、《星暹日报》、《世界日报》、《京华中原联合日报》、《新中原报》及《亚洲日报》。前 4 家报纸都居全泰 11 家最有影响的大报之列。同时，在泰国也能收看一些汉语电视频道，如中国中央电视台、华语影视、华语综艺节目等，这些电视节目在泰国非常受欢迎，极大地提高了泰国青少年的汉语学习热情；中国市面上比较流行的汉语歌曲专辑在泰国的音像店里也随处可见，许多学生都会唱汉语歌曲；许多有代表性的汉语电影、电视剧也被搬上了泰国的荧幕，如《包青天》还保留了原版原声，只是在屏幕下方配以泰文。

媒体的大力宣传无疑会扩大汉语在泰国的传播，激发泰国学生对中国和中国文化的兴趣。在调查中，选择"因为我喜欢中国，喜欢中国的文化"而学习汉语的学生占有一定比例。

出于对就业的考虑是学生选择专业的重要因素。调查结果显示，2000~2006 届学生中"出于工作方面的考虑，想获得更多就业机会和更高收入（如做汉语教师，在中国、新加坡、马来西亚工作等）"和"因为我想继承父亲的事业，去中国做生意"而选择汉语专业的比例分别是 12% 和 0%，2007~2012 届学习生中选择上述两项的比例分别为 14.17% 和 13.91%。

（2）家庭因素

统计显示，十多年来，家庭、父母对学生汉语学习动机的影响逐渐减弱。2000~2006 届学生中选择"因为我是华裔，父母认为汉语很重要，老华侨的传统鼓励子孙后代要会汉语、说中文"的有 5 人，占 20%；

而2007～2012届学生中选择此项的有35人，占9.19%。

调查结果显示：2000～2006届学生的父母的汉语水平较高，其中汉语表达熟练的占31.82%，仅有22.73%的父母不会说汉语（见图2）。其中，有44%的父母日常生活中使用潮州话，20%的父母说的是客家话，有36%的父母说泰语；40.91%的父母是商人，45.45%的父母做其他工作，主要包括农民、失业等。2007～2012届学生的父母中有73.81%的人不会说汉语，汉语水平一般的占18.10%（见图3）。其中，有69.75%的父母说泰语，17.23%的父母说潮州话，也有部分父母在日常生活中使用两三种语言；70.95%的父母是商人，其他父母的职业包括教师、公务员等。

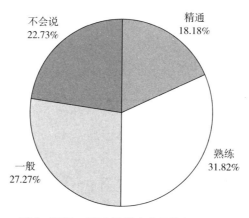

图2　2000～2006届学生父母的汉语水平

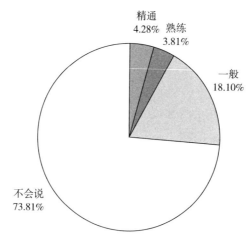

图3　2007～2012届学生父母的汉语水平

当然，父母的汉语水平、日常使用的语言以及职业形成了不同的家庭环境。一般而言，汉语水平高的父母对其子女学习汉语的要求也高。家庭会为孩子营造一定的语言环境，这也潜移默化地影响着孩子对汉语的兴趣。

（3）学校因素

圣大是泰国唯一一所由华人捐款全资兴建和管理的综合性大学，对汉语教学尤为重视。近几年来，圣大在师资、教材、课程设置等方面不断调整优化，加上丰富多彩的中华文化活动以及丰富的学习和留学机会，吸引了越来越多的学生选择该校汉语专业。

根据问卷调查和个别访谈可知，2007～2012 届的学生中有 36% 的人因为圣大作为华侨学校在泰国享有盛名而选择在圣大读汉语专业；24.57% 的学生因为有机会去中国学习而选择在圣大读汉语专业。此外，圣大的课程设置较好，圣大和中国大陆高校合作办学，除了每年的交换生项目，还为学生提供出国就读的机会，并设有奖学金，成绩优秀者可免费出国留学等，这些也是学生选择圣大汉语专业的重要原因。

六　存在问题及建议

（一）存在的问题

1. 师资队伍建议有待加强

第一，本土教师的质与量有待提升。十多年来本土教师的数量基本呈逐年增加趋势，2012 年达到 16 人，与外籍教师成平分之势。虽然圣大的本土汉语教师数量在泰国高校中首屈一指，但从师资队伍的组成以及师生比例来看，本土教师数量依然不足。在现有的 16 位本土教师中，仅有两位教师拥有博士学历，其他 14 位均为硕士学历，职称均为讲师，因此，本土教师队伍的总体质量也有待提高。

第二，教师队伍的管理有待改进。十多年来，圣大大力培养本土教师，在本土教师数量增多的同时，教师学历不断提高，骨干教师也不断增加。但据了解，学校在教师管理方面存在一些不足，出现资深教师的作用未充分发挥、本土资深教师资源流失等现象。

第三，师资队伍过于年轻化且流动性大。数据显示，圣大中文系50%以上的汉语教师是35岁以下的年轻教师，到2012年45岁以上的教师仅占16.13%。年轻教师主要包括汉办派驻教师、合作单位派驻教师、刚刚回国的本土教师。汉办派驻的教师志愿者大多在23岁左右，是硕士在读学生，大多缺乏教师资格证和教学经验，基本不懂泰文，在教学中存在很多问题；刚回国的本土教师缺乏教学经验，难以对学生在学习中遇到的问题进行有效解答。

每位汉办公派教师任期为1~4年；教师志愿者任期为1~3年，如果自愿留任，最多可连续工作3年。据统计，从2000年至2012年底，公派教师共有4位，任期都为1~2年；教师志愿者共有17位，仅有1位自愿留任3年，其余都为1年；合作单位派驻教师任期基本为1年；圣大自聘教师任期稍长一点。可见，来自中国大陆的教师流动性较大，在一定程度上不利于学生汉语水平的提高，这也是师资队伍存在的重要问题。

2. 教材有待改进和完善

圣大使用的汉语教材种类繁多，各教材的侧重点、难易程度、话题内容等都有所不同，许多教材缺乏针对性，不能有效地激发泰国学生的学习兴趣。

泰国教育部门对汉语教学没有统一的评价标准，教材选用由各校汉语教师自行决定，因而造成了圣大教材五花八门的情况。十多年来，圣大使用的汉语教材主要有引进教材、中泰教师合编教材、本校教师自编的教材等，但从形式和内容来看，都存在一定问题。例如，杨寄洲的《汉语教程》使用较广，虽语法讲解系统，深入浅出，语言地道，实用性强，但语法部分使用英文翻译，使本身英语基础较差的泰国学生难以理解，而且该书的版本设计也不够灵活；《泰国人学汉语》的人物、场景真实，语言地道，较贴近泰国人的生活，但每课的生词较多，课文内容偏难，版面设计颜色较凌乱。十多年来圣大主要使用自编教材，教材内容贴近本校学生的实际情况，学生接受起来相对容易，但自编教材也存在一定的不足，教材内容的科学性、难易度、衔接性、信息量和实用性等都存在问题。

3. 课程设置有待改善

圣大对课程的调整是根据学生和社会的需求进行的，虽然有其合理性，但也存在不少问题。

第一，课程量较大，综合课课时不足。圣大对课程的调整主要表现在专业选修课方面，特别是 2006 年课程调整后变化最大。专业选修课分为文学组和商业组，各组的课程均有 21 门，无论是和圣大此前的课程相比，还是与其他高校的课程相比，其课程量都较大，课程专业性也较强，学生学习起来比较困难。相较之下，综合课课时则比较少，很多学生在听、说、读、写的语言技能还未掌握好的情况下，便开始专业知识的学习。

第二，个别课程的开设顺序不合理。圣大为本科大二的学生开设了汉语语法课和成语课。教师在上语法课时困难重重，因为讲解语法需要使用大量的例句，而大二的学生掌握的词汇量并不多，很难理解这些例句，因此教师的讲解成了以新释新，不仅教师教起来费力，而且学生学起来也很吃力。成语是汉语的重要组成部分，但对大二的学生开设成语课并不利于他们汉语水平的提高，因为他们尚处在汉语初学阶段，理解并使用成语对他们而言具有相当大的难度。

第三，部分必要的基础课程被取消。2011 年课程调整取消了汉字简介课和汉语词汇课。汉字和词汇都是构成句子的基本单位，汉字是汉语的书写系统，词汇量的大小直接影响对句子的理解。这两门课程的取消不利于学生对汉语基础知识的掌握。2011 年课程调整还取消了汉语电脑技能、汉语多媒体教学、中国舞蹈和音乐等课程，这在一定程度上不利于学生综合能力的提高。

4. 学习者内部学习动机有待加强

如前所述，近几年来，圣大学生的内部学习动机逐渐减弱，外部学习动机明显增强。对第二语言习得者来说，内部学习动机的缺乏不利于其维持持久的学习兴趣。

（二）改进策略及建议

1. 师资队伍方面

第一，加强对本土教师的培养。目前，圣大中文系外籍教师占据半壁江山，但是由于外籍教师流动性较大，因此加强本土教师的培养是保证师资队伍稳定发展的必由之路。①继续实施对本土教师的培养方案，派送本土教师到国外深造以提高学术水平，并引导其学成后回国任教。②充分发挥孔子学院在师资培养方面的优势，对汉语教师进行定期培训。此外，泰国教育部可以与中国汉办合作，开设汉语教育专业，借鉴中国师范类院校的教学模式，从高中毕业生中招收学生进行培养。③继续实施"请进来，走出去"的策略，将外籍教师"请进来"，如邀请中国高校的教师到泰国教学，并对泰籍教师进行短期培训，同时鼓励本土教师"走出去"，此举不仅有利于提高他们的汉语水平，而且能加深他们对中国的了解。

第二，合理利用教师资源。圣大应该更加重视发挥归国的高学历教师的作用，对教师的可持续发展做统一而明确的规划，尽量为他们提供展示自己的平台，给有才能的人提供更多的机会，如让其发挥专业所长，专注于自己的研究领域，同时对教学模式、教材、教学方法等进行改革优化，合理分配教学任务。

第三，重视师资队伍的梯队建设。年轻教师虽然思想活跃、教学方法灵活，但缺乏教学经验，学术研究方面也有所欠缺。为解决师资队伍渐趋年轻化带来的问题，校方需重视教师队伍的可持续发展，避免出现断层现象。例如，可以聘请中国大陆具有丰富经验、专业水平较高的教师前来讲学，组织所有汉语教师定期召开教学研讨会，互相交流和总结经验。

2. 教材方面

面对五花八门的教材，笔者建议应加强中泰合作，编写适合泰国学生的、具有针对性的教材。

编写教材应注意以下两点。第一，突出背景针对性、科学实用性、灵活多样性。背景针对性强调教材的使用者是泰国的学生，注重背景环境、语境等的泰国化；科学实用性要求教材的编写既遵循第二语言教学的规律，又注重语言在实际生活中的运用；灵活多样性是指教材内容的丰富多样、教学方式的灵活变化等。第二，教材的编写应成体系，即教材、教材本身的语言层级、辅助教材等应成体系，具有系统性。①

为此，国家汉办可以组织中泰两国合作编写教材。但为了提高教材的

---

① 张艳萍. 对来华泰国汉语教师汉语学习情况的调查［J］. 云南师范大学学报（对外汉语教学与研究版），2007（3）.

针对性和实用性，应改变此前的合作模式，不能以中方专家为主导，而应由泰方主导，制定统一的教学大纲和适用于各个年级、各个学习阶段的汉语教材标准。教材的体系、结构、内容等可交中方专家审定或由双方互相沟通后确定。由于每所学校学生的汉语水平不一样，因此学校也可自编教材。但为了确保教材的质量达到统一的标准，教材编写完成之后应组织中国专家进行评估。

3. 课程设置方面

（1）学校方面

学校应该组织教学经验丰富的中泰教师，针对学生的汉语水平及学习需求，参考中国大陆和泰国著名高校的课程安排，合理调整课程设置，尤其需要重视基础核心课程的课时安排、课程的开设顺序等。例如，应将语法课安排在高年级，但在低年级的教学中可将简单的语法知识融入综合课或口语课里，让学生了解和掌握初步的语法知识，待学生的汉语知识有一定基础后，再开设系统的语法课，如此将会取得更好的教学效果。又如，应重视汉字教学，充分利用课堂教学的真实语境，让学生在具体语境中掌握汉字的用法。

（2）泰国政府方面

针对以上提到的课程设置的问题，笔者认为泰国有关部门首先应当制定泰国高校汉语专业课程教学的统一大纲。教学大纲是学科教学的指导性文件，是教师教学的重要依据，也是教材编写和使用、课程设置安排的总纲，具有十分重要的意义。通过制定教学大纲，可以明确和完善汉语专业课程设置，既有利于教材选用和教师教学的统一规范，也有利于对学生成绩的合理评估。①

4. 学习者学习动机方面

第一，提高中籍教师的泰语水平，以加强师生交流。目前中籍教师在课堂教学中只能使用非常有限的泰语，这在一定程度上影响了教学效果的提高。为此，一方面，国家汉办应加强对所派教师的泰语培训，提高其泰语理解和表达能力；另一方面，泰国高校也应重视提高外籍教师的泰语水

---

① 葛琳. 泰国大学中文专业课程设置研究 ［D］. 吉林大学硕士学位论文，2012.

平，使其更好地融入泰国环境中。

第二，以学生为中心，提高学生的学习积极性。教师应该坚持以学生为中心，根据学生的共同需求和具体情况，采用多样化的、互动性较强的教学方式，让学生切实参与到教学中去，例如，在教学中可以采用精讲多练的方法，将教师的讲授与学生的练习相结合，以提高学生的参与度和积极性。

第三，充分利用教学设备，激发学生的学习兴趣。圣大的教学设备较为齐全，几乎每个教室都装备了多媒体设备。圣大的图书楼还设立了专门的电脑房，教师可以申请使用，学生也可以向管理员借看 CD、DVD，这些CD、DVD 大多为中国汉办和中国驻泰大使馆赠送，内容广泛，涉及各个方面。但是，上述电脑房的闲置时间大大多于使用时间。

结　语

本文以圣大中文系为研究对象，通过文献资料收集、问卷调查、个别访谈、电子邮件等方式，从教师队伍、教材编纂、课程设置、学生的学习动机这四个方面对圣大 2000～2012 年的汉语教育发展情况进行了考察。

调查发现：十多年来，圣大的汉语教育发展情况总体上形势喜人，但亦存在不少问题。不足之处主要表现在：本土教师队伍的质与量有待提升，学校对教师队伍的管理有待改善，师资队伍过于年轻化且流动性大；缺少有针对性的教材；课程量及开课顺序等有待调整；学生的外部学习动机多于内部动机。

针对以上问题，笔者提出以下建议：加强本土教师的培养，合理利用教师资源，提高师资队伍质量；中国汉办和泰国教育部门联合编写具有针对性的教材；泰国教育部门制定泰国高校汉语专业课程教学的统一大纲；通过对外籍教师进行泰语培训、以学生为中心开展教学、合理利用教学设备来增强学生的内部学习动机。

笔者希望本文能为圣大的汉语教学提供有价值的建议，为推动汉语国际教育事业的可持续发展，特别是对泰汉语教学和推广提供有益启示。当然，受笔者的知识面和研究手段的限制，本研究也存在较多不足，如调查对象样本不够多，问卷设计有待进一步完善，研究角度和内容不够全面和深入，等等。这些不足有待在未来的研究中改进和完善。

参考文献

［1］巴屏·马努迈威汶．泰国华文教学现状［J］．国外汉语教学动态，2003（4）.

［2］陈记运．泰国汉语教学现状［J］．世界汉语教学，2006（3）.

［3］陈建敏．泰国史论文集［C］．曼谷：泰中学会出版，2003.

［4］陈秀珍．泰国汉语教学现状及展望［D］．河北师范大学硕士论文，2011.

［5］初级汉语编委会．初级汉语课本：下册［M］．香港：神州录影出品海外录影公司，1996.

［6］丁米．泰国大学汉语课程教学改革研究［D］．华东师范大学博士学位论文，2011.

［7］葛琳．泰国大学中文专业课程设置研究［D］．吉林大学硕士学位论文，2012.

［8］何丽英．泰国华侨学校汉语教学研究［D］．西南大学博士学位论文，2010.

［9］华侨报德善堂100周年特刊［M］．北榄府：华侨崇圣大学出版社，2010.

［10］华侨崇圣大学汉语专业本科课程（改善版）［M］．北榄府：华侨崇圣大学出版社，2006.

［11］黄汉坤．浅谈泰国高校汉语言专业的课程设置及未来趋向［J］．海外华文教育，2009（2）.

［12］黄汉坤．泰国高校泰籍汉语教师及汉语教学现状［J］．暨南大学华文学院学报，2005（3）.

［13］康玉华，来思平，林勇明．汉语会话301句：第三版［M］．北京：北京语言大学出版社，2005.

［14］李大遂．上下同心　振兴华教［M］．北榄府：华侨崇圣大学出版社，1995.

［15］李昊．中泰合作背景下泰国高校汉语教学的发展及问题［J］．华文教学与研究，2010（1）.

［16］李立，丁安琪．公司汉语［M］．北京：北京大学出版社，2002.

［17］李谋．泰国华文教育的现状与前瞻［J］．南洋问题研究，2005（3）.

［18］李文静．机场、空乘服务实用英语对话及词汇手册［M］．北京：中国水利水电出版社，2010.

［19］刘珣．新实用汉语课本［M］．北京：北京语言大学出版社，2003.

［20］刘影，冯玥．轻松汉语正音课本［M］．北京：北京语言大学出版社，2003.

［21］石坚.泰国法政大学汉语专业汉语课程设置评介［D］.北京语言文化大学硕士学位论文，2000.

［22］台湾师范大学国语教学中心.国语会话（一）［M］.台北：中国语文教材研究会，1989.

［23］台湾师范大学国语教学中心.实用视听华语一［M］.台北：正中书局，1999.

［24］泰国朱拉隆功大学亚洲研究所中国研究中心.泰国华文教学研究：高等教育［R］.曼谷：朱拉隆功大学出版社，2008.

［25］韦丽娟.泰国汉语教育政策及其实施研究［D］.华东师范大学博士学位论文，2012.

［26］尉万传.泰国华文教育若干问题管窥［J］.云南师范大学学报（对外汉语教学与研究版），2007（2）.

［27］吴琼，李创鑫.泰国华语及华语教育现状［J］.暨南大学华文学院学报，2001（4）.

［28］谢玉冰，黄如依，何福祥，等.The Evaluation of the Bachelor of Arts Program in Chinese：Huachiew Chalermprakiet University［M］.北榄府：华侨崇圣大学出版社，2008.

［29］谢玉冰.泰国和中国大学中文系的来源及课程［J］.华侨崇圣大学文学院学报，2009（7）.

［30］徐宵鹰，周小兵.泰国人学汉语［M］.北京：北京大学出版社，2006.

［31］杨作为.泰国汉语教育的过去、现在与将来［J］.东南亚研究，2003（5）.

［32］尹士伟，张曼倩，刘淑莲，等.The Evaluation of the Bachelor of Arts Program in Chinese：Huachiew Chalermprakiet University［M］.北榄府：华侨崇圣大学出版社，2011.

［33］张世涛，刘若云.初级汉语阅读教程［M］.北京：北京大学出版社，2002.

［34］张月池，黄瑞枝，郭少梅.泰国华文实用教学法［M］.北榄府：华侨崇圣大学出版社，2003.

［35］中国中山大学，泰国华侨崇圣大学，编.基础汉语入门（试用稿）［M］.北榄府：华侨崇圣大学出版社，2004.

［36］中华人民共和国国家汉办驻泰国代表处，泰国教育部高等教育委员会.孔子学院在泰国［M］.曼谷：留中大学出版社，2008.

［37］朱其智，黄祖英.基础汉语［M］.北榄府：华侨崇圣大学文学院中文系，1997.

［38］朱其智.泰国华侨崇圣大学的汉语教学［J］.中山大学学报论丛，1997（4）.

来桂留学生汉语学习策略研究

——以广西医科大学为例

古英英（2014 届汉语国际教育专业硕士）

导师：李静峰　肖　强

摘　要：本文参考 Oxford 的第二语言学习策略量表，对 111 个在广西医科大学就读的留学生进行汉语学习策略问卷调查，并借助 Excel 和 SPSS 17.0 统计软件对问卷数据进行分析。研究表明，广西医科大学的留学生在学习汉语时，使用策略频率由高到低的排序依次是社交策略、补偿策略、记忆策略、认知策略、元认知策略、情感策略。性别、专业、学习时间会对学习者的汉语学习策略选择产生影响，而母语、年龄的影响则不大。

关键词：学习策略　留学生　语言学习策略量表

一　研究设计

（一）研究对象

本文的研究对象为在广西学习汉语的外国留学生，共 111 人，他们全部来自广西医科大学国际教育学院。笔者发放问卷 120 份，回收问卷 120 份，回收率为 100%。去除回答不完整问卷和一项多选的问卷后得到有效问卷 111 份，问卷有效率为 92.5%。

研究对象按性别分类，男生 65 人，女生 46 人；按专业分类，汉语进修班学生 53 人，医学专业学生 58 人；按母语分类，母语为印度语的 47 人，母语为泰米尔语的 3 人，母语为孟加拉语的 4 人，母语为尼泊尔语的 8 人，母语为韩语的 8 人，母语为缅甸语的 3 人，母语为印尼语的 3 人，母语为越南语的 19 人，母语为老挝语的 3 人，母语为柬埔寨语的 4 人，母语为阿拉伯语的 3 人，母语为英语的 4 人，母语为法语的 2 人；从年龄来看，14～15 岁的 3 人，16～19 岁的 37 人，20～23 岁的 46 人，24～28 岁的 20 人，32～45 岁的 5 人；从学习时间来看，学习时间半年以内（包含半年）的 42 人，半年至一年（包含一年）的 23 人，一年至一年半（包含一年半）的 16 人，一年半至两年（包含两年）的 30 人。

（二）变量说明

Cohen 提到"学习策略是非常复杂的"，"语言学习策略系统不仅受到内部因素相互作用，而且还会受到学习者很多个体因素及各种环境因素影响。"[①] 本文选取性别、年龄、母语、专业、学习时间等作为自变量，对其进行深入考察和研究。因变量主要是 Oxford 直接、间接策略分类框架下的六大类学习策略，即记忆策略、认知策略、补偿策略、元认知策略、情感策略和社会策略。

（三）调查工具

本研究使用问卷调查的方法，对广西医科大学的留学生的学习策略进行调查。所使用的问卷为汉语学习策略问卷，共包括两个部分。

第一部分是被试留学生的信息，包括性别、年龄、国籍、母语、专业和学习汉语时间。

第二部分是 Oxford 设计的语言学习策略量表（Strategy Inventory for Language Learning，SILL）。SILL 已被认可为标准的量表，有很好的信度和效度，适合本文的六大类研究问题。该量表共有 50 项题目，按照 Oxford

---

① Cohen，A. D. Strategies in Learning and Using a Second Language ［M］. Londonand，New York：Longman，1998.

策略分类中的六大类策略分成 6 个分量表，每一个分量表分别测量该对应策略的使用情况。6 个分量表的题项分别是：①记忆策略 9 项（第 1～9 题）；②认知策略 14 项（第 10～23 题）；③补偿策略 6 项（第 24～29 题）；④元认知策略 9 项（第 30～38 题）；⑤情感策略 6 项（第 39～44 题）；⑥社交策略 6 项（第 45～50 题）。量表的选项使用的 5 个等级计分选项如下："我从来都没有或是几乎没有这样做"为 1 分，"我很少这样做"为 2 分，"我有时候这样做"为 3 分，"我通常这样做"为 4 分，"我一直都这样做，或几乎一向如此"为 5 分。被试根据自己的实际做法，选出每一项陈述中最符合自己学习情况的选项。为了确保被试能够更好地理解问卷每项题目的意思，更有效地测量被试的汉语学习策略，笔者把原量表翻译成中文，并把问卷打印成中英文对照版。

（四）数据收集和分析

2013 年 9～10 月，问卷由笔者和广西医科大学国际教育学院汉语培养中心的任课老师们在课前发放。学生填写问卷时间统一为 20 分钟，笔者和任课老师就学生看不懂的问卷选项进行解释，确保每位学生能正确理解并回答每一个题项。问卷填写完后由笔者统一当堂回收。笔者在后期整理问卷后保留有效问卷 111 份，并将每一份问卷数据统一输入 Excel 和 SPSS 17.0 统计软件。笔者采用了多种分析方法对数据进行分析，分别是内部一致性检验方法、描述性统计法、配对样本 t 检验、独立样本 t 检验和方差分析法。

笔者首先用内部一致性检验法检测留学生所选各类策略有没有达到统计上的意义，其次用描述性统计法、配对样本 t 检验、独立样本 t 检验和方差分析法来检测留学生各种策略使用频率的高低，及每一个体因素对策略选择的影响是否具有统计学意义。

在统计学中，通常只有样本总体符合正态分布才能对其进行方差分析。不过"在心理学与教育学的研究中，大多变量都可以假定其总体服从正态分布，一般进行方差分析时并不需要去检验总体分布的正态性。当有证据表明总体分布不是正态时，可以将数据做正态转化，或采用非参数检验方法"[①]。

---

① 刘琳．中级水平韩国留学生汉语语段学习策略研究［D］．北京语言大学硕士学位论文，2007.

所以本文对总体数据进行研究时，就假定其符合正态分布，并在此基础上对其进行方差分析。

二　结果与分析

（一）汉语学习策略量表的信度

本研究考查的所有变量的具体情况和信度检测情况见表1。

表1　各变量的情况及量表信度

变量名称	变量介绍	题数	Alpha 值	Alpha 值	
性别	生理性别	1			
年龄	生理年龄	1			
国籍	所属国籍	1			
母语	被试母语	1			
专业	就读专业	1			
学习时间	学习汉语时间	1			
总策略	50项学习策略平均值	50	0.926		
记忆策略	通过声音、图像、动作等方式识记语言信息的方法	9	0.788		
认知策略	输入输出语言信息、归纳分析信息的方法	14	0.820		
补偿策略	通过猜测、感觉预知语言信息的方法	6	0.632		
元认知策略	自我监测语言信息接收系统、管理信息的方法	9	0.826	0.858	间接策略
情感策略	了解自己状态、使自己降低学习焦虑的方法	6	0.562		
社交策略	与别人合作、交流获得语言知识、强化语言使用的方法	6	0.717		

注：Alpha系数是人们用来检验不易进行折半系数分析的量表的内在信度，它可以帮助人们确定影响量表内在一致性的项目。

资料来源：秦晓晴.外语教学研究中的定量数据分析［M］.武汉：华中科技大学出版社，2003。

从表 1 可见，汉语学习策略总量表 Alpha 系数（信度系数）值为 0.926，各分量表的 Alpha 系数（信度系数）值分别是：记忆策略，0.788；认知策略，0.820；补偿策略，0.632；元认知策略，0.826；情感策略，0.562；社交策略，0.717。直接策略和间接策略分量表的信度系数分别为 0.884 和 0.858。

Alpha 系数一般介于 0.00~1.00，系数越高说明各量表的内在一致性越强，测量的结果也就越可靠。在统计学上，一般认为可接受的信度系数不应低于 0.70。但信度系数可能受到种种因素的影响，例如，Alpha 系数容易受量表项目数的影响，某个结构的项目数越多，系数可能越高；项目数不多时，系数可能较低。从表 1 可见，6 个策略分量表中，情感策略的 Alpha 值相对较小，但因为情感策略的项目数只有 6 项，所以系数稍低一点也是可以接受的。除此之外，其余 5 个策略分量表的内部一致性都很高。这也证明了 SILL 量表具有较好的内部一致性并且适合本文的研究。

（二）汉语学习策略的总体使用情况

为了评价被试在每一类学习策略上的使用频率高低，Oxford 提出了具体的平均分数范围评判标准。"从不使用此策略"的平均分在 1.0~1.4；"很少使用此策略"的平均分在 1.5~2.4；"有时使用此策略"的平均分在 2.5~3.4；"经常使用此策略"的平均分位于 3.5~4.4；"总是使用此策略"的平均分则在 4.5~5.0。

1. 六大类汉语学习策略使用的总体情况

本文从 111 个被试在六大类策略使用上的平均数和标准差上检测各类策略被使用频率的高低，具体情况见表 2。

表 2　六大类汉语学习策略使用总体情况描述统计结果

变　　量	均值（Mean）	标准差（SD）	使用频率排序
记忆策略	3.2779	0.68522	3
认知策略	3.2413	0.57765	4
补偿策略	3.4204	1.87795	2
元认知策略	3.2118	0.65083	5

续表

变　　量	均值（Mean）	标准差（SD）	使用频率排序
情感策略	3.1772	0.58787	6
社交策略	4.1141	0.77849	1

注：$N = 111$。

从表 2 可以看出，平均数最高的汉语学习策略是社交策略（M = 4.1141，SD = 0.77849），其次是补偿策略（M = 3.4204，SD = 1.87795）和记忆策略（M = 3.2779，SD = 0.68522），再次是认知策略（M = 3.2413，SD = 0.57765）和元认知策略（M = 3.2118，SD = 0.65083），平均数最低的是情感策略（M = 3.1772，SD = 0.58787）。这个结果说明，在 6 类学习策略中，使用人数最多的是社交策略，次之是补偿策略，接下来是记忆策略，认知策略排第四，第五是元认知策略，使用人数最少的为情感策略。

对 6 类策略的平均数分别进行 t 检验后得知，前 5 类策略（记忆、认知、补偿、元认知和情感策略）两两之间都没有显著差异（$p > 0.05$），但是它们与社交策略之间分别都存在显著差异（$p < 0.05$）。

对比以上结果与 Oxford 的标准，我们可以看到，广西医科大学的留学生在学习汉语时，社交策略是其"经常使用"的策略，他们对其余 5 类策略都是"有时使用"，没有"总是使用"的策略，也没有"从未使用"的策略。这说明总体上广西医科大学的留学生在不同程度上使用了各种学习策略。

2. 50 项汉语学习策略的具体使用情况

我们进一步观察 111 个被试在 50 项具体策略使用上的平均数和标准差，进而探讨在 50 项具体策略中，学生最多或最少使用的策略是哪一项，具体情况见表 3。

表 3　50 项具体策略使用情况描述统计结果

50 项具体策略	均值（Mean）	标准差（SD）
1. 我会思考在汉语中学到的新知识和我已有的知识间的联系	3.46	0.998
2. 为了记忆生词，我尽量使用生词造句	3.71	0.824

50 项具体策略	均值（Mean）	标准差（SD）
3. 我尽量将汉字的音、形、义结合起来记忆汉字	3.47	1.007
4. 为了记住汉字，我经常想在什么情景下这个汉字有可能用到	3.48	0.989
5. 我用汉语的节奏来记忆生字	3.05	1.115
6. 我将生字写在卡片上以便更好地记忆汉字	2.67	1.193
7. 我借助身体语言记忆生字	3.14	1.205
8. 我经常复习汉语课文	3.50	1.008
9. 我通过生词在书页、广告牌或路标上的位置来记忆生词	3.14	1.102
10. 我通过重复读写来记忆汉字	3.50	1.008
11. 我尝试像以汉语为母语的人一样说汉语	3.41	1.040
12. 我经常练习汉语的发音	3.49	1.008
13. 我通过多种方式来使用已经掌握的汉语词汇	3.44	0.988
14. 我尝试用汉语交谈	3.76	0.956
15. 我经常看一些汉语电视节目或电影	3.05	1.220
16. 用汉语阅读对我来说是一种享受	2.95	1.143
17. 我用汉语记笔记、写便条、信件或报告等	2.75	1.083
18. 我通常先快速地浏览一下汉语短文，然后再从头仔细地阅读	3.15	1.046
19. 遇到新词时，我通常回想它与我的母语中的哪些单词相对应	3.29	1.139
20. 我注意总结汉语句型	3.31	1.102
21. 如果知道形声字的形和声，我就能猜测这个汉字的音和意	3.13	1.045
22. 我尽量不一个字一个字地直译	2.86	1.043
23. 对于听到或读到的汉字内容，我要作一下总结	3.31	0.912
24. 对于不太熟悉的生字或生词我就猜它的意思	3.32	1.037
25. 在用汉语交谈而想不起某些词时，我就借助手势来表达	3.52	0.980
26. 当不知道应该用哪个字或词时，我就用知道的字或词造句	3.40	1.047
27. 在阅读汉语文章时，我不会去查每个生字的意思	2.90	1.027
28. 我尽量预测讲话者将要说什么	3.11	1.065
29. 如果我想不起来一个生词，我就用与它意义最接近的	3.20	0.998
30. 我通过一切途径来练习汉语	3.62	1.036
31. 我通过找自己的错误来提高自己的汉语水平	3.89	0.835

续表

50 项具体策略	均值（Mean）	标准差（SD）
32. 有人讲汉语时，我的注意力非常集中	3.85	0.916
33. 我试着找出如何学好汉语的办法	3.83	0.952
34. 我制定时间表，以便有足够的时间来学习汉语	3.52	1.017
35. 我寻找那些能够和我用汉语交谈的人	3.53	1.102
36. 我寻找一切机会尽可能多地用汉语进行阅读	3.34	1.116
37. 对于如何提高自己的汉语技能，我有明确的目标	3.56	1.101
38. 我经常回想自己在汉语学习中的进步	3.70	1.075
39. 每当感到害怕使用汉语时，我便努力放松自己	3.22	1.115
40. 尽管我害怕出错，但我还是鼓励自己去讲汉语	3.58	0.890
41. 每当在学习汉语取得进步时，我就奖励自己	3.05	1.102
42. 我在学习或运用汉语时注意自己是否情绪紧张	3.10	1.095
43. 我在日记中写下自己学习汉语的感受	2.41	1.217
44. 我与他人交流学习汉语的心得体会	3.09	1.172
45. 如果我听不懂，我会请求讲话者放慢速度或重复	3.71	1.039
46. 当我讲汉语时，我请中国人改正我的错误	3.55	1.085
47. 我与其他同学一起练习汉语	3.47	1.094
48. 我经常从汉语老师那里寻求帮助	3.73	1.152
49. 我用汉语来提问题	3.60	0.897
50. 我努力学习中国的文化	3.53	1.102

注：$N = 111$。

从表 3 可见，在 6 类学习策略中，社交策略（共 6 项）使用频率普遍较高，其中最高的是第 48 项（$M = 3.73$，$SD = 1.152$），其次是第 45 项（$M = 3.71$，$SD = 1.039$）和第 49 项（$M = 3.60$，$SD = 0.897$），最低的是第 47 项（$M = 3.47$，$SD = 1.094$）。补偿策略（共 6 项）中，第 24 项（$M = 3.32$，$SD = 1.037$）、第 25 项（$M = 3.52$，$SD = 0.980$）和第 26 项（$M = 3.40$，$SD = 1.047$）也常常被留学生使用。记忆策略（共 9 项）中的第 2 项（$M = 3.71$，$SD = 0.824$）使用频率也非常高。认知策略（共 14 项）中的第 14 项（$M = 3.76$，$SD = 0.956$）使用频率较高。元认知策略（共 9 项）总体的使用频率不算太高，但是其第 31 项（$M = 3.89$，$SD = 0.835$）、

第 32 项（M = 3.85，SD = 0.916）及第 33 项（M = 3.83，SD = 0.952）的使用频率是所有策略项目中最高的。配对样本 t 检验结果显示，在 50 项总的策略中，平均数最高的 7 项策略（第 31、32、33、14、48、45、2 项）之间都没有显著差异（$p > 0.05$）。

从表 3 还可发现，情感策略（共 6 项）中的第 43 项（M = 2.41，SD = 1.217）是 50 项策略中使用频率最低的，其次是记忆策略（共 9 项）中的第 6 项（M = 2.67，SD = 1.193），认知策略（共 14 项）中的第 17 项（M = 2.75，SD = 1.083）和第 22 项（M = 2.86，SD = 1.043）使用频率也很低。配对样本 t 检验结果显示，使用频率最低的这 4 项策略中，只有第 43 项"我在日记中写下自己学习汉语的感受"分别与第 17 项"我用汉语记笔记、写便条、信件或报告等"、第 22 项"我尽量不一个字一个字地直译"之间有显著差异（$p < 0.05$）。

该结果表明，50 项具体策略中被留学生们使用最多的 7 项策略分别是："我通过找自己的错误来提高自己的汉语水平"，"有人讲汉语时，我的注意力非常集中"，"我试着找出如何学好汉语的办法"，"我尝试用汉语交谈"，"我经常从汉语老师那里寻求帮助"，"如果我听不懂，我会请求讲话者放慢速度或重复"，"为了记忆生词，我尽量使用生词造句"。相反，使用最少的 4 项策略则是"我在日记中写下自己学习汉语的感受"，"我将生字写在卡片上以便更好地记忆汉字"，"我用汉语记笔记、写便条、信件或报告等"，"我尽量不一个字一个字地直译"。

（三）性别与汉语学习策略的选择

1. 男生和女生学习策略使用的总体情况

不同性别的留学生在六大类策略使用上的平均数和标准差的具体情况见表 4。

表 4　男生和女生六类策略使用情况的描述性统计

	性别（Gender）	样本数（N）	均值（Mean）	标准差（SD）
记忆策略	男	65	3.3111	0.64436
	女	46	3.2310	0.74391

	性别（Gender）	样本数（N）	均值（Mean）	标准差（SD）
认知策略	男	65	3.3374	0.58392
	女	46	3.1056	0.54643
补偿策略	男	65	3.2282	0.63230
	女	46	3.6920	2.81486
元认知策略	男	65	3.2393	0.63502
	女	46	3.1730	0.67769
情感策略	男	65	3.1590	0.60340
	女	46	3.2029	0.57081
社交策略	男	65	4.1462	0.82522
	女	46	4.0688	0.71369

由表 4 可以看到，除情感策略及补偿策略外，广西医科大学的男留学生使用其他 4 类策略的频率都明显高于女留学生。下面将通过独立样本 t 检验来检测男生和女生在何种学习策略的使用上表现出显著差异，结果见表 5。

表 5　男生和女生 6 类策略使用差异检验

		方差方程的 Levene 检验		均值方程的 t 检验				
		F	Sig.	t	df	Sig.	均值差	标准差
认知策略	假设方差相等	0.362	0.549	2.115	109	0.037	0.23177	0.10958
	假设方差不相等			2.139	100.823	0.035	0.23177	0.10833

从表 5 可见，男生和女生只有在认知策略上存在显著差异（$p = 0.037 < 0.05$），在其他 5 类策略上均没有表现出统计学意义上的差异。这说明在学习汉语时，男生比女生更加频繁地使用认知策略。

2. 男生和女生在认知策略使用上的具体差异

如上所述，男生和女生在认知策略使用上存在显著差异，下面我们进一步观察他们在 14 项认知策略使用上的具体平均数和标准差，结果见表 6。

表6　男生和女生在14项认知策略使用上的描述性统计

14项具体认知策略	性别（Gender）	样本数（N）	均值（Mean）	标准差（SD）
10. 我通过重复读写来记忆汉字	男	65	3.49	1.033
	女	46	3.50	0.983
11. 我尝试像以汉语为母语的人一样说汉语	男	65	3.57	1.118
	女	46	3.20	0.885
12. 我经常练习汉语的发音	男	65	3.57	1.060
	女	46	3.37	0.928
13. 我通过多种方式来使用已经掌握的汉语词汇	男	65	3.52	1.017
	女	46	3.33	0.944
14. 我尝试用汉语交谈	男	65	3.80	1.003
	女	46	3.70	0.891
15. 我经常看一些汉语电视节目或电影	男	65	3.37	1.206
	女	46	2.61	1.105
16. 用汉语阅读对我来说是一种享受	男	65	3.12	1.166
	女	46	2.70	1.072
17. 我用汉语记笔记、写便条、信件或报告等	男	65	2.94	1.210
	女	46	2.48	0.809
18. 我通常先快速地浏览一下汉语短文，然后再从头仔细阅读	男	65	3.18	1.144
	女	46	3.11	0.900
19. 遇到新词时，我通常回想它与我的母语中的哪些单词对应	男	65	3.42	1.158
	女	46	3.11	1.100
20. 我注意总结汉语句型	男	65	3.31	1.158
	女	46	3.30	1.030
21. 如果知道形声字的形和声，我就能猜测这个汉字的音和意	男	65	3.12	1.166
	女	46	3.13	0.859
22. 我尽量不一个字一个字地直译	男	65	2.85	1.135
	女	46	2.87	0.909
23. 对于听到或读到的汉字内容，我要作一下总结	男	65	3.46	0.920
	女	46	3.09	0.865

从表6可以看到，女生使用第10、21、22项策略的频率稍高于男生，除此之外，男生使用其他11项认知策略的频率都比女生高。以下通过独立

样本 t 检验来检测男生和女生在哪些学习策略的使用上具有显著差异，结果见表 7。

表 7 显示，男生和女生在第 15 项"我经常看一些汉语电视节目或电影"、第 17 项"我用汉语记笔记、写便条、信件或报告等"及第 23 项"对于听到或读到的汉字内容，我要作一下总结"策略的使用上差异显著（$p < 0.05$）。男生比女生更多地使用认知策略中的这三项。按照 Oxford 的标准，男生和女生在这三项策略上都是"有时使用"（$2.5 < M < 3.4$）。

表 7　男女 14 项认知策略使用差异检测

		方差方程的 Levene 检验		均值方程的 t 检验				
		F	Sig.	t	df	Sig.	均值差	标准差
15. 我经常看一些汉语电视节目或电影	假设方差相等	1.089	0.299	3.386	109	0.001	0.761	0.225
	假设方差不相等			3.438	101.931	0.001	0.761	0.221
17. 我用汉语记笔记、写便条、信件或报告等	假设方差相等	5.547	0.020	2.246	109	0.027	0.460	0.205
	假设方差不相等			2.400	108.705	0.018	0.460	0.192
23. 对于听到或读到的汉字内容，我要作一下总结	假设方差相等	3.389	0.068	2.166	109	0.032	0.375	0.173
	假设方差不相等			2.189	100.577	0.031	0.375	0.171

（四）专业与汉语学习策略的选择

根据 111 个被试在广西医科大学国际教育学院就读的班级，笔者将 4 个汉语进修班的留学生（共 53 人）归为汉语专业，将 3 个全英医学班的留学生（共 58 人）归为医学专业。

1. 汉语与医学专业被试学习策略使用的总体情况

统计结果表明，医学专业的留学生使用补偿策略的频率比汉语专业的留学生略高。除此之外，在其他五大类汉语学习策略上，汉语专业的留学生的平均分都比医学专业的留学生高，这说明汉语专业的留学生比医学专业的留学生更多使用其他 5 类学习策略（见表 8）。

表 8 汉语与医学专业留学生 6 类策略使用情况描述性统计

	专业（Major）	样本数（N）	均值（Mean）	标准差（SD）
记忆策略	汉语	53	3.4612	0.58810
	医学	58	3.1104	0.72856
认知策略	汉语	53	3.4407	0.54104
	医学	58	3.0591	0.55331
补偿策略	汉语	53	3.3805	0.55698
	医学	58	3.4569	2.55344
元认知策略	汉语	53	3.3396	0.57340
	医学	58	3.0951	0.69888
情感策略	汉语	53	3.2862	0.58139
	医学	58	3.0776	0.58090
社交策略	汉语	53	4.3648	0.73238
	医学	58	3.8851	0.75394

独立样本 t 检验的结果显示，不同专业的留学生在补偿策略（$p=0.832$）和情感策略（$p=0.062$）的使用上没有显著差异（$p>0.05$），而在记忆策略（$p=0.007$）、认知策略（$p=0.000$）、元认知策略（$p=0.048$）和社交策略（$p=0.001$）的使用上均有显著差异（$p<0.05$）（见表 9）。

表 9 汉语与医学专业学生 6 类策略使用差异检验

		方差方程的 Levene 检验		均值方程的 t 检验				
		F	Sig.	t	df	Sig.	均值差	标准差
记忆策略	假设方差相等	1.475	0.227	2.775	109	0.007	0.35077	0.12642
	假设方差不相等			2.801	107.408	0.006	0.35077	0.12521
认知策略	假设方差相等	0.118	0.732	3.668	109	0.000	0.38159	0.10404
	假设方差不相等			3.672	108.489	0.000	0.38159	0.10393
元认知策略	假设方差相等	0.003	0.956	2.004	109	0.048	0.24453	0.12201
	假设方差不相等			2.022	107.791	0.046	0.24453	0.12093
社交策略	假设方差相等	0.012	0.914	3.394	109	0.001	0.47972	0.14133
	假设方差不相等			3.399	108.583	0.001	0.47972	0.14114

2. 汉语与医学专业被试学习策略的使用差异

如上所述，汉语专业和医学专业的留学生在四大类策略的使用上存在显著差异，下面我们分别探究他们在9项记忆策略、14项认知策略、9项元认知策略和6项社交策略使用上的具体差异。

（1）汉语与医学专业留学生在记忆策略上的具体差异

统计结果表明，汉语专业的留学生在9项记忆策略上的平均分都高于医学专业留学生（见表10）。

表 10 汉语与医学专业留学生 9 项记忆策略使用情况描述性统计

	专业（Major）	样本数（N）	均值（Mean）	标准差（SD）
1. 我会思考在汉语中学到的新知识和我已有的知识间的联系	汉语	53	3.60	0.987
	医学	58	3.33	0.998
2. 为了记忆生词，我尽量使用生词造句	汉语	53	3.85	0.818
	医学	58	3.59	0.817
3. 我尽量将汉字的音、形、义结合起来记忆汉字	汉语	53	3.75	1.036
	医学	58	3.21	0.913
4. 为了记住汉字，我经常想在什么情景下这个汉字有可能用到	汉语	53	3.74	0.812
	医学	58	3.24	1.081
5. 我用汉语的节奏来记忆生字	汉语	53	3.08	1.124
	医学	58	3.02	1.116
6. 我将生字写在卡片上以便更好地记忆汉字	汉语	53	2.68	1.205
	医学	58	2.66	1.193
7. 我借助身体语言记忆生字	汉语	53	3.36	1.210
	医学	58	2.95	1.176
8. 我经常复习汉语课文	汉语	53	3.81	0.962
	医学	58	3.22	0.974
9. 我通过生词在书页、广告牌或路标上的位置来记忆生词	汉语	53	3.28	1.063
	医学	58	3.02	1.132

独立样本 t 检验的结果显示，汉语专业和医学专业的留学生在 3 项具体记忆策略即第 3、4、8 项的使用上存在显著性差异（$p < 0.05$）（见表11）。

表 11　汉语与医学专业学生记忆策略具体项目使用差异检验

		方差方程的 Levene 检验		均值方程的 t 检验				
		F	Sig.	t	df	Sig.	均值差	标准差
3. 我尽量将汉字的音、形、义结合起来记忆汉字	假设方差相等	1.558	0.215	2.961	109	0.004	0.548	0.185
	假设方差不相等			2.944	104.147	0.004	0.548	0.186
4. 为了记住汉字，我经常想在什么情景下	假设方差相等	2.788	0.098	2.704	109	0.008	0.494	0.183
	假设方差不相等			2.739	105.175	0.007	0.494	0.181
8. 我经常复习汉语课文	假设方差相等	0.000	0.995	3.191	109	0.002	0.587	0.184
	假设方差不相等			3.193	108.334	0.002	0.587	0.184

（2）汉语与医学专业留学生在认知策略上的具体差异

统计结果表明，汉语专业的留学生在 14 项认知策略上的平均分都高于医学专业留学生（见表 12）。

表 12　汉语与医学专业留学生 14 项认知策略使用情况描述性统计

	专业（Major）	样本数（N）	均值（Mean）	标准差（SD）
10. 我通过重复读写来记忆汉字	汉语	53	3.75	0.875
	医学	58	3.26	1.069
11. 我尝试像以汉语为母语的人一样说汉语	汉语	53	3.66	0.999
	医学	58	3.19	1.034
12. 我经常练习汉语的发音	汉语	53	3.81	0.921
	医学	58	3.19	0.999
13. 我通过多种方式来使用已经掌握的汉语词汇	汉语	53	3.74	0.880
	医学	58	3.17	1.011
14. 我尝试用汉语交谈	汉语	53	4.00	0.855
	医学	58	3.53	0.995
15. 我经常看一些汉语电视节目或电影	汉语	53	3.30	1.186
	医学	58	2.83	1.216
16. 用汉语阅读对我来说是一种享受	汉语	53	3.09	1.131
	医学	58	2.81	1.146

	专业（Major）	样本数（N）	均值（Mean）	标准差（SD）
17. 我用汉语记笔记、写便条、信件或报告等	汉语	53	2.77	1.012
	医学	58	2.72	1.152
18. 我通常先快速地浏览一下汉语短文，然后再从头仔细地阅读	汉语	53	3.25	0.959
	医学	58	3.07	1.122
19. 遇到新词时，我通常回想一下它与我的母语中的哪些单词相对应	汉语	53	3.62	1.004
	医学	58	2.98	1.177
20. 我注意总结汉语句型	汉语	53	3.49	1.171
	医学	58	3.14	1.017
21. 如果知道形声字的形和声，我就能猜测这个汉字的音和意	汉语	53	3.32	0.956
	医学	58	2.95	1.099
22. 我尽量不一个字一个字地直译	汉语	53	2.92	1.071
	医学	58	2.79	1.022
23. 对于听到或读到的汉字内容，我要作一下总结	汉语	53	3.43	0.888
	医学	58	3.19	0.926

独立样本 t 检验的结果显示，汉语专业和医学专业的留学生在 7 项具体策略的使用上存在显著性差异（$p < 0.05$），它们分别是第 10 项"我通过重复读写来记忆汉字"、第 11 项"我尝试像以汉语为母语的人一样说汉语"、第 12 项"我经常练习汉语的发音"、第 13 项"我通过多种方式来使用已经掌握的汉语词汇"、第 14 项"我尝试用汉语交谈"、第 15 项"我经常看一些汉语电视节目或电影"及第 19 项"遇到新词时，我通常回想一下它与我的母语中的哪些单词相对应"（见表 13）。

表 13　汉语与医学专业学生 14 项认知策略使用差异检验

		方差方程的 Levene 检验		均值方程的 t 检验				
		F	Sig.	t	df	Sig.	均值差	标准差
10. 我通过重复读写来记忆汉字	假设方差相等	1.622	0.206	2.661	109	0.009	0.496	0.186
	假设方差不相等			2.685	107.742	0.008	0.496	0.185

续表

		方差方程的 Levene 检验		均值方程的 t 检验				
		F	Sig.	t	df	Sig.	均值差	标准差
11. 我尝试像以汉语为母语的人一样说汉语	假设方差相等	0.027	0.870	2.435	109	0.017	0.471	0.193
	假设方差不相等			2.439	108.651	0.016	0.471	0.193
12. 我经常练习汉语的发音	假设方差相等	0.412	0.522	3.398	109	0.001	0.622	0.183
	假设方差不相等			3.411	108.990	0.001	0.622	0.182
13. 我通过多种方式来使用已经掌握的汉语词汇	假设方差相等	0.622	0.432	3.118	109	0.002	0.563	0.181
	假设方差不相等			3.137	108.756	0.002	0.563	0.180
14. 我尝试用汉语交谈	假设方差相等	4.098	0.045	2.632	109	0.010	0.466	0.177
	假设方差不相等			2.650	108.602	0.009	0.466	0.176
15. 我经常看一些汉语电视节目或电影	假设方差相等	0.173	0.678	2.077	109	0.040	0.474	0.228
	假设方差不相等			2.079	108.524	0.040	0.474	0.228
19. 遇到新词时，我通常回想一下它与我的母语中哪些单词相对应	假设方差相等	0.233	0.630	3.067	109	0.003	0.640	0.209
	假设方差不相等			3.089	108.507	0.003	0.640	0.207

（3）汉语与医学专业留学生在元认知策略上的具体差异

统计结果表明，除第 37 项外，汉语专业的留学生在其余 8 项元认知策略上的平均分都高于医学专业留学生（见表 14）。

表 14　汉语与医学专业留学生 9 项元认知策略使用情况描述性统计

	专业（Major）	样本数（N）	均值（Mean）	标准差（SD）
30. 我通过一切途径来练习汉语	汉语	53	3.66	1.143
	医学	58	3.59	0.937
31. 我通过找自己的错误来提高自己的汉语水平	汉语	53	4.06	0.745
	医学	58	3.74	0.890
32. 有人讲汉语时，我的注意力非常集中	汉语	53	3.96	0.940
	医学	58	3.74	0.890

	专业（Major）	样本数（N）	均值（Mean）	标准差（SD）
33. 我试着找出如何学好汉语的办法	汉语	53	4.06	0.842
	医学	58	3.62	1.006
34. 我制定时间表，以便有足够的时间来学习汉语	汉语	53	3.55	1.048
	医学	58	3.50	0.996
35. 我寻找那些能够和我用汉语交谈的人	汉语	53	3.87	0.981
	医学	58	3.22	1.125
36. 我寻找一切机会尽可能多地用汉语进行阅读	汉语	53	3.42	1.027
	医学	58	3.28	1.196
37. 对于如何提高自己的汉语技能，我有明确的目标	汉语	53	3.49	1.203
	医学	58	3.62	1.006
38. 我经常回想自己在汉语学习中的进步	汉语	53	3.83	1.033
	医学	58	3.59	1.109

独立样本 t 检验的结果显示，汉语专业和医学专业的留学生在第 31 项、第 33 项及第 35 项这三项具体策略的使用上差异显著（$p < 0.05$）（见表 15）。

表 15　汉语与医学专业学生 9 项元认知策略使用差异检验

		方差方程的 Levene 检验		均值方程的 t 检验				
		F	Sig.	t	df	Sig.	均值差	标准差
31. 我通过找自己的错误来提高自己的汉语水平	假设方差相等	6.248	0.014	2.014	109	0.046	0.315	0.157
	假设方差不相等			2.030	108.192	0.045	0.315	0.155
33. 我试着找出学好汉语办法	假设方差相等	2.235	0.138	2.464	109	0.015	0.436	0.177
	假设方差不相等			2.484	108.190	0.015	0.436	0.176
35. 我寻找那些能够和我用汉语交谈的人	假设方差相等	0.430	0.513	3.200	109	0.002	0.644	0.201
	假设方差不相等			3.200	108.779	0.002	0.644	0.200

（4）汉语与医学专业留学生在社交策略上的具体差异

统计结果表明，汉语专业留学生在 6 项社交策略上的平均值都高于医学专业留学生（见表 16）。

表 16　汉语与医学专业留学生 6 项社交策略使用情况描述性统计

	专业（Major）	样本数（N）	均值（Mean）	标准差（SD）
45. 如果我听不懂，我会请求讲话者放慢速度或重复	汉语	53	3.96	0.808
	医学	58	3.48	1.173
46. 当我讲汉语时，我请中国人改正我的错误	汉语	53	3.75	1.036
	医学	58	3.36	1.103
47. 我与其他同学一起练习汉语	汉语	53	3.68	1.052
	医学	58	3.28	1.105
48. 我经常从汉语老师那里寻求帮助	汉语	53	3.87	1.001
	医学	58	3.60	1.270
49. 我用汉语来提问题	汉语	53	3.85	0.818
	医学	58	3.38	0.914
50. 我努力学习中国的文化	汉语	53	3.81	1.020
	医学	58	3.28	1.121

　　独立样本 t 检验的结果显示，汉语专业和医学专业的留学生在第 45 项、第 49 项和第 50 项这三项具体策略的使用上差异显著（$p < 0.05$）（见表 17）。这说明汉语专业的学生比医学专业的学生更多使用这三种方法来学习汉语。

表 17　汉语与医学专业学生 6 项社交策略使用差异检验

		方差方程的 Levene 检验		均值方程的 t 检验				
		F	Sig.	t	df	Sig.	均值差	标准差
45. 如果我听不懂，我会请求讲话者放慢速度或重复	假设方差相等	17.713	0.000	2.485	109	0.014	0.480	0.193
	假设方差不相等			2.526	101.518	0.013	0.480	0.190
49. 我用汉语来提问题	假设方差相等	2.559	0.113	2.842	109	0.005	0.470	0.165
	假设方差不相等			2.857	108.955	0.005	0.470	0.164
50. 我努力学习中国的文化	假设方差相等	0.633	0.428	2.624	109	0.010	0.535	0.204
	假设方差不相等			2.635	108.999	0.010	0.535	0.203

（五）母语与汉语学习策略的选择

如前所述，111 个被试的母语包括印度语等 13 种语言，其中以印度语、越南语、韩语、尼泊尔语为母语的被试超过 8 人（含 8 人）。为了研究的便利和保证研究的可靠性，本文仅对以上述 4 种语言为母语的被试进行统计分析，以考察不同母语的留学生在汉语学习策略选择上的差异。

1. 以印度语、越南语、韩语和尼泊尔语为母语的被试学习策略使用总体情况

不同母语的 4 组被试在各类策略使用上的平均数和标准差见表 18。

表 18　以印度语、越南语、韩语和尼泊尔语为母语的
被试学习策略使用情况描述统计

	母语	样本数（N）	均值（Mean）	标准差（SD）
记忆策略	印度语	47	3.1229	0.66555
	越南语	19	3.4561	0.57604
	韩语	8	3.0139	0.64907
	尼泊尔语	8	3.5278	0.47420
认知策略	印度语	47	3.1413	0.47765
	越南语	19	3.5301	0.44754
	韩语	8	3.3036	0.82663
	尼泊尔语	8	3.3482	0.62321
补偿策略	印度语	47	3.5426	2.81805
	越南语	19	3.2193	0.61877
	韩语	8	3.2917	0.54006
	尼泊尔语	8	3.5625	0.37731
元认知策略	印度语	47	3.1694	0.67911
	越南语	19	3.1462	0.51859
	韩语	8	3.1389	0.69198
	尼泊尔语	8	3.5556	0.63690

	母语	样本数（N）	均值（Mean）	标准差（SD）
情感策略	印度语	47	3.0922	0.60773
	越南语	19	3.2456	0.59930
	韩语	8	3.1458	0.44040
	尼泊尔语	8	3.2708	0.74502
社交策略	印度语	47	3.9291	0.69396
	越南语	19	4.2368	0.59139
	韩语	8	3.9375	0.98777
	尼泊尔语	8	4.4167	0.95119

从表 18 可见，按照 Oxford 提出的标准，4 组被试都"有时使用"或"经常使用"各类汉语学习策略（$3.0 < M < 4.5$）。

2. 以印度语、越南语、韩语和尼泊尔语为母语的被试学习策略使用差异

笔者运用方差分析进一步比较 4 组不同母语的留学生具体在哪类策略使用上存在显著差异，结果如表 19 所示。

表 19　以印度语、越南语、韩语和尼泊尔语为母语的留学生学习策略使用差异分析

		平方和（Sum Sq.）	df	均方（Mean Sq）	F 比（F Ratio）	显著性（F Prob.）
记忆策略	组间	2.593	3	0.864	2.184	0.097
	组内	30.872	78	0.396		
认知策略	组间	2.121	3	0.707	2.552	0.062
	组内	21.602	78	0.277		
补偿策略	组间	1.714	3	0.571	0.119	0.949
	组内	375.234	78	4.811		
元认知策略	组间	1.140	3	0.380	0.919	0.436
	组内	32.247	78	0.413		
情感策略	组间	0.448	3	0.149	0.406	0.749
	组内	28.697	78	0.368		
社交策略	组间	2.527	3	0.842	1.579	0.201
	组内	41.611	78	0.533		

由表 19 可知，4 组不同母语的留学生在六大类汉语学习策略的使用上差异都不显著（p > 0.05），也就是说留学生选择使用哪一类汉语学习策略并不受母语的影响。

（六）年龄与汉语学习策略的选择

本文将被试按年龄分成 5 组，分别是：14~15 岁，共 3 人；16~19 岁，共 37 人；20~23 岁，共 46 人；24~28 岁，共 20 人；32~45 岁，共 5 人。

1. 不同年龄段被试学习策略使用的总体情况

从表 20 可见，按照 Oxford 的标准，5 个年龄段的被试都"有时使用"或"经常使用"各类汉语学习策略（2.5 < M < 4.5）。

表 20　不同年龄段被试六大类策略使用总体情况描述统计

	年龄段（Age）	样本数（N）	均值（Mean）	标准差（SD）
记忆策略	14~15 岁	3	3.1111	0.48432
	16~19 岁	37	3.3503	0.70059
	20~23 岁	46	3.1184	0.69819
	24~28 岁	20	3.5667	0.50068
	32~45 岁	5	3.1556	0.95128
认知策略	14~15 岁	3	3.0238	0.82479
	16~19 岁	37	3.3475	0.60143
	20~23 岁	46	3.0823	0.53175
	24~28 岁	20	3.3643	0.51084
	32~45 岁	5	3.5571	0.72738
补偿策略	14~15 岁	3	2.9444	0.34694
	16~19 岁	37	3.2342	0.57125
	20~23 岁	46	3.5942	2.85334
	24~28 岁	20	3.5083	0.53112
	32~45 岁	5	3.1333	0.27386
元认知策略	14~15 岁	3	2.8519	0.44905
	16~19 岁	37	3.0530	0.73451
	20~23 岁	46	3.2343	0.61048
	24~28 岁	20	3.4778	0.49310
	32~45 岁	5	3.3333	0.79737

	年龄段（Age）	样本数（N）	均值（Mean）	标准差（SD）
情感策略	14～15 岁	3	3.0000	0.60093
	16～19 岁	37	3.1486	0.62334
	20～23 岁	46	3.1522	0.61547
	24～28 岁	20	3.2750	0.51092
	32～45 岁	5	3.3333	0.45644
社交策略	14～15 岁	3	3.4444	0.41944
	16～19 岁	37	4.1306	0.74550
	20～23 岁	46	3.9819	0.76435
	24～28 岁	20	4.4833	0.76834
	32～45 岁	5	4.1333	0.98883

从表 21 可见，年龄对留学生汉语学习策略的选择并不产生影响，不同年龄段的留学生在选择汉语学习策略时不存在显著性差异（$p > 0.05$）。

表 21　不同年龄被试 6 类策略使用差异分析

		平方和	df	均方（Mean Sq）	F 比（F Ratio）	显著性（F Prob.）
记忆策略	组间	3.191	4	0.798	1.745	0.146
	组内	48.458	106	0.457		
认知策略	组间	2.523	4	0.631	1.956	0.107
	组内	34.181	106	0.322		
补偿策略	组间	3.918	4	0.980	0.270	0.896
	组内	384.018	106	3.623		
元认知策略	组间	2.834	4	0.709	1.716	0.152
	组内	43.759	106	0.413		
情感策略	组间	0.466	4	0.117	0.329	0.858
	组内	37.549	106	0.354		
社交策略	组间	4.888	4	1.222	2.097	0.086
	组内	61.778	106	0.583	0.086	

（七）学习时间与汉语学习策略的选择

本文按学习时间的长短将被试分为 4 组：学习时间半年以内（包括半年）的，学习时间半年至一年（包括一年）的，学习时间一年至一年半（包括一年半）的，学习时间一年半至两年（包括两年）的。

1. 不同学习时间的被试学习策略使用的总体情况

统计结果表明，按照 Oxford 的标准，4 组被试都"有时使用"或"经常使用"六类汉语学习策略（$2.5 < M < 4.5$）（见表 22）。

表 22　不同学习时间被试学习策略使用总体情况描述性统计

	学习时间（Time）	样本数（N）	均值（Mean）	标准差（SD）
记忆策略	半年以内	42	3.4524	0.57153
	半年至一年	23	3.2012	0.76637
	一年至一年半	16	3.1806	0.45338
	一年半至两年	30	3.1444	0.83360
认知策略	半年以内	42	3.4524	0.52100
	半年至一年	23	3.0901	0.62017
	一年至一年半	16	3.1429	0.53005
	一年半至两年	30	3.1143	0.58319
补偿策略	半年以内	42	3.3135	0.55972
	半年至一年	23	4.0217	3.96395
	一年至一年半	16	3.3333	0.56108
	一年半至两年	30	3.1556	0.68639
元认知策略	半年以内	42	3.3016	0.57252
	半年至一年	23	3.1238	0.83182
	一年至一年半	16	3.2569	0.62686
	一年半至两年	30	3.1296	0.62384
情感策略	半年以内	42	3.2659	0.57976
	半年至一年	23	3.0145	0.52684
	一年至一年半	16	3.3229	0.59463
	一年半至两年	30	3.1000	0.62606

	学习时间（Time）	样本数（N）	均值（Mean）	标准差（SD）
社交策略	半年以内	42	4.3730	0.66952
	半年至一年	23	3.9783	0.82771
	一年至一年半	16	4.1458	0.81394
	一年半至两年	30	3.8389	0.78233

方差分析结果显示，学习时间不同的被试在社交策略的使用上存在显著差异（$p = 0.025 < 0.05$）（见表23）。以下对不同学习时间的被试在社交策略的使用上进行多重比较，以检测具体是哪几组被试之间存在显著差异。

表23　不同学习时间的被试6类策略使用差异分析

		平方和	df	均方（Mean Sq）	F 比（F Ratio）	显著性（F Prob.）
记忆策略	组间	2.100	3	0.700	1.512	0.216
	组内	49.549	107	0.463		
认知策略	组间	3.036	3	1.012	3.217	0.056
	组内	33.668	107	0.315		
补偿策略	组间	11.023	3	3.674	1.043	0.377
	组内	376.913	107	3.523		
元认知策略	组间	0.752	3	0.251	0.585	0.626
	组内	45.842	107	0.428		
情感策略	组间	1.458	3	0.486	1.422	0.240
	组内	36.558	107	0.342	0.240	
社交策略	组间	5.528	3	1.843	3.225	0.025
	组内	61.137	107	0.571		

多重比较结果显示，只有学习时间为半年以内（包括半年）和一年半至两年（包括两年）的两组被试之间差异显著（$p = 0.023 < 0.05$）（见表24）。至于上述两组被试在6项社交策略的哪些具体题项上表现出统计学意义上的不同，还需要进一步研究。

表 24　不同学习时间的被试在社交策略使用上的多重比较

因变量	（I）学习汉语时间	（J）学习汉语时间	均值差（I－J）	标准误	显著性
社交策略	半年以内	半年至一年	0.39476	0.19608	0.280
		一年至一年半	0.22718	0.22207	1.000
		一年半至两年	0.53413*	0.18069	0.023
	一年半至两年	半年以内	－0.53413*	0.18069	0.023
		半年至一年	－0.13937	0.20950	1.000
		一年至一年半	－0.30694	0.23400	1.000

2. 不同学习时间的被试社交策略使用的具体差异

统计结果表明，按照 Oxford 的标准，4 组被试都是"有时使用"或"经常使用"6 项社交策略（2.5＜M＜4.5）（见表 25）。

表 25　不同学习时间的被试社交策略使用情况描述性统计

	学习时间（Time）	样本数（N）	均值（Mean）	标准差（SD）
45. 如果我听不懂，我会请求讲话者放慢速度或重复	半年以内	42	3.95	0.795
	半年至一年	23	3.43	1.161
	一年至一年半	16	3.81	1.109
	一年半至两年	30	3.53	1.167
46. 当我讲汉语时，我请中国人改正我的错误	半年以内	42	3.74	0.885
	半年至一年	23	3.61	1.033
	一年至一年半	16	3.75	1.291
	一年半至两年	30	3.13	1.196
47. 我与其他同学一起练习汉语	半年以内	42	3.62	0.987
	半年至一年	23	3.35	1.229
	一年至一年半	16	3.69	1.138
	一年半至两年	30	3.23	1.104
48. 我经常从汉语老师那里寻求帮助	半年以内	42	3.86	1.049
	半年至一年	23	3.91	1.240
	一年至一年半	16	3.63	1.147
	一年半至两年	30	3.47	1.224

续表

	学习时间（Time）	样本数（N）	均值（Mean）	标准差（SD）
49. 我用汉语来提问题	半年以内	42	3.86	0.783
	半年至一年	23	3.35	0.885
	一年至一年半	16	3.75	0.856
	一年半至两年	30	3.37	0.999
50. 我努力学习中国的文化	半年以内	42	3.98	0.950
	半年至一年	23	3.17	1.072
	一年至一年半	16	3.19	1.047
	一年半至两年	30	3.37	1.189

　　经方差分析可知，4 组被试在这六项社交策略题项上存在显著差异（$p < 0.05$）。学习时间半年以内（包括半年）和一年半至两年（包括两年）的两组被试在第 49 项和第 50 项上差异显著（$p = 0.049/0.008 < 0.05$）（见表 26）。学习时间半年以内的留学生比学习时间一年半至两年的留学生使用这两项具体策略的平均数都要高。

表 26　不同学习时间的被试 6 项具体社交策略使用差异分析

显著性（F Prob.）		平方和	df	均方（Mean Sq）	F 比（F Ratio）
49. 我用汉语来提问题	组间	6.232	3	2.077	2.700	0.049
	组内	82.327	107	0.769		
50. 我努力学习中国的文化	组间	13.955	3	4.652	4.159	0.008
	组内	119.685	107	1.119		

三　结论与讨论

（一）总体情况

　　统计表明，广西医科大学的留学生在汉语学习过程中使用的 6 类学习策略按使用频率排序，从高到低依次是社交策略、补偿策略、记忆策略、认知策略、元认知策略、情感策略。

具体而言，在50项具体策略中，按使用频率从高到低排序，使用最多的7项策略依次是认知策略中的"我通过找自己的错误来提高自己的汉语水平"、元认知策略中的"有人讲汉语时，我的注意力非常集中"、元认知策略中的"我试着找出如何学好汉语的办法"、认知策略中的"我尝试用汉语交谈"、社交策略中的"我经常从汉语老师那里寻求帮助"、社交策略中的"如果我听不懂，我会请求讲话者放慢速度或重复"、记忆策略中的"为了记忆生词，我尽量使用生词造句"。留学生使用最少的具体策略是情感策略中的"我在日记中写下自己学习汉语的感受"、记忆策略中的"我将生字写在卡片上以便更好地记忆汉字"、认知策略中的"我用汉语记笔记、写便条、信件或报告等"和认知策略中的"我尽量不一个字一个字地直译"等。

在六大类策略中，广西医科大学的留学生使用最多的是社交策略，这和江新的研究结果相同。① 留学生更多地使用社交策略与他们所处的学习、生活环境有关。来广西的留学生是在目的语国家——中国学习汉语，这就决定了他们无论是在课堂的正式学习中还是在现实生活的日常交流中，都会大量使用汉语。为了更好地与同学、老师交流，留学生经常会有意无意地使用社交策略，比如，用提问的方法去确认自己是否理解别人的话、因为不理解而从汉语老师那里寻求帮助、交谈中常常需要说话者放慢语速等。这样既实现了交流的目的，又有利于他们在运用语言的过程中学习语言。在调查中，笔者发现很多留学生都会聘请中文家教来帮助自己学习汉语。这就是一种非常主动、非常积极的社交学习策略。

汉语学习的每一个阶段都有其特殊性，由于本文的大多数被试学习汉语的时间都不长，汉语水平还很有限，因此他们在汉语学习过程中不得不使用补偿策略，以弥补汉语语法和词汇等知识的不足、解决汉语阅读和交流上的困难。例如，留学生常常会猜测他们不认识的汉字的意思；他们会向同学请教自己不认识的词语、请同学解答从而帮助自己交流；在交流中他们常常借助自己已有的知识体系来猜测对方的意思等。这些补偿策略的

---

① 江新. 汉语作为第二语言学习策略初探 [J]. 语言教学与研究，2000（1）.

使用有助于留学生在汉语知识有限的情况下顺利完成交流。

本研究发现被试使用记忆策略的频率较高，这和国外学者及国内学者江新的研究结果不一致。笔者认为，首先，留学生较多使用记忆策略跟汉语教师的课堂引导有关。笔者在广西医科大学国际教育学院实习期间通过课堂观察发现，汉语教师在教授新词的时候普遍采用造句、编对话、默写等方法以强化学生的记忆，并在下一堂课上课前几分钟抽查学生对上节课所学新词的掌握情况。在老师的引导和严格要求下，学生们意识到记忆策略在汉语学习中非常重要，并且经常从考试、考查中体会到使用记忆策略的成就感，从而形成使用该策略的习惯。其次，记忆策略的使用可能跟留学生的汉语学习阶段和汉语水平有关。模仿记忆是对学习年限在一年以内的留学生（占被试总数的59%）进行教学的主要方法之一。汉语初学者较低的汉语水平决定了其汉语学习教材和内容相对简单而枯燥，因此在一定程度上决定了这些初学的词汇不可能通过动作表演来学习、记忆，学生只能大量使用记忆知识点的学习方法。最后，记忆策略的使用与本研究中的大多被试来自亚洲国家（占被试总数的91.8%）有关。亚洲学生的性格相对内敛、表达方式相对含蓄低调，所以很少使用"用身体动作表演生词"的策略。

本研究结果与江新的研究结果都显示，在学习汉语时留学生使用最多的是社交策略和补偿策略，使用最少的是情感策略；不同的是，在江新的研究中，留学生经常使用元认知策略，而本研究的被试不常使用该策略。究其原因，可能是因为本研究的大多数被试学习语言主要是为了交流，并且因为在目的语国家生活，他们认为通过社交或其他更轻松的方式就能较好地完成学习，而不需要使用太多的反思、整合、计划、监控等方法。另外，如前所述，广西医科大学的很多留学生汉语学习时间较短，本研究的大多被试学习汉语的时间还不足一年，因此汉语学习经验不足，这可能导致他们很少使用"安排时间表学习"等计划类的元认知策略，或者说元认知策略的使用远不如社交策略、补偿策略那么频繁。

国外的研究发现，情感策略是学生不常使用的一种学习策略。例如，Chamot等发现只有5%的被试使用情感策略。江新的调查结果也显示，在六大类策略中，情感策略是留学生最少使用的一类策略。笔者在教学过程中也常常发现，因为汉语在文字、声调和词语等方面都与大多数留学生的母语存在相当大的不同，留学生在汉语学习中常常表现出较明显的焦虑和紧张，很难进入良好的学习状态。许多留学生本来是带着很高的期望来中国学习汉语的，没想到一开始就受到这种挫折，因此在情感上可能难以调适过来。在这种情况下，留学生理应更多地使用情感策略来适当舒缓情绪，但研究结果恰恰与此相反。笔者认为，这可能与以下两个方面的原因有关。第一，留学生大多比较年轻（78.4%的被试小于24岁），还没有认识到情感策略的重要性，没有将情感的表达和控制与汉语学习很好地联系起来，所以很少"在日记里写下学习汉语的感受"或者"注意自己情绪是否紧张"等。第二，年轻的留学生经常使用网络社交平台，他们表达情绪及与人交流的方式多种多样，学习汉语过程中的压抑、焦虑和紧张在有意无意中通过现代网络交往的"吐槽"等途径得到缓解，而无需使用传统的写日记的方式来表达自己的感受。他们在这些网络平台上交流学习汉语的心得，表达自己在汉语学习中的喜怒哀乐，其实这也是一种情感策略，只是他们没有意识到。

（二）从不同性别角度看

研究结果显示，男性和女性在学习策略的使用上差异较大。男性比女性更多地使用除情感策略以外的其他5类策略，其中在认知策略的使用上差异尤其显著。这与江新的男性和女性在策略使用上没有差异的研究结果不同，与国外常见的研究结果也不一致。这种差异可能是文化背景不同所致。本文的被试大多数是亚洲人（占91.8%），而 Green 和 Oxford 的被试大多为欧美国家的学生，Politzer 的被试都来自斯坦福大学，大多也属于欧美人。东方文化传统决定了东方女性比男性更加感性，她们善于表达情感，常常通过倾诉来缓解焦虑、调节情绪，因此有可能更多地使用情感策略。而东方男性往往不太喜欢表达自己的情感、情绪，不会轻易向人倾诉自己所遇到的困难、暴露自己的弱点。此外，男权主义的倾向决定了无论是在工作中还是在社会交往中，东方男性都相对活跃，参加社交活动的机会比女性多，因此男性使用社交策略的机会也比女性多。女性比男性较少使用认知策略，可能是因为成年男性的理性思维比同龄女性发达，比较容易理性、全面地看到自己在学习中的错误，他们更加善于总结，能从生活中通过多种途径如从电影电视节目中积累相关知识来提高自己的汉语水平。李姜的研究也发现，与在东方文化背景下成长的女性相比，在东方文化背景下成长的男性更多使用认知策略、社交策略及情感策略。他的这一研究结果与本文的研究结果部分吻合。

（三）从不同专业角度看

研究结果显示，不同专业的留学生在汉语学习策略的使用上差异较大。除补偿策略外，汉语专业的学生使用其他策略的频率都普遍比医学专业的学生高，其中差别最显著的是记忆策略、认知策略、元认知策略和社交策略这四类学习策略的使用。笔者认为这是目的导向不同造成的结果。

汉语专业的学生来中国的直接目的就是学习汉语。据笔者了解，他们中的大多数打算将来在中国发展，因此学习的积极性和主动性相对较高。汉语专业的学生大多有报考汉语水平考试的打算，计划在学习汉语一年之后通过汉语水平考试（三级）。对于他们而言，不主动确立学习目标、规划学习步骤、反思学习过程和强化记忆是难以达到上述目的的。因此，汉语专业的留学生会更加主动地通过将汉字的音形义结合起来、重复读写、母语迁移、复习汉语课文的办法来记忆汉字、生词，通过看汉语电影和电视节目、模仿中国人的口音、用汉语交谈、用汉语提问的方法来提高汉语口语能力，通过查找自己的错误、找出学好汉语的办法来反思自己的学习，以及寻找与中国人交流的机会来学习中国文化。

而医学专业的留学生不一定要通过汉语水平考试，他们接受的基本上都是全英文讲授的医学专业课程的教学，只有在汉语课堂上才会被要求运用汉语交流。医学专业的留学生学习汉语仅仅是为了毕业实习时方便在中国的医院和病人做简单的病患交流，打算留在中国从医的人很少。另外，汉语水平的限制使他们在与以汉语为母语的人进行日常交流时常常采用猜测或推理的方法去解决交流的困难，因此除补偿策略外，采用其他策略学习汉语的主动性远远不及汉语专业的留学生。

（四）从不同母语角度看

研究结果显示，留学生的母语对其汉语学习策略的使用并不产生任何影响，不同母语的学生使用的学习策略基本相同。和本研究结果不同，江新的研究表明，留学生汉语学习策略的使用与母语有显著的相关。

笔者认为，被试不同的文化背景可能是导致研究结果产生差异的主要原因。在江新的研究中，被试并不是来自同一个文化背景。江新的研究比较的是生长在亚洲大文化背景下的留学生和生长在欧美大文化背景下的留学生。前者的母语包括日语、韩语、印尼语、泰国语等，后者的母语包括英语、意大利、德语、法语等。他将这两类文化背景存在巨大差异的学生进行比较后，认为母语为英语、意大利、德语、法语的学生更常使用情感策略。笔者认为，这种学习策略使用的差异可能主要是因为学生的大文化背景的不同造成的，而不单纯是母语因素影响的结果。因此，本研究在考察母语对学习策略选择的影响时，选择的初试都是来自亚洲大文化背景的留学生。

在初试都来自亚洲大文化背景的基础上，本文发现不同母语的留学生对汉语学习策略的使用不存在差异，即母语因素并不影响留学生对汉语学习策略的选择。这在一定程度上否定了那些极力主张外语教学中使用母语作为媒介语的建议。不过，笔者认为母语对外语学习策略使用的影响还需要进一步研究，在对相同或相近大文化背景下的学生进行大样本调查和分析后才能得出更加准确的结论。

（五）从不同年龄角度看

研究结果显示，不同年龄的留学生在汉语学习策略的使用上没有表现出显著差异，学习策略的选择不受学生年龄的影响。这与李姜的研究结果不同，他发现 28～37 岁的被试比 18～27 岁的被试更多使用学习策略，特别是社交策略和情感策略。这是因为，28～37 岁的学生比 18～27 岁的学生更加成熟，更善于使用情感策略去缓解自己在学习中的焦虑感。另外，18～27 岁的学生大多是高中生或大学生，相比之下，28～37 岁的学生拥有较丰富的社会经历和工作经验，也拥有更广的人脉、更多的人际关系，他们在学习中更加擅长运用社交策略来寻求帮助、改正错误。而在本研究中，学习策略的选择不受学生年龄的影响，可能是因为不同年龄的被试人数差异过大（14～15 岁的仅 3 人，16～19 岁的有 37 人，20～23 岁的有 46

人，24~28岁的有20人，32~45岁的仅5人），从而对统计结果造成了影响。因此，未来的研究应当增加各年龄段的被试人数，同时保证各年龄段被试人数的均衡。

（六）从不同学习时间角度看

研究发现，学习时间不同的留学生选择使用的汉语学习策略并不相同，学习时间半年以内的学生比学习时间为一年半至两年的学生更多地使用社交策略。江新在研究中也发现，留学生学习时间的长短直接影响他们汉语学习策略的选择，学习策略的使用和学习时间的长短有着紧密的关系。陈小芬也认为留学生学习汉语是一个动态发展的过程，在这个动态的过程中，为了更有效地学习汉语，他们常常根据自己的学习情况调整学习策略。她发现，学习时间半年以下的被试使用的策略最多，而学习时间两年以上的被试使用的策略最少。在调查中笔者也发现，学习时间为半年以内（包括半年）的学生更加经常用汉语提问，也更努力地学习中国文化。这可能和学生刚学习一门新语言、刚接触一种新文化时的新鲜感有关。在刚开始接触一门新的语言时，学生总是充满好奇心和学习的激情，迫切地想要了解该语言的文化。

四　结语

（一）本研究对对外汉语教学的启示

第一，教师在留学生学习汉语的过程中应对学生进行学习策略方面的指导，鼓励学生积极主动地采取各类学习策略。对于初学者，由于他们尚未找到科学、系统的学习方法，教师应该加强如何使用元认知策略和情感策略的指导。教师可以为学生确定每一学习阶段的学习任务，提出相应的要求，以此来督促学生确立学习目标，让其学会根据学习任务制定相应的学习计划，从而培养其使用元认知策略的习惯；或者引导学生通过教辅资料、网络资料、电子书刊等来主动了解现阶段的学习任务和具体目的；也可鼓励学生组建学习小组，通过小组成员的相互帮助来达到相互评价和相互监督的效果，进而培养学生自我学习、自我监督的能力。在情感策略使用方面，教师应主动了解学生在学习过程中的焦虑等不良心理，必要时可开展学习心理辅导，帮助学生了解自己的学习情绪，正确地控制自己的情感，培养和增强学生的自信心和毅力。

第二，汉语学习策略选择的复杂性决定了其必然受到许多因素如性别、专业、母语、文化背景、年龄和学习时间等的影响，这就要求对外汉语教师必须对不同的留学生进行有区别的教学。例如，教师应根据学生的不同情况进行分班或分组教学，以便因势利导，选择适合学生特质和当前学习阶段的策略，尤其在学生的文化背景不同的情况下，更有必要进行有区别的文化教学和策略教学。在学生学习时间不同的情况下，教师应注意教学进度、难易程度及学习策略的指导与留学生当前的汉语水平相适应。

第三，调查结果显示，看电影与电视节目、用汉语交谈提问等学习策略受到留学生的普遍欢迎。因此，教师可以考虑多采用电影教学、音乐教学等学生喜欢的方法进行教学。此外，教师应该创造机会，在课堂上给予学生更多交谈、互动的时间，或组织一些有意义的课外汉语活动，如歌唱比赛、模仿脱口秀、读书交流会等，引导学生用他们喜闻乐见的方式去学习汉语。

第四，国内外的许多研究都认为留学生最不喜欢死记硬背的方法。本研究的被试对记忆策略的经常使用告诉我们，教师在教学过程中，应当鼓励学生重复读写、重复造句、多看报纸、多用汉语写日记和写信等。记忆策略在第二语言习得的过程中非常重要，如果教师能够引导学生使用记忆策略并形成一种习惯，会让学生在往后的语言学习中受益匪浅。读书看报是吸收新知识的重要途径，留学生会在大量的阅读中逐渐熟悉与掌握汉字、词语、语法等，由此积累的字、词、句和已学知识联系起来，有助于记住新学的东西，也有利于形成系统的知识体系；而且第二语言的学习者可以从大量的阅读中了解新信息，从而扩充自己的知识面，提高在使用补偿策略时根据上下文猜测词语意思的能力。除此之外，用汉语写日记和写信既可以提高学生的书面交际能力，又能巩固学生所学的语言知识，还是一种练习写作的好方法。广西医科大学的汉语教师常常采用布置学生每日写一则报告或者新闻的方式来调动学生采用记忆策略学习的积极性，不失为对外汉语教学的一种好方法，值得我们借鉴和学习。

第五，对于来中国学习的留学生而言，汉语环境是他们学习汉语难得的有利条件。教师应该帮助学生充分利用这个有利条件，鼓励留学生在课外时间多交中国朋友，多参加学校汉语角、演讲比赛之类的语言活动，或者参加社会上的一些兼职、公益活动等，促使其在现实生活中学习和使用语言，掌握课本上没有的语言知识和文化知识，从而提高他们的语言水平。教师还可以借鉴和尝试一些任务式教学法，让学生在现实生活中通过与他人交流、合作来完成一项学习任务。

（二）研究不足和后续展望

受时间和笔者研究能力的限制，本研究存在许多不足，主要表现在研究对象的类别上。本文的研究对象样本不算少，但是被试的专业类别不够丰富，仅仅包括汉语专业和医学专业两个专业的留学生；在研究母语的影响时也仅有 4 组被试。笔者希望今后能够增加专业分组数量和母语分组数量，以进一步探究各类因素对学习策略使用的影响。在研究方法上，由于笔者目前在统计学方面的知识还不够扎实，因此希望在下一步的研究中能够应用更加系统的统计学方法进行调查研究。

在未来的研究中，笔者希望能够从其他角度，如学生的智力、语言学能倾向、性格等，来分析其对学习策略选择的影响。希望本文提出的结论和建议可以促进进一步的讨论和研究，以达到抛砖引玉的目的。

参考文献

［1］陈小芬．留学生汉语学习策略研究［D］．厦门大学硕士学位论文，2008.

［2］邓禹．广西东盟留学生对中国形象的认知与启示［J］．东南亚研究，2013（3）.

［3］高韶宁．中级水平韩国留学生汉语学习策略研究［D］．辽宁师范大学硕士学位论文，2009.

［4］高影．非洲留学生初级阶段汉语听力障碍研究［D］．东北师范大学硕士学位论文，2009.

［5］洪丽芬．马来西亚汉语学生与教师的交际策略探讨［C］．第五届国际汉语教学讨

论会论文，1997.

[6] 江新，赵果．初级阶段外国留学生汉字学习策略的调查研究［J］．语言教学与研究，2001（4）．

[7] 江新．汉语作为第二语言学习策略初探［J］．语言教学与研究，2000（1）．

[8] 李姜．初级水平留学生汉语口语学习策略的研究［D］．北京语言大学硕士学位论文，2007.

[9] 李丽娜．关于留学生汉语学习策略的调查报告［J］．汉语学习，2004（3）．

[10] 林可，吕峡．越南留学生汉语学习策略分析［J］．暨南大学华文学院学报，2005（4）．

[11] 刘琳．中级水平韩国留学生汉语语段学习策略研究［D］．北京语言大学硕士学位论文，2007.

[12] 刘珣．对外汉语教育学引论［M］．北京：北京语言文化大学出版社，2000.

[13] 钱玉莲．韩国学生中文阅读学习策略调查研究［J］．世界汉语教学，2006（4）．

[14] 秦晓晴．第二语言学习策略研究的理论和实践意义［J］．外语教学（西安外国语学院学报），1996（4）．

[15] 秦晓晴．外语教学研究中的定量数据分析［M］．武汉：华中科技大学出版社，2003.

[16] 史耀芳．二十世纪国内外学习策略研究概述［J］．心理科学，2001（5）．

[17] 苏靖淑．在台土耳其人的汉语学习策略研究［D］．暨南大学硕士学位论文，2009.

[18] 陶凤鸣．外国留学生汉语学习策略研究［D］．重庆大学硕士学位论文，2002.

[19] 文秋芳．英语成功者与不成功者在学习方法上的差异［J］．外语教学与研究，1995（3）．

[20] 吴勇毅．不同环境下外国人汉语学习策略研究［D］．上海师范大学硕士学位论文，2007.

[21] 徐子亮．外国学生汉语学习策略的认知心理分析［J］．世界汉语教学，1999（4）．

[22] 杨翼．高级汉语学习者的学习策略与学习效果的关系［J］．世界汉语教学，1998（1）．

[23] 杨玉玲．"汉语热"背后的思考［J］．意林文汇，2016（12）．

[24] 杨治良，答会明．英语学习策略量表在非英语专业大学生中的测量报告［J］．心理科学，2006（4）．

[25] 张婧．美国汉语学习者汉语学习策略初探［J］．开封大学学报，2011（3）．

[26] 赵佳. 非洲留学生汉语学习策略研究 [D]. 东北师范大学硕士学位论文, 2012.

[27] 郑敏. 对语言学习策略分类框架的质疑 [J]. 外语与外语教学, 2000 (12).

[28] Bedell, D. A. & Oxford, R. L. Cross-Cultural Comparisons of Language Learning Strategies in the People's Republic of China and Other Countries [M]. New York: Newbury House Publishers, 1996.

[29] Chamot, A. U., O'Malley, J. M., Kupper, L. & lmpink-Hernandez, M. V. A Study of Learning Strategies in Forein Language Instruction: First Year Report [C]. Washington D. C.: Inter America Research Association, 1987.

[30] Cohen, A. D. Strategies in Learning and Using a Second Language [M]. Londonand New York: Longman, 1998.

[31] Ellis, R. The Study of Second Language Acquisition [M]. Oxford: Oxford University Press, 1994.

[32] Green, J. M., & Oxford, R. A Closer Look at Learning Strategies, L2 Proficiency, and Gender [J]. TESOL Quarterly, 1995, 29 (2): 261 – 297.

[33] Nyikos, M., & Oxford, R. A Factor Analytic Study of Language Learning Strategy Use: Interpretations from Information-Processing Theory and Social Psychology [J]. Modern Language Journal, 1993, 77 (1): 11 – 22.

[34] Oxford, R. L. Language Learning Strategies: What Every Teacher Should Know [M]. New York: Newbury House Publishers.

[35] O'Malley, J. M., & Chamot, A. U. Learning Strategies in Second Language Acquisition [M]. Cambridge: Cambridge University Press, 1990.

[36] Politzer, R. L. An Exploratory Study of Self Reported Language Learning Behaviors and Their Relation to Achievement [J]. Studies in Second Language Acquisition, 1983, 6 (1): 54 – 65.

[37] Wharton, G. Language Learning Strategies Use of Bilingual Foreign Language Learners in Singapore [J]. Language Learning, 2000, 50 (2): 203 – 243.

泰国素攀府东卡学校汉语教学及汉语教师适应性调查分析

刘欣蕾（2015 届汉语国际教育专业硕士）

导师：黄南津　熊春雷

摘　要：本文对泰国素攀府东卡学校汉语教学及汉语教师现状展开调查研究，多方面分析泰国对本土教师的需求，结合对广西大学汉语国际教育师资培养方案优缺点的检视，剖析当前汉语师资培养存在的问题并提出改进建议。

关键词：汉语教育　教师本土化　汉语教师适应性

一　东卡学校汉语教学情况调查分析

（一）东卡学校简介

东卡学校位于泰国素攀府乌通县，是一所普通公立中学，与其他泰国公立中学一起归属于泰国教育部下属的基教委，并由其统一管理。东卡学校由初中部和高中部组成，提供泰国基础教育的第三和第四阶段即完整的中学阶段的教育。

东卡学校有学生 600 多人，教师 35 人，是一所规模偏小的学校。该校

2010 年开始开展汉语教育，目前采用三班制的班级组织形式，将学生按照入学成绩的高低进行分班，分为优秀班、普通班和后进班。就汉语教学而言，初中部进行的是以激发学生兴趣、夯实基础为目的的汉语基础教学，初一和初三每个班都开设汉语课，每周一个课时，汉语成绩不计算绩点，没有学分，因为师资有限，初二不开设汉语课。高中部从高二开始分语言班和自然科学班，高一在尚未分班的情况下每个班级都开设汉语课，每周两个课时，汉语成绩计算绩点，有学分。高二、高三只有语言班有汉语课，每周两个课时，汉语成绩计算绩点，有学分。汉语教师的课时从一开始的每周 10 个课时逐年增加，近两年稳定于每周 14 个课时。

学校经过了 3 年的摸索，最终制定了目前的师资使用方案。校方认为，学校有中国老师教授汉语课程是一个招生亮点，而且希望学生早早接触汉语以便打好基础，于是在初一开设汉语课。对于初三的学生而言，学过汉语对他们的升学考试有一定的帮助，所以初三也开设汉语课。初二没有开设汉语课的原因是师资不够，学校仅有一位汉语实习老师，校方担心实习教师无力承担过多的课程安排，所以初二暂时不开汉语课。高中部开设汉语课则是为了升学准备，在分班之前，让所有的学生都有机会学习和感受汉语，有利于学生在高二时做出分班选择，也有利于选择语言班的学生打好汉语基础。对语言班而言，汉语课是必修课，需要计算绩点，对升学成绩有一定的影响。这样复杂的情况对于实习老师而言是有一定教学难度的，一方面学生情况复杂，另一方面课时不少，需要针对不同的班级做出不同的备课计划。

（二）东卡学校汉语教学情况调查问卷说明与结果分析

1. 调查问卷说明

东卡学校高中部学习汉语的学生有 117 人、初中部有 204 人。笔者向学习汉语的学生随机发放调查问卷，共发放调查问卷 110 份，回收调查问卷 98 份，问卷回收率为 89%，其中有效调查问卷为 73 份，调查问卷的有效率为 74%。

本次调查旨在了解学生对汉语的兴趣、学生的汉语水平、学生对汉语教学的要求、学生对教师的要求与评价、学生对 HSK 考试的需求和了解程度等。调查问卷均为客观选择题，鉴于泰国中学生的汉语水平，本问卷的语言为泰语。本次调查为不记名调查，笔者在问卷回收后借助计算仪器与 SPSS 17.0 软件对调查结果进行了数据统计。同时，因语言上的障碍，笔者邀请泰国老师及留学生参与了翻译工作。笔者还对被调查学生进行了小范围的追踪访谈，以弥补问卷调查的不足。

2. 调查结果分析

（1）学生基本情况

学生的性别、年龄和学习汉语的时间等情况见表 1、表 2 和表 3。

表 1　学生性别

单位：人，%

性别	人数	百分比	累计百分比
男	27	37.0	37.0
女	46	63.0	100.0
合计	73	100.0	

表 2　学生年龄

单位：人，%

年龄	人数	百分比	累计百分比
14 岁	9	12.3	12.3
15 岁	9	12.3	24.6
16 岁	36	49.3	73.9
17 岁	13	17.8	91.7
18 岁	6	8.2	100.0
合计	73	100.0	

由表 1 与表 2 可知：73 名学生中有男生 27 名，占 37%；女生 46 名，占 63%。从年龄上看，14 岁的 9 人，占 12.3%；15 岁的 9 人，占 12.3%；16 岁的 36 人，占 49.3%；17 岁的 13 人，占 17.8%；18 岁的 6 人，占 8.2%。本次调查的主要对象为高中生，共计 55 人，占有效问卷回收总人数的 75.3%。

表 3　学习汉语的时间

单位：人，%

学习汉语的时间	人数	百分比	累计百分比
0~6 个月	28	38.4	38.4
6 个月~1 年	17	23.3	61.7
1~2 年	10	13.7	75.4
2 年以上	18	24.7	100.0
合计	73	100.0	

从表 3 可知，学习汉语 0~6 个月的学生为 28 人，占 38.4%；学习汉语 6 个月~1 年的学生为 17 人，占 23.3%；学习汉语 1~2 年的学生为 10 人，占 13.7%；学习汉语 2 年以上的学生为 18 人，占 24.7%。

由表 2 和表 3 可知，学生学习汉语的时长与年龄或者年级的分布并不一致，这是由泰国中学汉语教育的不统一引起的。并不是每所泰国中学都开设汉语课程。以高一的学生为例，有些学生因其初中所在学校并未开设汉语课程，因此在高一进入东卡学校时，汉语就相当于零基础；有些学生因其初中也是在东卡学校就读的，因此在高一入学时就具备了一定的汉语基础。另外，还有一些学生的初中所在学校虽然开设了汉语课程，但是由于各所学校的汉语教学大纲并不一致，因此他们与在东卡学校就读初中的学生在汉语水平上存在较大差别。

尽管泰国政府颁布了《泰国促进汉语教学，提高国家竞争力战略规划 (2006~2010)》，并且确立了具体、细化的目标，比如，在针对各级各类学校的目标中，明确规定"在 2012 学年之内，所有的基础教育学校都要在第三、四教育阶段（初、高中）开设汉语课"[①]，但截至 2014 学年，该目标仍未实现。

（2）汉语的地位

从表 4 可见：有 58 个学生选择了喜欢汉语，占 79.5%；有 15 个学生选择对汉语没感觉，占 20.5%。调查发现，没有学生选择不喜欢汉语。

---

① 吴应辉，龙伟华，冯忠芳，潘素英. 泰国促进汉语教学，提高国家竞争力战略规划 [J]. 国际汉语教育，2009（1）：39-47.

表4 是否喜欢汉语

单位：人，%

是否喜欢汉语	人数	百分比	累计百分比
喜欢	58	79.5	79.5
没感觉	15	20.5	100.0
合计	73	100.0	

对于"在朋友中受欢迎的外语"（多项选择）这一问题，选择英语的有26人，占总人数的35.6%；选择汉语的为18人，占总人数的24.7%；选择老挝语的为47人，占总人数的64.4%；选择其他语言的为6人，占总人数的8.2%；没有学生选择日语和韩语。可见，学生认为在朋友中最受欢迎的外语是老挝语，其次是英语，汉语排名第三。笔者在追踪访谈中得知，由于这里的居民大部分是由老挝的一个村庄集体移民到这里的，很多人有老挝血统，当地通用语言是泰语和老挝语，所以学生认为老挝语在朋友中最受欢迎。另外，因为英语开课范围较广，每个班级都有英语课，因此也有不少学生认为英语在朋友中受欢迎。相对而言，因为客观的师资原因，虽然学校已经尽量让每个学生都有汉语的学习体验，但汉语仍然无法像英语一样每个班级都开设课程。

（3）学生继续学习汉语的意愿

学生继续学习汉语的意愿统计情况见表5。在被问到"想不想继续学习汉语"时，有30个学生表示"想"，占学生总数的41.1%；有2个学生表示"不想"，占总人数的2.7%；有41个学生表示"不知道"，占总人数的56.2%。

表5 继续学习汉语的意愿

单位：人，%

想不想继续学习汉语	人数	百分比	累计百分比
想	30	41.1	41.1
不想	2	2.7	43.8
不知道	41	56.2	100.0
合计	73	100.0	

　　为了了解想继续学习汉语的学生继续学习汉语的原因，笔者做了进一步调查。这是一道多项选择题，结果见表6。有17人次选择"个人兴趣"，占总人数的23.3%；1人次选择"父母要求"，占总人数的1.4%；1人次选择"汉语在朋友中受欢迎"，占总人数的1.4%；2人次选择"大学想读汉语系"，占总人数的2.7%；19人次选择"对以后找工作有帮助"，占总人数的26.0%。可见，吸引学生继续学习汉语的两大原因是个人感兴趣和学习汉语对长远发展有帮助，相对而言，他人的影响对学生以后是否继续学习汉语的影响不大。

表 6　继续学习汉语的原因

单位：人次，%

继续学习汉语的原因	人次	百分比
个人兴趣	17	23.3
父母要求	1	1.4
汉语在朋友中受欢迎	1	1.4
大学想读汉语系	2	2.7
对以后找工作有帮助	19	26.0

　　表7统计了学生不会继续学习汉语的原因。可见，学生不想继续学习汉语的原因是个人不喜欢、想学习更流行的语言以及认为汉语太难。

表 7　不会继续学习汉语的原因

单位：人次，%

不会继续学习汉语的原因	人次	百分比
不喜欢	2	2.7
父母不希望继续学习	0	0.0
想学习更流行的语言	2	2.7
对以后工作和生活没帮助	0	0.0
汉语太难	2	2.7

　　（4）学生的汉语水平

　　表8统计了学生的拼音水平。有21个学生表示"只要有拼音我就能读对"，占总人数的28.8%；有32个学生表示"有拼音我能读对大部分的词

· 137 ·

语"，占总人数的 43.8%；有 20 个学生表示"我不会读拼音"，占总人数的 27.4%。由此可见，学生的拼音水平总体上是不错的。笔者随机采访了一些表示自己不会读拼音的学生后得知，这些学生升学前的学校没有汉语课，属于汉语零基础的学生，而另一些学生表示不知道"拼音"这个专有名词，他们一直认为那些注音符号是英文。

表 8　学生的拼音水平

单位：人，%

你能否根据拼音拼读出正确的汉语词语	人数	百分比	累计百分比
只要有拼音我就能读对	21	28.8	28.8
有拼音我能读对大部分的词语	32	43.8	72.6
我不会读拼音	20	27.4	100.0
合计	73	100.0	

由表 9 可见：有 46 个学生表示自己的汉语词汇量是 0~50 个，占总人数的 63%；有 24 个学生表示自己的汉语词汇量是 50~150 个，占总人数的 32.9%；而 3 个学生表示自己的汉语词汇量是 150~300 个，占总人数的 4.1%。由此可见，在接受调查问卷的 73 人中，尽管有着年龄和年级上的梯度分布，汉语的词汇量却没有出现应有的梯度分布，同一年级的不同班级之间学生的汉语水平相差较大，同一班级内学生的汉语水平也参差不齐。

表 9　学生的汉语词汇量

单位：人，%

汉语词汇量	人数	百分比	累计百分比
0~50 个词语	46	63.0	63.0
50~150 个词语	24	32.9	95.9
150~300 个词语	3	4.1	100.0
合计	73	100.0	

由表 10 可见：在关于学生的日常对话掌握程度的调查中，26 人表示"我只记得老师教过的词语"，占总人数的 35.6%；32 人表示"我记得一

些常用的句子，但是不明白语法"，占总人数的 43.8%；15 人表示"我记得大部分教过的句子，也明白一些简单的语法"，占总人数的 20.5%。调查发现没有人选择"我可以自己造出正确的句子"。

表 10　学生日常对话的掌握程度

单位：人，%

你对日常对话的掌握程度	人数	百分比	累计百分比
我只记得老师教过的词语	26	35.6	35.6
我记得一些常用的句子，但是不明白语法	32	43.8	79.4
我记得大部分教过的句子，也明白一些简单的语法	15	20.5	100.0
合计	73	100.0	

关于汉字学习情况，有 29 名学生表示能认出部分汉字，占总人数的 39.7%；有 37 名学生表示能写出部分汉字，占总人数的 50.7%；有 5 名学生表示只会写自己的名字，占总人数的 6.8%；有 2 名学生表示没有学习过汉字，占总人数的 2.7%（见表 11）。

表 11　学生汉字学习情况

单位：人，%

关于汉字学习	人数	百分比	累计百分比
我能认出部分汉字	29	39.7	39.7
我能写出部分汉字	37	50.7	90.4
我只会写我的名字	5	6.8	97.2
我没有学习过汉字	2	2.7	100.0
合计	73	100.0	

关于汉字学习的重要性，有 66 名学生表示认字学习"重要，因为我想读懂汉语"，占总人数的 90.4%；有 6 名学生表示认字学习"不太重要，会写拼音也可以"，占总人数的 8.2%；有 1 名学生表示认字学习"不重要，只要会说就可以"，占总人数的 1.4%（见表 12）。可见大部分学生都表示学习汉字重要，非常渴望学习汉字。

表 12　汉字学习的重要性

单位：人，%

你认为学习汉字重要吗	人数	百分比	累计百分比
重要，因为我想读懂汉语	66	90.4	90.4
不太重要，会写拼音也可以	6	8.2	98.6
不重要，只要会说就可以了	1	1.4	100.0
合计	73	100.0	

关于汉语学习的难点，有 11 名学生选择"听"困难，占总人数的 15.1%；9 名学生表示"说"困难，占总人数的 12.3%；15 名学生表示"读"困难，占总人数的 20.5%；38 名学生表示"写"困难，占总人数的 52.1%（见表 13）。

表 13　汉语学习的难点

单位：人，%

你认为学习汉语哪些方面比较困难	人数	百分比	累计百分比
听	11	15.1	15.1
说	9	12.3	27.4
读	15	20.5	47.9
写	38	52.1	100.0
合计	73	100.0	

关于希望自己能达到的汉语水平，有 4 名学生表示"什么水平都没关系，汉语课好玩就可以"，占总人数的 5.5%；有 33 名学生表示"掌握一些日常对话就可以"，占总人数的 45.2%；有 22 名学生表示"掌握日常对话以外，还希望可以掌握一些汉字"，占总人数的 30.1%；有 14 名学生表示"希望听说读写都学好，为大学读汉语系做准备"，占总人数的 19.2%（见表 14）。

表 14　希望自己能达到的汉语水平

单位：人，%

希望自己能达到的汉语水平	人数	百分比	累计百分比
什么水平都没关系，汉语课好玩就可以	4	5.5	5.5
掌握一些日常对话就可以	33	45.2	50.7
掌握日常对话以外，还希望可以掌握一些汉字	22	30.1	80.8

希望自己能达到的汉语水平	人数	百分比	累计百分比
希望听说读写都学好，为大学读汉语系做准备	14	19.2	100.0
合计	73	100.0	

（5）学生对汉语教学的反馈

由表 15 可见：在教学内容方面，认为"只要有趣教什么都可以"的学生有 8 人，占总人数的 8.3%；表示"希望教授日常用语"的学生人数是 54 人，占总人数的 56.3%；表示"希望教授和 HSK 相关的知识"的学生人数是 9 人，占总人数的 12.3%；表示"希望教授的内容不要和前任老师重复"的学生人数是 25 人，占总人数的 26%。由此可见，在汉语学习内容上，大部分学生希望教授日常用语，希望学习 HSK 相关知识的学生和认为随便学什么都可以的学生仅占小部分。这说明，学生对学习汉语是有一定的热情和积极性的，但是具有长远的学习目标和学习计划的学生为小部分。

表 15　学生对教学内容的要求

单位：人次，%

学生对教学内容的要求	响应		个案百分比
	人次	百分比	
只要有趣教什么都可以	8	8.3	11.0
希望教授日常用语	54	56.3	74.0
希望教授和 HSK 相关的知识	9	9.4	12.3
希望教授的内容不要和前任老师重复	25	26.0	34.2
总计	96	100.0	131.5

对于学校汉语课堂教学时间的安排，49 名学生认为合适，占总人数的 67.1%；24 名学生认为时间太少，占总人数的 32.9%（见表 16）。调查结果显示，没有学生认为时间太多。

表 16　学生认为教学时间是否合适

单位：人，%

你认为学校安排的汉语课堂教学时间合适吗	人数	百分比	累计百分比
合适	49	67.1	67.1
时间太少	24	32.9	100.0
合计	73	100.0	

（6）对老师的要求与评价

由表 17 可见：表示被 3 个以内的汉语老师教过的学生人数为 28 人，占总人数的 38.4%；表示被 3～6 个汉语老师教过的学生人数为 24 人，占总人数的 32.9%；表示被 6 个以上的汉语老师教过的学生人数为 21 人，占总人数的 28.8%。

表 17　目前为止几个汉语教师教过你

单位：人，%

到目前为止有几个汉语老师教你	人数	百分比	累计百分比
3 个以内	28	38.4	38.4
3～6 个	24	32.9	71.3
6 个以上	21	28.8	100.0
合计	73	100.0	

由表 18 可见：对于汉语老师更换速度是否合理，有 1 名学生表示太慢，占总人数的 1.4%；有 53 名学生表示合理，占总人数的 72.6%；有 19 名学生表示太快，占总人数的 26.0%。可见，大部分学生认为更换的速度正常。笔者进行追访时大部分学生表示，因为东卡学校一直以来每个学期都更换汉语老师，所以他们没有思考过该问题。

表 18　汉语老师更换的速度是否合理

单位：人，%

你认为汉语老师更换的速度怎么样	人数	百分比	累计百分比
太慢	1	1.4	1.4
正常	53	72.6	74.0

你认为汉语老师更换的速度怎么样	人数	百分比	累计百分比
太快	19	26.0	100.0
合计	73	100.0	

由表 19 可见：有 31 名学生表示更换汉语老师的频率对学习汉语没有影响，占总人数的 42.5%；有 41 名学生表示有影响，占总人数的 56.2%；有 1 名学生表示不知道，占总人数的 1.4%。

表 19   更换汉语老师的频率对学生学习汉语是否有影响

单位：人，%

你认为更换汉语老师的频率对你学习汉语有影响吗	人数	百分比	累计百分比
没有	31	42.5	42.5
有	41	56.2	98.7
不知道	1	1.4	100.0
合计	73	100.0	

由表 20 可见：对于"每个学期更换老师的优点"（多项选择题）这个问题，有 35 名学生选择"可以知道更多中国文化"，占总人数的 47.9%；有 45 名学生选择"可以学会更多不同内容的汉语"，占总人数的 61.6%；有 24 名学生选择"可以拥有更多的中国朋友"，占总人数的 32.9%；有 32 名学生选择"可以学到更多不同的才艺"，占总人数的 43.8%。由此可见，因为每个老师拥有不同的个人风格，每个学期更换汉语老师让学生们感受到了非常多元的汉语教学，从多个视角了解不同的汉语文化，学习到了不同内容的汉语和更多的才艺。

表 20   每个学期更换老师的优点

单位：人次，%

每个学期更换老师的优点	响应		个案百分比
	人次	百分比	
可以知道更多中国文化	35	25.7	47.9
可以学会更多不同内容的汉语	45	33.1	61.6

续表

每个学期更换老师的优点	响应		个案百分比
	人次	百分比	
可以拥有更多的中国朋友	24	17.6	32.9
可以学到更多不同的才艺	32	23.5	43.8
总计	136	100.0	186.2

由表 21 可见：对于"每个学期更换老师的缺点"（多项选择题）这个问题，有 19 名学生选择"不同的老师有不同的风格，很难适应"，占总人数的 26.0%；有 27 名学生选择"不同的老师教学难度不一样，很难适应"，占总人数的 37.0%；有 10 名学生选择"教学内容不断重复，无法学到新东西"，占总人数的 13.7%；有 29 名学生选择"新老师不了解学生，需要花费很多的时间"，占总人数的 39.7%；有 22 名学生选择"没有缺点，喜欢不断更换新老师"，占总人数的 30.1%。

表 21　每个学期更换老师的缺点

单位：人次，%

每个学期换老师的缺点[a]	响应		个案百分比
	人次	百分比	
不同的老师有不同的风格，很难适应	19	17.8	26.0
不同的老师教学难度不一样，很难适应	27	25.2	37.0
教学内容不断重复，无法学到新东西	10	9.3	13.7
新老师不了解学生，需要花费很多的时间	29	27.1	39.7
没有缺点，喜欢不断更换新老师	22	20.6	30.1
总计	107	100.0	146.5

由表 22 可见，在希望老师上课使用什么语言这一问题上，有 59 名学生选择中英泰混合或者英泰混合，占总人数的 80.8%，而希望使用纯泰语、纯英语或纯汉语教学的学生都只占小部分。

表 22 对老师的课堂语言的要求

单位：人，%

你希望老师上课 使用什么语言	人数	百分比	累计百分比
泰语	5	6.8	6.8
英语	6	8.2	15.0
汉语	3	4.1	19.1
中英泰混合或者 英泰混合	59	80.8	100.0
合计	73	100.0	

由表 23 可见：在被问及教师上课使用泰语是否重要时，有 66 名学生表示"重要，否则听不懂"，占总人数的 90.4%；仅 7 名学生表示"不重要，使用英语和汉语也能听懂"，占总人数的 9.6%。在笔者的随后追访中，学生们纷纷表示，如果使用纯汉语教学会产生听不懂的情况，由此也就没有兴趣继续往下听甚至放弃课堂学习。而如果使用纯英语教学，学生会因为教师的口音不同而听不懂，也会失去继续学习的兴趣。由此可见，教师上课使用泰语对于教授学生知识、掌控课堂秩序、接受学生反馈都非常重要。

表 23 老师上课使用泰语的重要性

单位：人，%

你认为老师上课使用泰语重要吗	人数	百分比	累计百分比
重要，否则听不懂	66	90.4	90.4
不重要，使用英语和汉语也能听懂	7	9.6	100.0
合计	73	100.0	

关于教师教学中什么时候使用泰语比较合适，调查结果显示，希望使用纯汉语或者纯泰语教学的都只有 2 人，分别占总人数的 2.7%；希望教授知识的时候说汉语、玩游戏的时候说泰语的学生为 12 人，占总人数的 16.4%；大部分学生希望教授知识和玩游戏都说汉语，只有在听不懂的时候才用泰语解释（见表 24）。由此可见，尽管教师掌握泰语非常重要，但是在课堂教学中不应该随意地将泰语作为媒介语。

表 24　老师教学中什么时候使用泰语比较合适

单位：人，%

你认为老师教学中什么 时候使用泰语比较合适	人数	百分比	累计百分比
纯泰语教学	2	2.7	2.7
教知识的时候说汉语，和我们玩游戏 的时候说泰语	12	16.4	19.1
教知识和玩游戏都说汉语，只有当我 们听不懂时才说泰语	57	78.1	97.2
纯汉语教学	2	2.7	100.0
合计	73	100.0	

由表 25 可见：对于"喜欢老师的因素"（多选题）这一问题，有 55 人选择"老师上课生动有趣，准备充分，能和大家交流互动"，占总人数的 75.3%；有 54 人选择"老师面带笑容，对学生很友好"，占总人数的 74.0%；有 49 人选择"老师幽默、亲切、宽容、开朗、热情"，占总人数的 67.1%；选择"老师能让学生知道更多的中国文化"和"老师会说泰语"的均为 47 人，各占总人数的 64.4%。由此可见，学生对于中国老师上课的内容以及上课风格最为关注，他们希望中国老师上课生动有趣，课前准备充分，能让他们充分领略汉语的魅力和中国文化的魅力。同时，他们希望老师能够面带笑容。这与泰国的文化有密切的关系，泰国是微笑佛国，面带笑容是泰国人最基本的礼貌，而中国人习惯于用严肃的表情表示自己对事情的重视，这是泰国人难于理解的。而会说泰语是一项非常重要的技能，这项技能是实现交流互动、展示文化、理解和关心学生的重要前提。

表 25　喜欢老师的因素

单位：人次，%

喜欢老师的因素[a]	响应		个案百分比
	人次	百分比	
老师衣着干净得体	17	4.7	23.3
老师面带笑容，对学生很友好	54	15.1	74.0

喜欢老师的因素[a]	响应		个案百分比
	人次	百分比	
老师上课生动有趣，准备充分，能和大家交流互动	55	15.4	75.3
老师及时、准确、认真、清楚回答大家所提的问题	18	5.0	24.7
老师幽默、亲切、宽容、开朗、热情	49	13.7	67.1
老师主动关心学生并且尊重学生	32	8.9	43.8
老师能让学生知道更多的中国文化	47	13.1	64.4
老师会说泰语	47	13.1	64.4
老师能设计好玩的游戏，让我们轻松愉快地学习汉语	39	10.9	53.4
总计	358	100.0	490.4

由表 26 可见：对于"希望汉语老师具备的才艺"（多选题）这个问题，有 55 人选择"唱歌"，占总人数的 75.3%；分别有 33 名学生和 32 名学生选择"书法"和"折纸"，各占总人数的 45.2% 和 43.8%。笔者随后通过对学生追访得知，学生们做出这样的选择是因为之前的教师具备这些才艺，给他们留下了深刻的印象。有学生表示选择"唱歌"是因为唱歌轻松有趣，可以和朋友们一起互动，并通过这种方式来学习汉语；选择"书法"是因为觉得用毛笔书写汉字非常有魅力，而且可以练习书写汉字。学生们还认为折纸非常漂亮，而且可以用来表达情感，还可以拍照发到社交网站和朋友们互动，所以他们非常喜欢。值得一提的是，在泰国，功夫非常受欢迎，但是基于泰国的国情，主动提出要学习功夫的多为男生，所以选择的人数不多。

表 26 希望汉语老师具备的才艺

单位：人次，%

希望汉语老师具备的才艺[a]	响应		个案百分比
	人次	百分比	
运动	25	12.6	34.2
唱歌	55	27.8	75.3

希望汉语老师具备的才艺[a]	响应		个案百分比
	人次	百分比	
跳舞	24	12.1	32.9
功夫	18	9.1	24.7
剪纸	11	5.6	15.1
书法	33	16.7	45.2
折纸	32	16.2	43.8
总计	198	100.0	271.2

（7）对 HSK 考试的认知与需求

由表 27 可见：表示知道 HSK 的学生有 30 人，占总人数的 41.1%；表示不知道 HSK 的学生有 43 人，占总人数的 58.9%。

表 27　是否知道 HSK

单位：人，%

你是否知道 HSK	人数	百分比	累计百分比
知道	30	41.1	41.1
不知道	43	58.9	100.0
合计	73	100.0	

从表 28 可见：学生知道 HSK 的主要途径是老师，有 41.1% 的学生从老师口中知道 HSK；其次是孔子学院，有 28.8% 的学生是从孔子学院了解 HSK 考试的。

表 28　知道 HSK 的途径

单位：人，%

你知道 HSK 的途径	人数	百分比	累计百分比
网络	11	15.1	15.1
家长	1	1.4	16.5
老师	30	41.1	57.6
同学	6	8.2	65.8
朋友	4	5.5	71.3

续表

你知道 HSK 的途径	人数	百分比	累计百分比
孔子学院	21	28.8	100.0
合计	73	100.0	

由表 29 可见：对于是否会考 HSK，27 名学生表示"会"，占总人数的 37%；而 46 名学生表示"不会"，占总人数的 63%。

表 29　HSK 考试的意愿调查

单位：人，%

你会考 HSK 吗	人数	百分比	累计百分比
会	27	37.0	37.0
不会	46	63.0	100.0
合计	73	100.0	

从表 30 可见：在 27 名选择会考 HSK 的学生中，13 名学生表示考 HSK 是因为想知道自己的汉语实际水平，占总人数的 48.1%；10 名学生表示考 HSK 是因为希望对申请大学有帮助，最好可以申请到奖学金去中国留学，占总人数的 37.0%。

表 30　会考 HSK 的原因

单位：人，%

	你会考 HSK 的原因	人数	百分比	有效百分比	累计百分比
会考 HSK	学习了汉语希望有证明	4	5.5	14.8	14.8
	想知道自己的实际水平	13	17.8	48.1	63.0
	希望对申请大学有帮助，最好可以申请到奖学金到中国留学	10	13.7	37.0	100.0
	合计	27	37.0	100.0	
不会考 HSK	合计	46	63.0		
合计		73	100.0		

由表 31 可见：在 46 名选择不会考 HSK 的学生中，有 33 人是因为不了解这个考试，占总人数的 71.7%；而认为 HSK 考试对自己没有帮助的

学生有 13 人，占总人数的 28.3% 。

表 31　不会考 HSK 的原因

单位：人，%

	你不会考 HSK 的原因	人数	百分比	有效百分比	累计百分比
不会考 HSK	我不了解这个考试	33	45.2	71.7	71.7
	考 HSK 对我没帮助	13	17.8	28.3	100.0
	合计	46	63.0	100.0	
会考 HSK	合计	27	37.0		
合计		73	100.0		

由此可见，在东卡学校，HSK 考试的宣传力度不大，仍然有很多学生不了解 HSK 考试。实际上，该校直到 2014 年才出现首批报考 HSK 的 4 名学生。笔者通过采访发现，在该校宣传 HSK 考试有以下几个难点：第一是学生学习汉语并不系统，汉语老师认为考试难度大，所以不鼓励学生报考；第二是汉语老师泰语水平有限，无法有效宣传；第三是资源和技能有限，组织 HSK 考试培训的难度很大。不过，东卡学校仍然有一些学生希望能参加 HSK 考试，他们除希望了解自己的汉语水平之外，更多的是为了升学做打算。

（三）东卡学校汉语教学情况调查小结

1. 东卡学校汉语教学现状

（1）汉语教学特点

在学生基本情况的调查中，我们发现学生学习汉语的时长与学生年级分布不一致，学生的汉语水平也与年级分布不一致。这是由泰国特有的国情以及泰国的汉语教学现状造成的。根据泰国教育部颁布的《2010 年基础教育核心课程大纲》，中学汉语教育已经属于正式教育。而泰国教育部在 2005 年颁布的《促进泰国汉语教学战略规划》中提出了五个战略目标，包括制定各级各类学校课程标准大纲、修订适合泰国汉语教学的优质教材等，其中课程标准大纲应包括各年级的周学时、词汇量、学分数、测试标准等。但截至 2014 年，泰国教育部仍未正式出台标准大纲，也没有指定统一教材，所以到目前为止，各学校在课时、词汇量、学分数、测试标准等方面没有统一的规范。这导致泰国不同地区和学校汉语教学进度不一、水平不同，教学仍然存在规范化和系统化不足的问题。这也是造成不同学校的学生汉语水平不一的主要原因，不利于对学生的进一步培养。

从学生对汉语的喜爱程度上看，四年的汉语教学还是起到了良好的效果，大多数学生明确表示喜欢汉语，只有少数学生表示没有感觉，没有学生表示不喜欢。在东卡学校最受欢迎的外语中，汉语排名第三，排在跟他们有地缘关系的老挝语和在该校有第一外语地位的英语后。

在是否愿意继续学习汉语这一问题上，明确表示要继续学习的学生占41.1%，剩下的学生大多表示不知道，笔者进一步调查后发现，无论想或者不想继续学习汉语，学生都是从自己的个人兴趣和需求出发，父母和朋友的影响不大，可见，如何激发和培养学生长远的学习动机是一个值得思考的问题。

关于学生的汉语水平，从问卷调查中我们可以看出：第一，在拼音方面，72.6%的学生表示有基本的拼音拼读能力，仅有少部分学生因为零基础暂时未能掌握拼读能力。第二，在词汇量方面，掌握0~50个词的人数最多，掌握50~150个词的人数次之，极少数学生掌握150~300个词。第三，在日常对话方面，大部分学生表示能记住老师教过的句子，但只有小部分学生能明白句子中的简单语法，能自己造出正确句子的学生是少数。第四，在汉字教学方面，仅有部分教师尝试进行简单的汉字教学。有50.7%的学生表示能写出教过的汉字，39.7%的学生表示能认出已学过的汉字，而值得注意的是，在52.1%的学生认为汉语学习中最困难的是学习汉字的情况下，仍有90.4%的学生认为汉字重要、渴望学习汉字。可见，学生有强烈的学习汉字的欲望，只要汉字教学方法得当，就会有一定的教学成果。总的来说，在具体的教学成果中，拼音教学和日常对话教学最为成功，而词汇教学和语法教学有所欠缺，汉字教学也亟须改进。

关于学生期待自己能达到的汉语水平，45.2%的学生表示希望掌握日常对话，30.1%的学生表示希望在掌握日常对话的基础上能掌握汉字，希望全面学好汉语、以考上大学汉语专业为目标的学生占19.2%。学生学习汉语以实用性目标和工具型目标为主，而对汉语学习抱有长远目标或完全不在乎汉语学习的学生均为少数。

　　大部分学生接受过 3 个或者 3 个以上的汉语教师的教学。对于每个学期更换老师，有 56.2% 的学生认为这对于他们学习汉语是有影响的。一方面，学生们认为这可以让他们从不同老师身上学到更多不同内容的汉语，知道更多的中国文化，学习到更多不同的才艺和拥有不同的中国朋友。另一方面，学生们也认为每学期更换老师会产生一些问题，例如：新来的实习老师可能泰语不好，因为不了解泰国情况以及不了解学生而需要花费很多时间去适应和了解，对教学有一定影响；不同的老师教学难度和教学风格不一样，甚至个人风格也不同，让学生难以适应。

　　关于教学语言，80.8% 的学生希望老师上课时混合使用中、英、泰三种语言或者英、泰两种语言，90.4% 的学生表示上课时老师使用泰语很重要。但值得注意的是，在课堂媒介语使用建议的具体调查中，大多数学生希望老师尽量在教学和游戏环节都使用汉语，仅在大家听不懂的时候才使用泰语进行解释。可见，对中国的汉语教师而言，掌握泰语非常重要，在管理课堂、实施教学、接收学生反馈时离不开泰语，但是也不能过量使用泰语，以让孩子们尽可能多地沉浸在汉语语境中。

　　学生喜欢老师的因素包括三大类。第一类是教师的教学内容、教学风格和工作态度。学生们希望老师上课生动有趣，课前准备充分，能让他们尽量多地领略中国文化。第二类是教师的笑容与个性。泰国是微笑佛国，无论到哪里都可以看见泰国人脸上亲切的笑容。这与中国人习惯严肃的表情表示自己对事情的认真态度有很大的不同。第三类是语言。即使上课可以使用全汉语教学，中国教师仍然会面临与泰国学生交流的问题。所以，会说泰语是一项非常重要的技能，是能在泰国有效开展工作的重要条件。

　　关于学生们希望教师拥有的才艺，得票最高的是唱歌，书法和剪纸也非常受欢迎，这与此前的教师给学生们留下的印象有关。中国教师一方面要掌握一定的中华才艺，并根据泰国学生的特点设计教学内容，另一方面又不能仅仅局限于中华才艺。泰国男生尤其喜欢足球和各项运动，女生尤其喜欢跳舞，在中学生中音乐也非常流行，此外学生们还非常喜欢和朋友们分享新鲜事物，教师要注意抓住学生的这些兴趣点。

关于 HSK 考试，仅有不足半数的学生有所了解，其中大部分学生是从老师口中知道 HSK 考试的。可见在东卡学校仍然有很多学生不了解这个考试，甚至泰方的指导老师也不了解，这是导致学生们极少报考 HSK 的主要原因。对于中国的汉语教师而言，推广 HSK 考试有一定的难度。一方面，汉语老师普遍泰语不好，不能娴熟地使用泰语进行交流，因此不利于推广工作的开展；另一方面，受资源条件的限制，汉语老师需要自己搜集 HSK 考试的各项资料和探索培训办法，假如汉语老师本身对于 HSK 考试并不熟悉，这无疑是一项非常艰难的工作。

综上所述，东卡学校的汉语教学已经取得了不错的成绩，但我们应该注意到，只是基础拼音和简单日常用语的教学比较成功，而汉字和语法的教学还有所欠缺。也就是说，学生对初级阶段的汉语掌握得较好，但学生的汉语水平并没有随着学时的增多、年级的升高而提升，而是仍然停留在初级阶段。

（2）影响学生汉语水平的因素

经过分析我们得知，影响学生汉语水平的因素有三个：一是泰国的汉语教育政策，二是教师因素，三是学生自身的学习动机。

第一，由于泰国促进汉语教学战略的实施，汉语已经成为泰国基础教育的内容，然而泰国教育部和基教委没有颁布统一的教学大纲，也没有编写统一的教材，这不利于基教委下属的学校进行规范系统的汉语教学，也是学生汉语水平不一、难以更系统地学习汉语的主要原因。就东卡学校而言，不仅没有教育部或者基教委制定的教学大纲，也缺乏学校内部制定的教学大纲，汉语教学计划完全由到该校实习的中国汉语教师制定。

第二，从教师的角度而言，在没有统一大纲和统一教材的情况下，教师制定教学大纲、选择甚至编写教材就显得尤为重要，因为这几乎直接决定了学生的学习内容。而就东卡学校而言，还有一个需要考虑的因素就是老师更换的问题。每个学期更换老师必然对学生持续学习汉语产生影响。一方面，不同的教师教学风格和个人才艺各不相同，老师的更换有利于增强汉语教学的多样性、多元性，从而有助于提高学生学习汉语的兴趣。而另一方面，教师的更换必然带来教学目标和教学内容的调整，既可能造成重复教学，也有可能导致教学断层，不利于学生系统地学习汉语。

第三，从是否喜欢汉语、学习汉语的原因、继续学习汉语的意愿和希望达到的汉语水平以及对 HSK 考试的态度的调查结果可以看出，目前学生学习汉语的兴趣浓厚，但学习兴趣以短时兴趣为主，学习动机以工具型动机为主；同时可以看出，汉语推广在广度上已经取得了不错的成绩，而在深度上仍需继续努力。

2. 东卡学校汉语教学建议

造成当前学生汉语水平参差不齐、无法深入进行系统教学的根本原因，在于缺乏统一的、系统的、有层次的教学大纲以及适合泰国学生的教材。这一现状虽一时难以改变，但仍应采取措施确保教学质量。首先，既然东卡学校的汉语教学计划完全由中国实习汉语老师制定，那么每一任汉语教师应该在认真了解前任汉语教师教学计划的前提下制定新的教学计划，不仅应该注意教学计划内部的科学性、系统性，而且还应该注意与前任汉语教师教学计划的衔接。其次，东卡学校没有指定汉语教材，实习汉语老师选择甚至改编教材就显得尤为重要，应该优先选择适合泰国学生、有泰语注释的教材，不仅要根据学生现有的汉语水平，考虑教材内容的科学性和趣味性，而且要从有利于学生长期学习的角度，选择对汉语水平考试有所帮助的教材，比如教材的词汇量和语法内容能与汉语水平考试相吻合。

另外，汉语教师应该从泰国实际出发，提高自身的泰语水平和跨文化适应能力，发展各项才艺，不断激发学生的学习动机。

二 东卡学校汉语教师情况调查分析

（一）历任汉语教师概况

自东卡学校开设汉语课程以来，该校的汉语教师均为来自广西大学汉语国际教育专业的本科生或者研究生，是由川登喜皇家大学素攀孔子学院随机选派到东卡学校进行为期 4 个月的教学实习的汉语实习教师。截至 2014 年 9 月 30 日，已累计选派 7 人到东卡学校进行汉语教学，均为女性，其中本科生 4 人，研究生 3 人。本科生年龄多在 19 ~ 20 岁，研究生的年龄为 25 ~ 27 岁。

这是一支年轻的队伍，尽管她们大多数都是第一次实践教学，教学经验不足，但是都能根据自身的优势设计和开展汉语教学以及组织汉语活动。经过历任汉语教师的努力，东卡学校的汉语教学已经取得了不错的效果。汉语教师凭借自身蓬勃的朝气和天然的亲和力与学生打成一片，随着实习老师一任接一任的更换，教师与学生之间的友好关系也一任接一任地传承了下来。

（二）东卡学校现行汉语教师管理办法

东卡学校没有泰国籍汉语教师，且每学期在任的汉语教师仅为一人，归属于学校的外语部。学校指派一名具有博士学历、有海外学习经历的泰国籍英语教师来作为汉语实习老师的指导老师，负责汉语老师的工作安排和最后的成绩考核。

汉语老师的工作主要为汉语的日常教学，周课时由最初的 10 节，到近两年稳定在 14 节。作为实习生，汉语教师并不需要担任班主任，但是除本身的汉语教学任务之外，还需要参加学校的各类活动，协助管理学生、组织学生参加活动或者策划汉语活动等。

除此以外，每任汉语教师必须做好档案整理工作，整理历任汉语教师的档案，并且留下自己的教学档案。档案最初只记载身份信息和评价信息，随着汉语教学活动的丰富，逐渐发展成为涵盖身份信息、课程安排、教学计划、教授才艺计划、教授歌曲计划、学生考试样卷、学生考试成绩、在任期间参与各类活动的照片集锦等信息。这些档案信息为下一任汉语教师的工作提供了丰富的材料。

（三）东卡学校现行汉语教师评价方法

教师评价能反映一个教师的教学水平和各项能力，不同角度的教师评价还能反映不同的需求，笔者将川登喜皇家大学素攀孔子学院的实习鉴定表和东卡学校校方的成绩评分标准进行对比，以更加全面地反映泰国校方对教师的要求。

表 32 是素攀孔子学院的实习鉴定表，从十个方面对汉语实习教师进行评价：专业背景、授课技巧、课堂效果、工作态度、团队精神、纪律、学生反馈、跨文化适应能力、沟通能力和组织能力，总分 100 分；每个单项满分为 10 分，其中 2~5 分为不及格，6 分为及格，7~8 分为良好，9~10 分为优秀。

表 32　素攀孔子学院汉语教学实习鉴定标准

Parameters 项目	Rank 级分（Score 得分）	
Professional Background 专业背景	A. Distinction（9~10） C. Adequate（6）	B. With Credit（7~8） D. Not Adequate（2~5）
Teaching Skills 授课技巧	A. Distinction（9~10） C. Adequate（6）	B. With Credit（7~8） D. Not Adequate（2~5）
Teaching Performance 课堂效果	A. Distinction（9~10） C. Adequate（6）	B. With Credit（7~8） D. Not Adequate（2~5）
Work Attitude 工作态度	A. Distinction（9~10） C. Adequate（6）	B. With Credit（7~8） D. Not Adequate（2~5）
Teamwork 团队精神	A. Distinction（9~10） C. Adequate（6）	B. With Credit（7~8） D. Not Adequate（2~5）
Dicispline 纪律	A. Distinction（9~10） C. Adequate（6）	B. With Credit（7~8） D. Not Adequate（2~5）
Students' Feedback 学生反馈	A. Distinction（9~10） C. Adequate（6）	B. With Credit（7~8） D. Not Adequate（2~5）
Cross Cultural Adjustment 跨文化适应能力	A. Distinction（9~10） C. Adequate（6）	B. With Credit（7~8） D. Not Adequate（2~5）
Communication Skills 沟通能力	A. Distinction（9~10） C. Adequate（6）	B. With Credit（7~8） D. Not Adequate（2~5）
Organizing Activities 组织能力	A. Distinction（9~10） C. Adequate（6）	B. With Credit（7~8） D. Not Adequate（2~5）

Total 总分

学校评语（汉语或英语）：

不难看出，第一项专业背景是对汉语实习老师的专业水平和专业能力的评估。授课技巧和课堂效果需要指导老师到课堂去听课后做出评价，关注的是教师的教学技巧和学生的课堂反馈。工作态度、团队精神和纪律都是根据汉语教师在学校的工作状态，从大方向上评估其工作态度以及对学校纪律的服从，看其是否能融入团队、与他人合作。学生反馈反映的是教师与学生的关系。跨文化适应能力考察的是汉语实习老师在异国他乡对各类人际关系的处理情况，以及是否尊重他国礼仪和文化，尽量避免文化冲突现象的发生。沟通能力与组织能力在于考察汉语老师能否和同事、学生进行有效的交流、合理反馈意见，为自己的工作创造良好条件。总的来说，这份实习鉴定表主要是从中方的视角去评估一个汉语实习老师，从专业培养的角度关注教师的专业能力和实习表现，更多地是检验专业培养效果以及实习教师的教学态度和工作能力。

而东卡学校校方则是从另一个角度对实习老师进行评价，其考察维度包括技能、知识和能力，态度，能力分值和评价等（见表33）。不同的能力分值会影响对态度的评价。80 ~ 100 分代表优秀，将获得 A 级评分；60 ~ 79 分代表良好，将获得 B 级评分；50 ~ 59 分代表及格，将获得 C 级评分；0 ~ 49 分代表不及格，将获得 D 级评分。

表33　东卡学校实习教师评价框架

技能、知识和能力	态　　度	能力分值	评　　价
教学质量			
服从学校纪律			
完成教学任务			
参与组织学校额外活动的意愿			
学生对其评价			
评语			

这个评价表关注的是教学质量、服从学校纪律、完成教学任务、参与组织学校额外活动的意愿和学生对其评价等情况，更多地是从用人单位的角度去考察一个实习老师是否具备工作能力、能否适应学校的工作。从另一个角度来说，这个表反映了校方希望实习老师具备的素质。结合后面的评语来观察，校方希望中国实习老师能尽自己能力保证教学质量，礼貌待人并与同事保持良好的关系，很好地完成教学任务，积极参与学校活动，

让学生们积极响应汉语教学以及汉语活动。笔者浏览对历任汉语老师的评语后发现，评语的格式和其中的考察因素基本一致，除补充描述实习教师能否尽力做好教学工作、参与学校活动之外，还评价了该汉语实习教师能否说泰语、能否很好地理解泰国文化；另一个关注点则是该实习教师的适应能力如何，能否灵活处理师生关系和同事关系，对学生和其他老师是否友善。笔者从泰国指导老师处得知，泰国的教学工作有其自身的特点，教师除完成课堂教学以外，还要组织大量的课外活动。这些课外活动都是教师们通过团队的形式去策划完成的，其间离不开老师之间有效的沟通和合作。作为语言教师，实习教师应该关注泰国学生的学习特点，关注每个班级的学习风气和特点，如果想要达到良好的教学效果，教师必须先对学生的具体情况有一定的了解，并且能和学生形成良好的互动。这一点也会通过学生的反馈来考察。因此，实习汉语老师必须对泰国的学校教学有一定的了解，有良好的语言能力、沟通能力、文化适应能力和灵活应变的能力。

（四）东卡学校对本土汉语教师的需求

1. 政策原因产生的需求

由于泰国政府的大力支持，汉语教学已经全面进入泰国基础教育体系，各学校对汉语教师的需求量巨大，中国每年都向泰国输出大量的汉语教师，但仍然未能解决泰国汉语教师短缺的问题。

泰国教育部出台的《促进泰国汉语教学，提高国家竞争力战略规划》规定："教育部将通过普通学校、业余学校及自主学习等体系，全方位促进各级各类学校的汉语教学。"可见，泰国政府决心全面普及汉语教育，但依靠输入中国教师是不可能实现这个目标的，必须加快培养泰国本土汉语教师。

此外，《促进泰国汉语教学，提高国家竞争力战略规划》还明确提出了 5 个战略目标。

目标 1：广泛支持汉语教学，让全国人民都认识到学习汉语的重要性，促进汉语教学方面的合作。

目标 2：制定各级各类学习的课程标准大纲，理清教学思路。

目标 3：支持修订适合泰国汉语教学的优质教材并改良教具，以达到颁布标准。

目标4：制定教师能力培养短期计划和长期计划，以达到有关标准。

目标5：促进合作，建立泰国教学互助网。①

其中，目标1确保了对汉语人才的需求量。目标1的实现需要大量的汉语人才。目标2和目标3的实现，必须依靠泰国本土汉语教师。泰国本土汉语教师在这方面有着不可替代的优势，只有本土教师才能深入了解本国各级各类学校的具体情况，才能制定出针对本国国情或者细化到各府的具体的教学大纲。在修订教材和改良教具方面，只有本土汉语教师才能从本国的国情和文化出发，量身定做出最适合自己国家的教材和教具。这是外籍教师无法代替的。目标4确立了泰国培养本土汉语教师的策略，即通过实施长期和短期培养、培训计划，鼓励泰国本土人才从事汉语教学。此外，目标4还鼓励综合大学和师范学院培养更多的汉语教师，为汉语专业的学生提供奖学金到中国留学，对汉语教学专业的毕业生给予一定的就业优待。目标5要求学校之间建立联系，对于师资困难地区给予帮助，在不同的府和教育区之间建立紧密的学校互助网，为汉语教学薄弱的学校提供师资、教学大纲、教材教具和教学评估等方面的帮助，协助其开展各类文化交流活动。

从以上5个战略目标可以看出泰国教育部对于泰国汉语教育本土化和汉语教师本土化问题的重视。

2. 现实原因产生的需求

基于前文对东卡学校汉语教学现状的调查与分析，我们不难发现东卡学校的汉语教学工作有以下几个与教师密切相关的问题。

（1）教学系统化的问题

首先，不同学校的教学大纲不统一，同一级别的学校汉语教学水平不一，导致学生在接受第三和第四阶段教育时汉语水平不一，给汉语教学带来很多麻烦，阻碍了教学的进一步开展。其次，在东卡学校内部，没有制定成体系的汉语教学大纲，也没有制定针对各个年级的具体教学计划和持

---

① 吴应辉，龙伟华，冯忠芳，潘素英. 泰国促进汉语教学，提高国家竞争力战略规划［J］. 国际汉语教育，2009（1）：39－47.

续性教学计划，教学计划随着老师的更换而变化，不利于学生的持续学习。最后，学生的汉语水平大多处于初级阶段，并没有随学习时长的增加而提高。学生掌握的词汇量较少，大部分学生的词汇量没有随学习时长增加而增加。在口语方面，学生仅能记住老师教过的对话，并没有掌握简单的语法，无法自己造出简单的句子。在汉字学习方面，尽管学生有浓厚的兴趣，但是因为缺少相应的教学条件而无法展开教学。

（2）教师更换的问题

到目前为止，东卡学校的汉语教学仍然依赖来自广西大学汉语国际教育专业的实习生。这些实习教师每四个月一换，因此，东卡学校的学生大部分接受过 3 个或者 3 个以上的汉语老师的教学。新老师需要花费很长的时间去学习泰语、适应泰国文化和了解学生，而且每个老师的教学内容和教学难度都不一样，加上没有统一的教学大纲，每个学期的汉语教学计划都由实习老师自主编制，具有一定的随意性，因此不利于学生持续、系统地学习汉语。

（3）教师个人对于泰国的适应性问题

这个问题主要体现在汉语实习教师的泰语水平以及对泰国文化的了解程度上。尽管我们常常强调第二语言教学要尽量使用目的语，但在实际的工作中，我们发现泰国中学生汉语水平较低，且通常英语不好，口音问题也是交流的障碍，于是泰语成了重要的沟通工具。汉语教师一直教授较为简单的初级汉语，其中一个重要的原因是实习汉语老师的泰语普遍不好，无法进行语法方面的教学，所以该校的汉语教学一直以词汇教学为主，甚至不同的实习汉语教师教授相同的内容，由此学生的水平很难得到提升。在教学和日常工作中，泰语非常重要。泰语不仅是交流的基本工具，也是了解泰国文化的重要工具。在学校中，如果要融入泰国老师的工作团队、共同组织文化活动，则必须使用泰语并且了解泰国有关部门的工作流程等情况。比如，推广 HSK 考试需要和上级沟通申请，也需要面向学生进行介绍和答疑；如果配合实现上述规划的战略目标 5，开展各校之间的工作交流、文化交流，那么对泰语水平和对泰国文化了解的要求就更高了。

以上三个问题互相制约、互为表里，是制约东卡学校汉语教学发展的主要问题。要解决这些问题，仅仅依靠实习汉语教师是行不通的，必须依靠本土汉语教师。放眼泰国全境亦是如此。泰国教育部要求将汉语教学全面普及到基础教育的各个阶段，并且制定了各类学生的教学目标，比如上述规划要求基础教育第三阶段的学生能受到良好的汉语教育，使学生的汉语水平达到优秀的程度，并且保持到高等教育阶段。要达到这个目标，必须对学生进行系统、科学和持续的汉语教育，不仅要有科学、规范、系统的教学大纲，而且要有适合泰国学生长期使用的汉语教材，最重要的是，需要一支具备相应素质和能力的汉语教师队伍来开展各类教学以及文化交流工作。在这支队伍中，中坚力量应当是泰国本土汉语教师。

（五）汉语教师的培养

在国际上推广汉语教育，汉语国际教师永远是先锋。在泰国，目前从中国输入的汉语国际教育专业的实习老师仍然是汉语教学的重要师资。2014 年是孔子学院成立 10 周年，孔子学院提出了"走进去"的战略，同时泰国也将继续把汉语教育作为基础教育体系的重要组成部分。在新的形势下，当前的汉语国际教育制度是否适应时代发展需求，需要在教学一线中予以检验。由于东卡学校的一线汉语教师均是来自广西大学汉语国际教育专业的学生，所以笔者以广西大学汉语国际教育专业为例来分析汉语教师的学历培养情况。

1. 学历培养模式介绍

广西大学的汉语国际教育硕士培养方案是在全国汉语国际教育硕士专业学位教育指导委员会制定的《汉语国际教育硕士专业学位研究生指导性培养方案》的基础上，结合学校实际情况制定的，以培养具有熟练的汉语作为第二语言教学技能和良好的跨文化交际能力，适应汉语国际推广工作，尤其是面向东南亚地区的汉语教学与中华文化传播，胜任多种教学任务的高层次、应用型、复合型专门人才为目的。[①]

根据这个培养目标，广西大学在最初编制专业培养方案时把课程分为三类：核心课程、拓展课程、针对教学实践的技能训练课程。其中，核心课程

---

① 参见《广西大学攻读全日制汉语国际教育硕士（MTCSOL）专业学位研究生培养方案实施细则》。

包括两种：学位公共课程（6学分）和学位核心课程（12学分）（见表34）。

表 34　学位公共课程和核心课程

学位公共课程			学位核心课程		
课程名	学分	备注	课程名	学分	备注
中国概况	2	限国际学生修	汉语作为第二语言教学	2	
综合汉语	4	限国际学生修	第二语言习得	2	
政治	2	限中国学生修	中华文化与传播	2	
外语（英语/越南语/泰语/印尼语）	4	限中国学生修	国外汉语课堂教学案例	2	必修
			跨文化交际	2	
			课堂教学分析	2	

资料来源：《广西大学攻读全日制汉语国际教育硕士（MTCSOL）专业学位研究生培养方案实施细则》。

从表34可见，学位公共课程包括政治和外语两门课，说明掌握马克思主义基本理论、具备良好的专业素质和职业道德，以及能流利地使用一种外语进行教学和交流是对汉语国际教师的基本要求。学位核心课程包括汉语作为第二语言教学、第二语言习得、国外汉语课堂教学案例和课堂教学分析等课程，说明汉语国际教育专业硕士必须具备系统的专业知识、熟练的汉语作为第二语言的教学技能；跨文化交际、中华文化与传播作为必修课说明汉语国际教师必须具备较高的中华文化素养和跨文化交际能力。

拓展课程包括语言教学类、文化类和教育类三大类（见表35）。

表 35　拓展课程

	课　程	学　分	备　注
语言教学类	汉字与汉字教学	1	修满4个学分
	汉语语音与语音教学	1	
	汉语词汇与词汇教学	1	
	汉语语法与语法教学	1	
	汉语修辞与修辞教学	1	
	对外汉语教学案例	2	

	课　程	学　分	备　注
文化类	东盟文化（限中国学生选）	1	修满 2 个学分
	礼仪与国际关系	1	
	世界民族与文化	1	
	中外文化交流专题	1	
教育类	外语教育心理学	2	修满 2 个学分
	中小学汉语教育专题	1	
	汉语国际推广专题	1	

资料来源：《广西大学攻读全日制汉语国际教育硕士（MTCSOL）专业学位研究生培养方案实施细则》。

拓展课程是专业选修课，在语言教学类、文化类、教育类三个方面设置了更加细化的专业能力培养的课程。

教学实践环节主要开设的是针对教学实践可用的技能训练课程（见表36）。

表 36　实践环节开设的课程

	课　程	学　分
技能训练	课程设计	1
	教学组织与管理	1
	现代教育技术应用	1
	中华文化才艺与展示	1
教学实习		6

资料来源：《广西大学攻读全日制汉语国际教育硕士（MTCSOL）专业学位研究生培养方案实施细则》。

实践环节的课程主要是为教学实习服务的。从上述汉语国际教育硕士专业的培养目标来看，实践环节尤为重要，可以说前面的一切课程都是为实践环节准备的，实践环节也是对前面一切课程学习效果的检验。广西大学汉语国际教育硕士专业的教学实践一般在第三学期进行，教学实习包括汉语教学见习、汉语教学课程设计和课堂教学实践三部分，其中课堂教学不能少于 40 个学时。教学实习单位包括泰国川登喜皇家大学孔子学院、广西大学国际交流学院、国内外中小学和汉语培训机构，实习工作必须与对外汉语教学直接相关。

综上所述，广西大学汉语国际教育硕士专业的课程设置完全体现了《汉语国际教育硕士专业学位研究生指导性培养方案》的要求，与大纲切合。

2. 学历培养模式分析

（1）优势

在核心课程方面，有以下优势。第一，广西大学汉语国际教育硕士专业核心课程的设置符合培养目标的要求。在汉语国际教育推广中，语言技能是一项重要的技能，是开展一切工作的基本技能。汉语国际教师需要具备熟练使用一门外语进行教学和交流的能力，而广西大学在培养方向上强调"尤其面对东南亚"，于是开设的外语课程不仅包括英语，还有越南语、泰语、印尼语等东南亚小语种。第二，汉语国际教师需要具备熟练的汉语作为第二语言的教学技能，这项技能是汉语国际教育专业的核心技能之一，所以广西大学相应开设了第二语言习得和汉语作为第二语言教学等课程，既有泛化的理论培养，又有针对性的专业理论学习；在此基础上，还开设了国外课堂教学案例和课堂教学分析等课程，从实践角度为学生讲解分析案例，让理论和实践紧密结合。第三，对于需要在多元文化背景下甚至在异文化下独立完成教学任务的汉语国际教育推广人员而言，跨文化交际能力是一种重要的专业能力，也是汉语国际教师与一般教师相比应当具备的特殊能力，因此广西大学相应地开设了跨文化交际这门课程。

在拓展课程方面，广西大学根据专业要求开设了语言教学、文化、教育三个方向的专业素质拓展课程，包括汉语本体与汉语本体教学、世界文化和东盟文化、世界民族与文化、中外文化交流、礼仪与国际关系、外语教育心理学、中小学汉语教育专题等，对学生进行细化的培养。

在实践环节，广西大学强调技能训练，比如课程设计、教学组织与管理、现代教育技术应用、中华文化才艺与展示。对于实习，广西大学为学生提供了两种选择：国内实习和国外实习。国内实习可以选择到媒体单位进行实习，或者在广西大学的国际交流学院进行见习。而国外实习一般是去泰国进行为期4个月的教学实习。学生到泰国后独立授课，4个月在教学一线的实习能很好地检验专业学习的效果，而且可以促使学生迅速地提升自己的外语水平、实践教学能力、跨文化交际能力。可见，这是一个很好的实习平台。

（2）不足

首先，核心课程虽然包括 4 个学分的外语课，但在实际课程的开设中以英语为主，很少开设东南亚小语种的课程，因此不利于学生将来去泰国等东南亚国家开展汉语国际教育。其次，目前专业课程设置坚持国际化的总体方向，缺少针对不同国家的研究和培养，并没有很好地体现专业培养目标中的"尤其面向东南亚"，因此在强调国际化的同时还应该强调国别化。最后，实践环节的培训仍然不足。如前所述，广西大学的专业实习一般有两个方向，即在国内进行面向留学生的汉语教学和在泰国进行面向中小学生的汉语教学。由于这两种教学的对象不同，影响教学的相关因素也有所差异，所以目前统一的技能培训难免缺乏针对性和实用性。不仅如此，由于缺少基于不同教学对象（如大学生、中学生、小学生）的针对性教学培训，学生在实习中面对不同的学生时显得准备不足。

3. 培养建议

（1）加强外语学习与培训

根据广西大学汉语国际教育专业的培养目标，汉语国际教育专业的学生应该具备熟练使用一门外语进行教学和交流的能力。广西大学许多学生的实习地点在泰国，因此，外语能力尤其是泰语能力极为重要。但是，目前广西大学外语教学和培训课程的语种主要是英语，并且通过 CET－6 考试的学生可以免修英语课，而泰语的开课数量远远不足。以 2013 级为例，泰语课仅开设了一个学期，且不计算学分。外语教学与培训的不足造成前几任实习老师到岗时泰语水平都较差，需要在四个月的实习过程中临阵磨枪补习泰语。因此，希望学校能加强外语教学与培训，增加东南亚小语种的课程和学时。

（2）加强针对性教学技能训练

广西大学的专业课程设置比较全面，有关汉语国际教学的理论课程和实践练习课程也比较齐全。但是，这些课程一般是基于以下假设来设置的，即汉语国际教育的对象是外国而且主要是欧美国家到中国的大学留学生。实际上广西大学许多学生的实习地点是在泰国，教学对象一般为中小学生，因此经常出现所学非所用的情况，不利于实习的顺利开展。希望学校将来开设更多的有针对性的技能训练课程，更多地探讨如何针对不同学习阶段的学生进行教学、如何针对不同国家的学生开展教学。

（3）加强跨文化交流

跨文化交流不仅需要了解异国文化，而且应当具备一定的跨文化交流的意识。跨文化交流意识的培养不是一朝一夕之功，也无法仅仅通过理论学习实现。广西大学可以利用国际交流学院的有利资源，让中国学生与汉语国际教育专业的留学生们一起参加部分文化课程的学习，比如和留学生一起上太极拳、书法这一类的文化课程，或者一起学习世界各国文化这类课程，甚至练习互相讲课。这样既能加强学生之间的联系与交流，又可以让学生在真实情景中练习讲课，还可以在日常学习相处中培养跨文化交流意识；而且中国学生和留学生一起上课既有利于中国学生学习外语，也有利于留学生学习汉语，可谓一举多得。

（4）加强实习前针对性培训

尽管广西大学的专业培养目标中强调了"面向东南亚"，会在学生出国实习前召开会议介绍大概情况，但对学生而言，去泰国实习仍将面临不少挑战，大多数学生对于在实习教学中如何准备教材、教具等基本上一无所知。因此，希望学校在实习前对学生进行一次集中培训，指导学生制定教学大纲、编写试卷、选用或者编写教材等；同时开展一些简单易学的才艺培训如剪纸、折纸等，这类才艺不仅能够很快学会，而且在对外汉语教学中非常有用。

三　结语

随着汉语教学在全球的推广和持续发展，孔子学院确立了新的工作计划，并于 2014 年将工作重心从"请进来"转变为"走进去"。由于近几年泰国政府大力推广汉语教育，目前泰国的汉语教育已经进入了基础教育体系，现已基本完成在中学阶段的普及，下一阶段还将向小学和幼儿园普及。在这样的发展背景下，师资问题仍然是制约汉语教育发展的重要问题。笔者认为，在这样的背景下，汉语教师的培养就显得尤为重要。汉语国际教师的培养不仅应该考虑国际化，在现阶段更应该强调本土化和国别化。

本文对泰国东卡学校进行了深入的调查研究，通过发放问卷调查了解该校的汉语教学现状、学生的汉语水平、学生对汉语学习的态度、对教师的要求与评价、对 HSK 考试的了解以及态度等。通过调查、追踪访谈和综合分析，本文在掌握东卡学校汉语教学实际情况的基础上，提出在泰国教育部仍然没有制定统一大纲的情况下，我们应该从自身出发，做好教学计划的制订工作，不仅应该注意教学计划的科学性，而且应该注意教学计划的衔接性和层次性；此外，应该注意教材的选定，根据学生的实际情况选择教材，并且为了帮助学生长期学习汉语，提出了以考助教的建议。

在对该校汉语教师的调查分析中，笔者发现，校方除注重汉语教师的教学水平、教学任务的完成情况和教学质量以外，还重视汉语教师参加学校活动的意愿和能力。因此，汉语教师应当具备良好的泰语交流能力，对泰国文化有基本的了解，能融入泰国教师团队并参与合作。另外，学生对教师的评价也是校方关注的重点，这就需要教师能和学生进行有效的沟通，对所教的班级和学生有一定的了解。

本文基于以上调查结论对广西大学汉语国际教育硕士的培养模式进行了分析，并建议在新的形势下对现有的培养方法进行优化和变革。从泰国的汉语教学实践来看，汉语教师的教学能力、教学计划的制定能力、教材的选取和编写能力、泰语能力、跨文化交流能力以及对泰国文化的了解等都非常重要。因此，广西大学不仅应该注重汉语国际教师的理论教育，而且应该注重实践训练。从另一个角度来说，现有的汉语国际教师的培养不仅应该考虑国际化，而且应该考虑泰国汉语教师的本土化和汉语国际教师培养的精细化，根据具体国家的实际情况，培养更适应该国汉语教学的人才，这样才能更好地实施孔子学院"走进去"的发展计划。

参考文献

[1] 常凌霄. 泰国中学汉语教师志愿者培训模式分析 [D]. 中央民族大学硕士学位论

文，2012.

［2］陈美宣．泰国华文教育状况分析与对策［D］．厦门大学硕士学位论文，2011.

［3］戴英慧．泰国华裔汉语教师的作用与局限研究［D］．山东大学硕士学位论文，2012.

［4］杜雯．泰南本土汉语教师汉语知识及培训情况调查——以甲米府为例［D］．中央民族大学硕士学位论文，2012.

［5］方雪．泰国汉语教学与汉语推广研究［D］．山东大学硕士学位论文，2008.

［6］冯忠芳．泰国中小学本土汉语教师发展的历时考察与标准研究［D］．中央民族大学博士学位论文，2011.

［7］侯颖．对外汉语教师资格制度的回顾与前瞻［J］．语言教学与研究，2012（6）.

［8］黄南津．增强创新意识　培养创新人才——以广西大学研究生教育项目的成效及经验为例［J］．经济与社会发展，2009（9）.

［9］教育部师范教育司．教师专业化的理论与实践［M］．北京：人民教育出版社，2003.

［10］李峰．泰国汉语教育的历史、现状及展望［J］．国外社会科学，2010（3）.

［11］李现乐，王铮．汉语国际教育本土化教学的新思考——来自"英语桥"项目的启示［J］．扬州大学学报，2013（4）.

［12］李志凌．泰国汉语快速传播对汉语成为全球性语言的启示［J］．汉语国际传播研究，2012（1）.

［13］梁宇．《体验汉语中小学系列教材》在泰国的快速推广对国际汉语教材本土化的启示［J］．汉语国际传播研究，2012（1）.

［14］刘婵．泰国南方大学汉语专业教学现状分析［D］．吉林大学硕士学位论文，2012.

［15］刘珣．对外汉语教育学引论［M］．北京：北京语言大学出版社，2000.

［16］陆俭明．当前的汉语教学更需冷静思考与科研引航［J］．云南师范大学学报（对外汉语教学与研究版），2010（2）.

［17］吕必松．关于对外汉语教师业务素质的几个问题［J］．世界汉语教学，1989（1）.

［18］马利文．泰国清莱府中国汉语教师专业发展现状［D］．上海外国语大学硕士学位论文，2013.

［19］邵滨，邵辉．新旧《国际汉语教师标准》对比分析［J］．云南师范大学学报（对外汉语教学与研究版），2013（3）.

［20］申莉，刘东青．浅谈对外汉语教师的专业发展［J］．山西师大学报（社会科学版）研究生论文专刊，2011（5）.

［21］王添淼，方旭，付璐璐．美国二语教师专业发展有效途径及启示［J］．云南师范

大学学报（对外汉语教学研究版），2014（1）.

［22］王添淼．成为反思性实践者——由国际汉语教师标准引发的思考［J］．语言教学与研究，2010（2）.

［23］王晓华．对外汉语教师专业发展模式初探［J］．浙江工商大学学报，2006（4）.

［24］卫志平．泰国素攀孔子学院汉语教学现状调查与分析——以广西大学学生赴泰35所学校汉语教学实习为例［D］．广西大学硕士学位论文，2013.

［25］吴建平．泰国汉语教育与汉语推广现状、问题及对策［J］．集美大学学报，2013（2）.

［26］吴应辉，龙伟华，冯忠芳，潘素英．泰国促进汉语教学，提高国家竞争力战略规划［J］．国际汉语教育，2009（1）.

［27］吴应辉．国际硬实力是语言国际传播的决定性因素——联合国五种工作语言对汉语国际传播的启示［J］．汉语国际传播研究，2012（1）.

［28］向恒纬．泰国师范类大学本土汉语师资培养研究［D］．山东大学硕士学位论文，2010.

［29］央青．泰国汉语快速传播对其他国家顶层设计的启示［J］．西南民族大学学报（人文社会科学版），2011（2）.

［30］叶澜．教师角色与教师发展新探［M］．北京：教育科学出版社，2001.

［31］张和生．对外汉语教师素质与培训研究的回顾与展望［J］．北京师范大学学报，2006（3）.

［32］张和生．对外汉语教师素质与教师培训研究［M］．北京：商务印书馆，2006.

［33］郑青琳．汉语国际教育教学实践及实践基地构建调查分析——以广西大学为例［D］．广西大学硕士学位论文，2011.

［34］朱霄．泰国公立中学汉语教学现状调查研究［D］．云南大学硕士学位论文，2013.

泰国中学汉语课堂教学管理研究

——以泰国素攀府乌通中学为例

梁晶晶（2015 届汉语国际教育专业硕士）

导师：陆 华

摘　要：本文以泰国中学汉语课堂为研究对象，对如何加强教学管理与提高汉语教学质量进行研究。在研究角度上，就提高泰国汉语教学效果、维持课堂秩序、开展有效的汉语教学以及提升学生学习兴趣等方面进行深入分析。在研究方法上，基于对泰国素攀府乌通中学的汉语课堂教学的实地观察，依托问卷、访谈等方式，采取定量分析与定性分析相结合的方法，进一步探讨汉语教学的策略和技巧，通过在理论和实践两方面的研究创新，为提高泰国中学汉语课堂教学管理提供实践性、操作性较强的参考与借鉴。

关键词：汉语课堂　教学管理　乌通中学

一　概念与理论分析

（一）课堂管理的概念与要素

1. 课堂管理的概念

（1）课堂

课堂是课程管理工作的对象。国内习惯上把教室与课堂相等同，认为

"当教室用来从事教学活动时就叫课堂，泛指进行各种教学活动的场所"①。这个解释可以说只是对教室的界定，而课堂是一种互动情境，是教师、学生与环境组成的共同体，是一种有系统的教育形态。当前的课堂不只是教师直接向学生教授与传递科学知识的场所，而且是教师与学生互动的场所。因此，教室与课堂是存在本质区别的。教室的概念更偏向于教师与学生活动的物理空间，而课堂不仅仅包括物理形式，还包括隐形的人际互动关系，即课堂是一个结构复杂、有情境互动、充满生机活力、具有鲜活生命取向系统的整体。

多勒（Doyle）认为，课堂具有以下特征。①即时性（immediacy）。在课堂当中，教师与学生交流的次数非常频繁，但是课堂事件的发生往往非常快，需要教师能够很快地做出决定。②公开性（publicness），课堂是一个完全公开的地方，发生在某位学生的任一课堂事件，教师与他之间的互动，都会被周围的学生看在眼里，他们便可以清楚地知道教师对这一行为事件的看法、感觉及态度。③多维性（multidimensionality）。课堂中包含很多因素，有学生、有教学任务、有时间安排等，教师需要从各个方面进行考虑，做好计划，其中学生的学习能力和兴趣各有不同，课堂的一件事情会产生出不同的效果，必须利用有限的时间达到既定的教学目标。④不可预测性（unpredictability）。尽管教师在上课前做好了周密的计划，但是课堂事件的发生基本无法预测，突如其来的事件仍会打乱课堂节奏，课堂也会被中断。⑤历史性（history）。在比较固定的课堂环境中，教师和学生在相互认知后的一段时间里，彼此会形成约定俗成的互动规范，双方关系的模式会成为以后课堂发展的先例，对今后的课堂生活有深刻影响。⑥同步性（simultaneity）。在课堂中，师生之间的互动事件往往同时发生，教师对不同表现类型的学生给予差异化的反应，进而保障上课进度与效果。②

（2）管理

管理的含义随着社会变迁不断变化。依据《现代汉语词典》，管理的

---

① 中国社会科学院语言研究所辞典编辑室. 现代汉语词典：修订本 [M]. 北京：商务印书馆，1996：466 - 634.

② Doyle, W. Classroom Organization and Management. [M] //M. C. Wittrock (ed.), Handbook of Research on Teach. New York：MacMillan, 1986：392 - 431.

含义包括以下三个方面：一是负责某工作使顺利进行；二是保管和料理；三是照管并约束（人或动物）。① 管理也可以指一种处置方式（mode of handling），即控制和指使、使人服从、小心处理及执行任务以达成目标等。②

管理作为一种古老的社会现象早已存在，不同时代、不同学派的学者对管理的理解不尽相同，对其概念的界定也反映出其本质变化的过程。古典管理学派认为管理就是"实行计划、组织、协调、指挥和控制"。行为管理学派认为管理就是"为发挥最高工作效率而达到团体目标建立的一个有效的环境"。系统学派认为"管理是协调组织中各个系统并与环境相适应"。决策理论学派认为"管理即决策"。③

社会变迁往往导致社会组织形式的不断变化，人们对管理的理解也已越出"管束"这个范围，研究关注的焦点也随之变化。正如《管理的变革》所描绘的："在新型组织中，自我管理型的网络组织会自行发展，管理也不再是计划、组织、控制等传统意义，而是协调、预测与激励。"④

（3）课堂管理

课堂管理是决定课堂活动效率和质量的重要因素，良好的课堂管理能够有效地保证课堂活动顺利进行。众多中外学者从不同角度对课堂管理提出了自己的理解和看法。

古德（Good）、布罗菲（Brophy）认为，课堂管理就是一个不断建立和维持良好的学习环境秩序的过程。⑤ 埃默（Emmer）认为，课堂管理就是教师引导学生配合教学活动，参与课堂活动，涵盖创建物理环境、维持课堂秩序以及处理学生行为问题、培养学生责任心和指导他们进行学习等

---

① 中国社会科学院语言研究所辞典编辑室. 现代汉语词典：修订本 ［M］. 北京：商务印书馆，1996：466 - 634.

② Webster's Third New International Dictionary ［M］. Pringfield Merrian Webster Inc. , 1986：403.

③ 李冀. 教育管理辞典 ［M］. 海口：海南出版社，1997：22.

④ 詹姆斯吕佩，尼丁诺利亚. 管理的变革 ［M］. 李玉霞，译. 北京：经济日报出版社，1998：20.

⑤ Good, T. L. , & Brophy, J. E. Looking in Classroom ［M］. New York：Harper & Row, 2000：164.

内容。① 麦克卡斯林（McCaslin）等人提出，课堂管理的内涵不仅是让学生服从教学管理，而且还应该实现学生的自我理解、自我评价和内化为自我控制。②

我国学者对课堂管理也提出了自己的理解。如田慧生教授指出，课堂管理是教师在课堂中出于协调、控制课堂关系而采取的行动，以有效实现教学目标。③ 施良方教授把课堂管理定义为：教师通过协调课堂中的多维关系以确保课堂教学的效果与秩序。④ 陈时见教授提出，适宜的课堂环境是课堂管理活动开展的前提条件，保持课堂互动是课堂管理的衡量尺度，课堂管理的最终目标就是促使课堂管理自身的成长。⑤

学者们对课堂管理的定义虽不尽相同，但是可以看出课堂管理所具备的特点：①课堂管理包括教师、学生和教学环境等方面；②课堂管理是一个师生互动、共同参与的过程，而不仅仅是教师单方面的行为活动；③课堂管理的目标是确保课堂教学活动的顺利开展，是实现教学目标的过程。

2. 课堂管理的要素

斯坦福等指出，课堂管理是为了促进学生积极参与课堂活动，教师所做的努力应该是创建有效的学习环境与氛围。周小山、严先元认为课堂管理包括四个层面：课堂纪律管理、课堂时间管理、课堂信息管理和课堂运行调控。常宝成认为课堂管理主要由课堂环境（物理环境和心理环境）、课堂时间及课堂教学管理三个方面构成。

上述研究表明，课堂管理的内涵不仅包括课堂纪律的管理，还涉及课堂环境与教学的管理，而对课堂环境的管理包括对物理环境和心理环境两方面的管理，同时还包括对课堂教学时间、进度的管理等。

综合课堂管理的相关研究，本文认为，课堂管理是教师在教学活动中

---

① Emmer, E. T. Classroom Management［M］//Dunkid（ed.）, The International Encyclopedia of Teaching and Teacher Education. Oxford：Pergamon, 1987：437.

② McCaslin, M., & Good, T. L. Compliant cognition：The Misalliance of Management and Instruction Goals in School Reorm［J］. Educational Research, 1992（21）：4 – 7.

③ 田慧生，等. 教学论［M］. 石家庄：河北教育出版社, 1996：332.

④ 施良方，等. 教学原理：课堂教学的原理、策略与研究［M］. 上海：华东师范大学出版社, 1999：279.

⑤ 陈时见. 课堂管理：意义与变革［J］. 教育科学研究, 2003（6）.

为实现预定的教学目标，采取有效的教学手段和教学方法，维持有序的课堂秩序，构建和谐融洽的教学环境，协调教学活动中的各种人际关系，并促使学生积极参与到课堂当中的过程。在课堂教学中，完成预定教学目标是课堂管理的最终目的，所以，课堂管理中也包含课堂教学的管理。

依据以上定义，课堂管理包括三个方面：课堂情境管理、课堂纪律管理、课堂教学管理。它们之间的关系如图 1 所示。

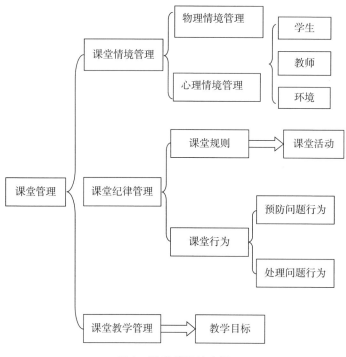

图1　课堂管理的内涵

（1）课堂情境管理

教师通过创设良好的课堂情境，可以有效开展教学活动，激发学生的学习兴趣，使学生注意力更加集中，达到最优的教学效果。所以，良好的课堂情境是教学顺利进行的重要条件，课堂情境管理是课堂管理的重要内容。课堂情境可以分为物理情境和心理情境。

物理情境也叫物理环境，教室内一切由物理条件形成的环境都属于物理环境，它是课堂教学的基本条件和物质基础，其中包括教室的自然环境、学生座位的安排、教室的空间利用、教学设施等。只有课堂的物理环境有利于学生学习，适合其学习特点及教学活动，才能促使学生主动参与到课堂教学当中。

　　案例 1　下午第一节课，老师给高一 5 班的学生上课，地点在没有多媒体设备和空调的普通教室。刚上课没多久，学生们已开始打哈欠，上课 15 分钟后两两练习句型，只有个别学生积极回应，其他学生已开始表现出厌烦情绪，有的趴在桌子上，有的开始聊天，有的甚至化起了妆。老师提高了嗓音，对课堂纪律提出了要求，但是学生基本不理会。老师很失望，觉得自己上课十分失败。第一节课结束后，老师给高一（8）班讲授了同样的教学内容，但是地点是在有空调的多媒体教室，老师用多媒体给他们上的课。同学们都很积极地参与到课堂当中，配合老师完成各种教学活动，整个课堂的气氛相当好，不仅完成了预定的教学目标，老师还教他们唱起了中文歌。

　　由于泰国属于炎热的热带，天气闷热，教室里学生聚集，室内的温度会对学生的精神状态产生极大的影响。泰国没有午休的习惯，下午第一节课更是人一天当中最疲惫的时候，所以学生往往更容易犯困。

　　心理情境就是我们所说的心理环境，这种情境主要是在课堂中，师生之间与生生之间交往互动形成的关系，并因此汇聚成一种心理气氛。[①] 心理情境是由课堂中师生的心理、情感相互作用，影响课堂教学活动的效率而形成的一种特殊环境，通常体现为课堂气氛。一般认为，课堂气氛主要是指在课堂教学中，教师、学生、课堂环境三方面所汇聚成的一种心理状态。

　　课堂气氛可分为三种：①积极的课堂氛围，师生关系和谐融洽，课堂中学生一直处于积极、乐观的状态；②消极的课堂氛围，师生关系僵硬尴尬，课堂中学生处于麻木、冷漠或迟钝紧张的状态；③对抗的课堂氛围，学生与教师互相对立，整个课堂完全处于一种失控的状态，教师无法控制、驾驭课堂，学生在课堂上做一些与课堂无关的事情，教师需要花大量

---

　　① 刘家访. 有效课堂管理行为研究 ［D］. 西南师范大学博士学位论文，2002：98–150.

的时间来管理课堂。

案例2 G老师在教学生学写汉字时，学生普遍反映汉字难写，表现出抵触的情绪，一直是懒洋洋的状态。老师发现学生的情绪很容易影响到自己的情绪，自己也没了活力，因此选择平稳的讲解教学模式。上完这节课，总体感觉有些沉闷。

师生之间的影响是双向的，学生对教师的反馈在一定程度上影响着教师的教学行为，学生在课堂上表现出消极、低沉的情绪，会给教师带来无形的心理压力，甚至是挫败感，有可能导致教师在课堂上的情绪和教学行为的转变。只有师生共同积极参与课堂的互动，才能改善课堂气氛，提高教学质量。

（2）课堂纪律管理

课堂纪律是课堂秩序的保障，它与课堂教学活动有着直接的联系。在有序的课堂秩序下，课堂活动才能顺利开展，教学任务才能得以完成，教学目标才能得以实现。

课堂规则又叫课堂规范，是保证课堂教学顺利进行、避免课堂问题和冲突出现的准则，是师生必须共同遵守的课堂行为规范。它是教师用于课堂管理评价和指导课堂行为的主要依据，应符合简短、明确、合理及可行这四个要求。规则应少而精，内容以正向引导为主。规则的内容应由学生与教师充分讨论后共同确定，而且规则的制定需及时。不同的课堂活动需要采用不同的课堂规则加以规范，所以，课堂规则和课堂活动有着密切的联系。

案例3 第一节课一上课，L老师便给各个班宣布了课堂规则，可是却产生了不同的效果。有些班听到他宣布课堂规则后便乱成一团，根本不能达到约束、规范的效果，最后只好放弃原定的规则。反之，有些班则表示赞同，认真遵守每一项规则，课堂纪律很好。

课堂规则应根据各个班具体情况、具体学生而定，而且应与学生沟通、讨论后共同制定，应该多样化，让学生更容易接受。再者，课堂规则实施受阻不要立马放弃，而应找原因改进，不断调整完善。还有，课堂规则不要急于第一节课就宣布，等了解学生和班级情况后再适时地把规则告知学生。

课堂问题行为，顾名思义，就是学生在课堂上违反课堂规则的行为。苏丹兰将其表述为：在课堂上影响课堂秩序和教学效率，并与课堂行为规范、教学要求不一致的行为。[①]

课堂问题行为产生的因素主要包括学生、教师和环境这三个方面。学生自身的性格、所处的年龄阶段、学习风格等都会影响课堂行为的产生。教师的管理与教学不当也会导致课堂问题行为的发生，比如对学生关注度不够、备课不充分、讲解不到位、教学组织不合理等。而家庭环境、教室的安排等也可能影响学生的课堂行为。

对课堂问题行为的管理包括预防问题行为和处理问题行为。上课前，教师应做好充足的准备工作，对课堂教学中有可能发生的问题行为准备一套解决方案。只有这样，才能成功地管理课堂，做到预防、减少甚至避免问题行为的发生。处理问题行为是课堂管理的重要组成部分，教师应分析问题行为产生的原因，根据不同的问题行为做出相应的处理。

案例 4（预防行为）　上节课的教学内容是认读几种常见的热带水果的生词。上课前老师已准备了水果图片板，对应相应的汉字，并标注有汉语拼音，所以，学生很快就掌握了所学内容，老师便给他们补充了一些其他生词，如果汁、蔬菜、水果沙拉等生词。可是，这次课老师让学生读的时候，居然没有人记得，根本无法读出这些补充生词。

由于教师上节课对补充的新词准备不足，对教学内容的讲解不够深入，学生没能很好地理解和认识生词，导致学生把学过的东西又还给了教师。

案例 5（处理行为）　H 老师上课时发现学生来得比较少，将近 50 人的班级只来了二三十个学生。刚开学一两个月时，学生的出勤率都比较高，几乎能全部到齐。但是一段时间相处下来，学生和老师之间已变成朋友，彼此很熟悉。上课时，学生们开始出现扎堆聊天的现象，练习句型也不

---

① 苏丹兰. 课堂纪律管理刍议 [J]. 山东教育科研, 1997 (1): 41 - 44.

认真，课堂秩序有些混乱，需要老师停下来维持课堂秩序，每制止一次，学生就安静几分钟，接着又恢复原状。整节课下来很累，教学目标无法完成。

由于教师对国外的汉语课堂管理缺乏经验，没有处理课堂问题行为的经验，被学生和课堂牵着鼻子走。

（3）课堂教学管理

如前所述，课堂管理是教师在教学活动中为实现预定的教学目标，采取有效的教学手段和教学方法，维持有序的课堂秩序，构建和谐融洽的教学环境，协调教学活动中的各种人际关系，并促使学生积极参与到课堂当中的过程。课堂教学中，完成预定教学目标是课堂管理的最终目的，所以，课堂管理中也包含课堂教学的管理。

案例6 K老师上课时，教学节奏掌握得不太好，原本一个课时的课拖到第二节课才完成，导致第二节课的教学内容没能讲完，打乱了教学计划，整个教学进度也跟不上。这也是备课时在时间安排方面没能考虑周全的结果。由于教师对教学时间估算不足，教学计划被打乱，进而不能实现预定的教学目标，教学进度也不能达到预期目标。

（二）传统汉语课堂管理的不足与改进

传统的汉语课堂管理通常有以下缺陷：第一，不能以人为本，注重维持课堂纪律而忽视学生的心理；第二，控制和管理课堂的手段单一，而不是多样化管理；第三，教师处在权威的主导地位，和学生缺少交流，不能做到民主管理。因此，需要改进传统的汉语课堂管理。

1. 课堂管理理念的转变

从忽视学生心理到"以人为本"，课堂不应是"满堂灌"。在课堂教学中，教师应具有敏锐的洞察力，善于发现每个学生身上的闪光点，真正地做到欣赏学生，以积极、正面的态度面对学生、肯定学生。在劝诫学生时应做到尽量委婉，不打击学生的自信心。与此同时，教师要着重营造良好的课堂氛围，吸引学生的注意力，激发学生的求知欲，让学生积极、主动地参与到课堂中，并成为课堂的主人。

2. 管理重心的迁移

从低效应对到提前准备，做好预防措施，避免或减少问题的发生。教师应制定出行之有效的课堂规则，建立良好的课堂秩序。

3. 管理方式的变革

从单一的管理、控制到多种方式的沟通交流。无论课内还是课外，教师都应主动关心学生，多和学生交流，了解他们的喜好和遇到的困难，只有建立和谐的师生关系，才能营造积极的课堂气氛。

4. 管理内容的改变

从维持课堂纪律到提高教学的质量。教师的着力点不应仅仅局限于能够控制课堂、维持课堂秩序，而是在课堂教学中开展有趣的教学活动，达到吸引学生、促进其参与课堂的目的。

5. 管理策略的多样化

从依赖已有的基础性管理策略到建立个性化管理的教学风格。教师不应简单地运用单一的管理策略，也不应一味地模仿其他教师，要根据所教学生的具体情况及特点，量身定制出适合课堂教学的个性化管理办法。

案例 7 根据首因效应，学生对第一堂汉语课的印象至关重要。第一堂课的好坏直接影响到学生今后学习汉语的热情。第一堂课中，Z 老师运用"五角星图"做自我介绍，巧妙地介绍了自己的年龄、爱好等学生感兴趣的话题，形式较为直观、新颖，引起了学生对老师的好奇和兴趣。在教师自我介绍后，也可以增加学生自我介绍的环节，让学生模仿教师做自我介绍，这样一来，学生可以互相认识，教师可以借机熟悉学生的姓名、爱好和特点。

自我介绍环节过后，可以玩一两个"破冰"游戏。"破冰"游戏就像用锤子打破严冬厚厚的冰层一样，帮助学生放松，让大家尽快熟悉起来，并在游戏中增进感情，避免交流时产生冷场，如友谊之圈游戏。该游戏的方法如下：

1. 大家一起面对面围成两个同心圆。

2. 一起拍手唱歌或放音乐，两个圈分别朝相反方向转动。歌曲结束或老师发出指令"停"时，每位同学就与这时正好和自己面对面的同学进行自我介绍。

3. 当大家安静下来表示都做完以后，重新开始一首歌曲拍手转圈。

这个游戏的乐趣在于，学生不知道自己下一个会面对谁，也许是新的同学，也许就是刚才问候过的同学。

了解学生学习汉语的动机和对中国的印象，对教师今后有针对性地开展教学有重要的意义。第一堂课上，为了激发学生对中国和汉语学习的兴趣，教师还可以播放介绍中国的视频短片，针对视频短片与学生一起谈论大家感兴趣的文化现象。

在第一堂课中，教师与全体学生一起制定汉语课堂规则是非常明智的做法。由于这样的规约是和学生一起共同协商制定的，因此对课堂管理往往非常有效。教师在制定课堂规约的同时还需建立课堂奖惩制度，确定违反规约的后果以及表现良好能得到的奖励。

通过这个案例，我们可以从 Z 老师身上学到很多东西，包括汉语课堂管理的策略、技巧，如何成功地进行汉语课堂管理。比如第一堂课的目标和重点不在于学生能学习和掌握多少汉语，而在于如何让他们对汉语课和中国文化产生兴趣，喜欢汉语老师，进而喜欢汉语。在第一堂课中，教师可以采用视频、图片、游戏等多种方式，通过丰富的教学内容调动学生学习汉语的积极性，引起学生对陌生汉语教师的强烈好奇心，以此彰显汉语的魅力，最大限度地增强汉语课的吸引力，形成良好的首因效应。

二　研究方法

（一）研究对象

本文研究的主要内容是泰国中学汉语课堂教学管理的相关问题。在为期四个月的汉语教学实习中，笔者通过课堂观察和旁听泰国本土教师的课堂，记录了汉语课堂的实际情况，并结合问卷调查及访谈深入展开研究。问卷调查及访谈的对象包括乌通中学的学生和汉语教师，也包括泰国其他中学的学生和汉语教师。①

乌通中学（U-Thong School）坐落于泰国素攀府，是乌通县最大的一所公立学校，学生总数约2900人。学校由初中部与高中部组成，每周都有一节汉语俱乐部，学生可根据自己的喜好选择。该校高中每个年级有8个班，5、6、7、8班都开设汉语课，每个年级的6班是中文基础相对较好的中文班，平均每个班48人左右。同时，高一和高二分别开设有两个汉语选修班，四个选修班共188人。据统计，全校学习汉语的高中学生有737人。

乌通中学规模比较大，师生也相对较多，高中学习汉语的每个班的人数都在40～50人左右，属于大班教学。该校有两名有两年汉语教学经验的泰国本土教师，还有两名中国汉语实习教师，因此平均每个汉语教师需要教184名学生。

乌通中学的泰国本土教师所使用的教材是《快乐汉语》与《体验汉语》，根据不同的班级和年级，使用不同层次的教材。但是，学校并没有给中国汉语教师指定教材，教学内容的安排由教师自己确定。

该校学生的汉语水平参差不齐，总体来说，除了中文班的汉语水平已基本能够完成日常简单的交流，其余班级无论是必修班还是选修班，汉语水平都基本处于零基础，只会说几句简单的日常用语。由于中国汉语老师在该校的实习时间只有4个月，因此学生不能接受完整系统的汉语教学，同时还要不断地适应不同汉语教师的教学风格，教师对学生的情况也很难把握。

从学校开设有选修班、必修班和中文班可以看出，该校对汉语教学相对比较重视。必修班每周有2～3节汉语课，中文班每天都有汉语课。汉语课由泰国本土汉语老师出题考核，成绩由考试卷面分和平时成绩组成。如果最后成绩达不到要求，则学生还需要补考或完成教师布置的任务。但是，学校并没有给汉语老师规定任何教学目标和要求。

（二）调查问卷的内容

调查问卷分为学生卷和教师卷。学生卷的内容包括学生对课堂管理的认识、学生的学习风格等问题；教师卷则包含教师个人魅力、教师对课堂管理

---

① 包括素攀府、佛统府、春蓬府等地。

的认识、课堂规则、课堂纪律、课堂风格、管理策略及管理技巧等内容。

（三）调查的开展与数据整理

本次调查的学生卷采取随机发放的形式，学生完成答卷后当场收回。问卷语言为中泰双语，以确保调查对象准确理解问卷内容和要求。一共发放 150 份问卷，收回有效问卷 130 份，有效率为 86.67%。在 130 名有效问卷的被调查者中，有 100 人（占 76.92%）来自笔者实习的中学开设有汉语课程的班级，包括选修班、必修班和中文班；其余的 30 人（占 23.08%）来自泰国其他中学。从性别上看，男生 47 名，占总数的 36.15%；女生 83 名，占总数的 63.85%。所有被调查者的年龄都在 13～18 岁，年级从初一至高三不等。

本次调查对中学汉语教师随机发放了 30 份问卷，除乌通中学以外的其他中学的问卷以邮件的形式返回。最后收回有效问卷 30 份，有效率为 100%。被调查者的年龄为 18～30 岁，其中有男性 6 人，女性 24 人，一定程度上说明汉语教师中女性居多。从学历上看，拥有大学本科学历者 12 人，拥有研究生学历者 18 人。从专业上看，汉语国际教育硕士 16 人，对外汉语专业 7 人，对外汉语教学、汉语言文学、计算机科学和马克思主义原理专业各 1 人，其他专业 3 人。

所有问卷收回后，先筛选出有效问卷，然后用社会科学统计软件 SPSS 21.0 软件录入数据并进行统计和分析。

三 结果与分析

（一）泰国中学汉语课堂现状

1. 泰国中学生学习汉语的现状

（1）泰国中学生对汉语的态度

调查结果显示，130 名学生中有 87 人喜欢汉语，约占总数的 66.9%，而不太喜欢汉语和不喜欢汉语的学生仅有 4 名（见表 1）。这说明大部分泰国中学生喜欢汉语。

表1　泰国中学生对汉语的喜爱程度

单位：人，%

态度	人数	有效百分比	累计百分比
喜欢	87	66.9	66.9
不太喜欢	3	2.3	69.2
一般	39	30.0	99.2
不喜欢	1	7.8	100.0
合计	130	100.0	

（2）泰国中学生的心理情境

图2和图3分别显示了学生进入泰国汉语教师的课堂和中国汉语教师的课堂的心情情况。从中可见，无论进入泰国汉语教师的课堂还是进入中国汉语教师的课堂，学生都比较舒畅和愉快，但是学生认为中国教师的课堂比泰国教师的课堂紧张，而泰国教师的课堂比较压抑。笔者随机访谈了30名学生，他们反映的情况基本一致。泰国汉语教师的课堂相对比较压抑，是因为泰国教师会批评甚至打学生，会布置课堂作业；而中国教师在课堂管理上相对宽松，对学生也比较宽容，不会打骂或惩罚学生，同时因为中国教师的泰语水平较低，并且不能很好地记住学生的名字，学生会抓

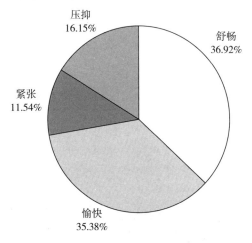

图2　泰国中学生进入泰国汉语教师课堂的心情

住这一点不去上课。当然，也有部分学生表示在中国教师的课堂上因为听不懂汉语而紧张，而泰国教师的讲解比中国教师明白易懂。

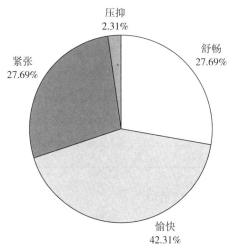

图3 泰国中学生进入中国汉语教师课堂的心情

（3）泰国中学生对课堂纪律的认识

调查结果显示，对于上汉语课时违反纪律的同学是否会影响自己，70人表示有时候会影响，30人认为没有影响，只有少数学生（14人）表示经常影响自己（见图4）。这说明学生还是较易受到周围环境的影响。对于上汉语课时自己能否控制自己的行为，67名学生表示自己完全能控制自己的行为，但有56名学生表示只是在一般情况下能控制自己（见图5），可见，有接近一半的学生对自己的自控能力不是特别有把握。

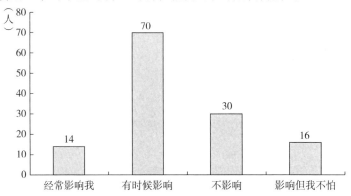

图4 违反纪律的同学对自己的影响

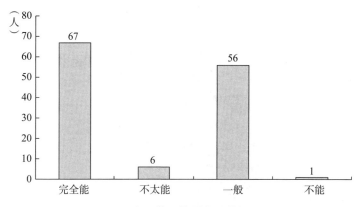

图 5　自己能否控制自己的行为

对于违反纪律的学生是否会影响教师上课，56.15%的学生认为不影响泰国汉语教师上课（见图 6），而只有 3.85%的学生认为不影响中国汉语教师上课（见图 7）。可见，学生认为中国汉语教师的课堂更易受到违反纪律的学生的影响。在访谈中，学生表示，泰国汉语教师在课堂上遇到违反纪律的学生通常会采用扣分的办法，而扣分会影响学生的平时成绩，进而影响期末成绩；中国汉语教师遇到违反纪律的学生时，通常会停下来维持纪律与秩序，因而常常会影响正常教学。

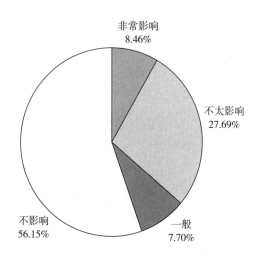

图 6　违反纪律的学生是否会影响泰国汉语教师上课

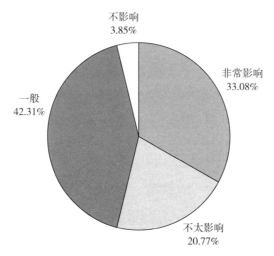

图7　违反纪律的同学是否会影响中国汉语教师上课

（4）泰国中学生对汉语课堂教学的认识

图8和图9显示了教师的课堂教学活动对促进泰国中学生参与的效果。从中可见，无论泰国汉语教师的课堂教学活动，还是中国汉语教师的课堂教学活动，都有超过一半的学生认为对促进学生参与的效果一般。

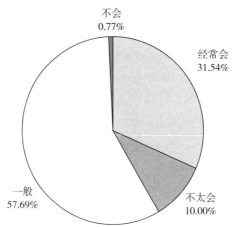

图8　泰国汉语教师的课堂教学活动对促进泰国中学生参与的效果

（5）课外师生关系

笔者在对30名学生的随机访谈中了解到，泰国教师课下和学生经常交流，几乎打成一片。虽然中国教师的泰语水平较低，学生们的中文水平也

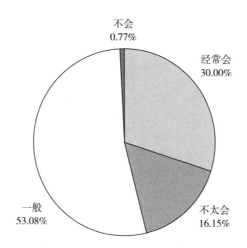

不会
0.77%

经常会
30.00%

一般
53.08%

不太会
16.15%

图9 中国汉语教师的课堂教学活动对促进泰国中学生参与的效果

不高，但是学生们对外教都比较好奇，也比较友好，经常用简单的汉语和中国教师交流。中国教师比较年轻，能很快地和学生们成为朋友，不过大部分学生表示，由于和中国教师熟悉以后就不害怕老师，有时可能会迟到、旷课或借口说上厕所早退。

（6）影响泰国中学生上课的态度因素

调查结果显示，7.69%的学生认为泰国汉语教师的外貌和穿着非常影响自己的上课态度（见图10），而有33.08%的学生认为中国汉语教师的外貌、穿着非常影响自己的上课态度（见图11）。可见，学生对中国汉语教师的外貌和穿着比对泰国汉语教师的外貌和穿着更加关注。实践中，经常会有学生在课上或课下对笔者的衣服进行评价，以及问笔者为什么中国教师不化妆这一类的问题。这是中国汉语教师容易忽视的问题之一。

表2显示了影响泰国中学生上课态度的其他因素。从中可见，学生上中国或泰国汉语教师的课的态度，不同程度地受到心情、天气、环境、老师等因素的影响。值得注意的是，有74名学生认为文化冲突是影响自己上中国汉语教师的课的重要因素。因此，中国汉语教师一方面应该尊重乃至融入泰国文化，另一方面要采取有针对性的措施让学生更好地了解中国、喜欢中国文化、喜欢汉语，消弭双方的文化冲突。

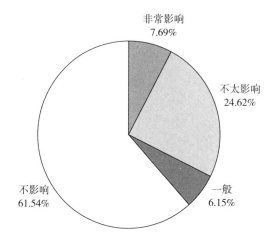

图 10　泰国汉语教师外貌、穿着对学生上课态度的影响

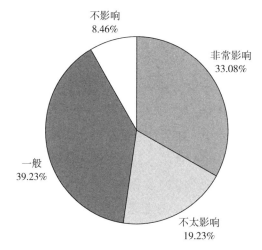

图 11　中国汉语教师外貌、穿着对学生上课态度的影响

表 2　影响泰国中学生上课态度的其他因素

单位：人，%

影响上课的因素	选择"是"的人数	百分比	个案百分比
心情是否影响你去上泰国汉语老师的课	56	10.4	43.1
心情是否影响你去上中国汉语老师的课	28	5.2	21.5
身体是否影响你去上泰国汉语老师的课	25	4.7	19.2
身体是否影响你去上中国汉语老师的课	15	2.8	11.5

影响上课的因素	选择"是"的人数	百分比	个案百分比
天气是否影响你去上泰国汉语老师的课	34	6.3	26.2
天气是否影响你去上中国汉语老师的课	24	4.5	18.5
环境是否影响你去上泰国汉语老师的课	40	7.5	30.8
环境是否影响你去上中国汉语老师的课	23	4.3	17.7
老师是否影响你去上泰国汉语老师的课	28	5.2	21.5
老师是否影响你去上中国汉语老师的课	43	8.0	33.1
课程是否影响你去上泰国汉语老师的课	32	6.0	24.6
课程是否影响你去上中国汉语老师的课	35	6.5	26.9
文化冲突是否影响你去上泰国汉语老师的课	26	4.9	20.0
文化冲突是否影响你去上中国汉语老师的课	74	13.8	56.9
学校管理是否影响你去上泰国汉语老师的课	34	6.3	26.2
学校管理是否影响你去上中国汉语老师的课	19	3.5	14.6
总计	536	100.0	412.3

（7）泰国中学生的学习动机及学习方式

调查结果显示：有120名学生表示自己学习汉语是因为学校开设了这门课程（见表3），说明大部分学生的内部学习动机不强；有69名学生表示学习汉语是因为以后想去中国工作或旅游，这些学生具有明确的工具型学习动机，学习主动性和自觉性更强。

表3　泰国中学生学习汉语的动机

单位：人，%

学习汉语的原因	人数	百分比	个案百分比
学校有汉语课	120	47.1	92.3
以后去中国工作或旅游	69	27.1	53.1
父母意愿	35	13.7	26.9
大家学我也学	31	12.2	23.8
总计	255	100.0	196.2

关于喜欢哪种学习方式，有64名学生表示无所谓（见表4），也就是说近一半的学生不太在意自己的学习方式，学习比较被动；有63名学生喜

欢老师带着学习，老师怎么教自己就怎么学；有 58 名学生喜欢团队合作式的学习方式，他们喜欢团队互助、共同学习、共同讨论，如果教师在教学时搞一些小组游戏、竞赛，小组讨论等团体活动，将有助于提高他们的学习积极性。

表4 泰国中学生喜欢的学习方式

单位：人，%

喜欢的学习方式	人数	百分比	个案百分比
团队合作式	58	29.6	44.6
独立思考	11	5.6	8.5
老师带着学习	63	32.1	48.5
无所谓	64	32.7	49.2
总计	196	100.0	150.8

（8）泰国中学生对汉语课的期待

表 5 显示了泰国中学生对汉语课的期待，从中可见，学生最希望的是中国汉语老师上课时教他们说汉语，有 74 名学生选择了这个项目，他们希望从中国汉语老师这里学到地道的汉语。这说明学生更想掌握的是实际的汉语使用能力，而不是死板地学习汉语知识。此外，相对泰国教师的课堂，更多学生希望中国汉语老师在课堂上唱中文歌、做游戏和讲授中国文化。

表5 泰国中学生对汉语课的期待

单位：人，%

学生对汉语课的期待	人数	百分比	个案百分比
希望泰国汉语老师唱中文歌、做游戏	41	10.4	31.5
希望中国汉语老师唱中文歌、做游戏	49	12.4	37.7
希望泰国汉语老师讲授中国文化	31	7.8	23.8
希望中国汉语老师讲授中国文化	48	12.1	36.9
希望泰国汉语老师教我们写汉字	53	13.4	40.8
希望中国汉语老师教我们写汉字	45	11.4	34.6
希望泰国汉语老师教我们说汉语	55	13.9	42.3
希望中国汉语老师教我们说汉语	74	18.7	56.9
总计	396	100.0	304.6

2. 汉语教师对汉语课堂管理的现状

（1）汉语教师的性质与任教时间

在从事汉语教学工作的教师中，有 8 名是志愿者，17 名是实习生，4 名是泰国本土教师，1 名是公派汉语教师。从任教时间上看，19 名汉语教师在泰国任教 4 个月，6 名汉语教师任教 1 年，5 名汉语教师任教 2 年以上，可见，大部分汉语教师的教学经验并不丰富。

（2）汉语教师的泰语水平

调查显示，有 14 名汉语教师会一点简单的词语和句子，8 名汉语教师能与学生进行简单的沟通，6 名汉语教师与学生沟通基本无障碍，仅有 2 名汉语教师完全不会泰语。由此看来，汉语教师都会说一点泰语，但是能与学生基本无障碍沟通的不多。

（3）汉语教师对物理情境的认识

调查结果显示，66.67％的教师认为座位安排和多媒体的使用会影响课堂教学的开展（见图 12、图 13）。在教学实践中，座位安排不当不利于教师和学生进行沟通、互动，课堂教学的开展也会相应地受一定的影响。多媒体现代技术的应用不仅有助于提高课堂的趣味性，而且会对吸引学生注意力起到一定的帮助。

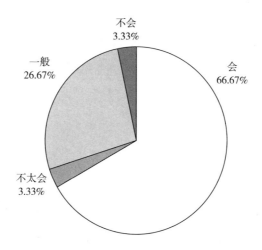

图 12　座位安排是否会影响教学开展

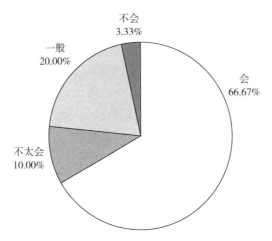

图 13　有无多媒体是否会影响教学开展

（4）汉语教师的心理情境

调查结果显示，40.00％的教师不太会对违反纪律的学生另眼相看，20.00％的教师选择"一般"（见图14），也就是说不能绝对地说自己的心理变化不受违反纪律的学生影响。当置身于课堂中时，内心感受很好的教师占43.33％，感觉一般的有40.00％，还有16.67％的教师表示内心感受不太好。

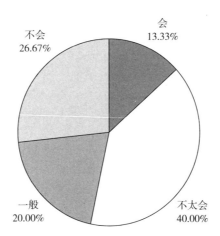

图 14　汉语教师是否对违反纪律的学生另眼相看

关于走进课堂的心情，有73.3％的教师表示走进教室时心情愉快，40.0％的教师表示心情舒畅，43.3％的教师心情是兴奋的，各有30.0％的教师表示焦虑和烦躁，26.7%的教师表示心情紧张，20.0%的教师表示麻木，10.0%的教师表示压抑（见表6）。

表6 汉语教师走进课堂的心情

单位：人，%

走进课堂的心情	人数	百分比	个案百分比
舒畅	12	14.6	40.0
愉快	22	26.8	73.3
兴奋	13	15.9	43.3
紧张	8	9.8	26.7
压抑	3	3.7	10.0
焦虑	9	11.0	30.0
烦躁	9	11.0	30.0
麻木	6	7.3	20.0
总计	82	100.0	273.3

（5）汉语教师对课堂纪律的认识

对于课堂纪律，23名教师认为有必要制定课堂规则（见图15），也就是说一大半的教师认为课堂规则的制定有利于课堂管理。

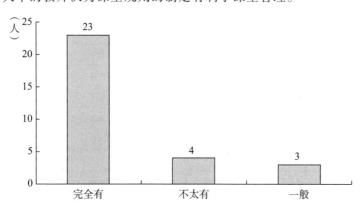

图15 汉语教师对是否有必要制定课堂规则的认识

对于学生出勤率的统计，20名教师认为应该每天都统计，6名教师认为应该每周统计，认为应每个月和每半个学期统计的各有2名教师（见图16）。可见，有超过一半的教师认为每天统计学生的出勤率是很有必要的。

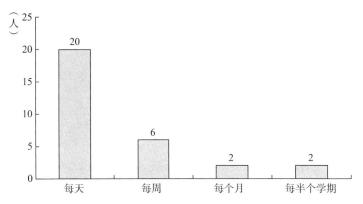

图 16 汉语教师统计学生出勤率的频率

对于学生旷课和请假，认为学生旷课 3 节或 4 节就应该对学生提出警告的教师分别有 18 名和 11 名；认为旷课 5 节或 6 节应该严重警告的分别有 12 名和 10 名教师；20 名教师认为学生旷课 10 节就应该开除；分别有 18 名和 10 名教师认为学生请假的上限为 3 节、4 节（见表 7）。可见，大部分教师认为学生旷课 3~4 节应提出警告，5~6 节应该严重警告，旷课 10 节就该开除，请假最多只能 3~4 节。旷课、请假过多必然影响学习进度，也会打乱教师的教学计划，导致教学任务不能顺利完成。

表 7 汉语教师对学生旷课、请假的态度

单位：人，%

		人数	百分比	累计百分比
您认为旷课多少节警告	3 节	18	60.0	60.0
	4 节	11	36.7	96.7
	5 节	1	3.3	100.0
您认为旷课多少节严重警告	5 节	12	40.0	40.0
	6 节	10	33.3	73.3
	7 节	3	10.0	83.3
	8 节及以上	5	16.7	100.0
您认为旷课多少节开除	8 节	1	3.3	3.3
	9 节	1	3.3	6.7
	10 节	20	66.7	73.3
	11 节及以上	8	26.7	100.0

		人数	百分比	累计百分比
您认为请假节数的上限是多少	3 节	18	60.0	60.0
	4 节	10	33.3	93.3
	5 节	2	6.7	100.0
	合计	30	100.0	

表 8 显示了汉语教师统计学生出勤率的方式，从中可见，刷卡、随堂点名、手记、扫视、提问、随堂测验、固定座位和抽查的方式均有教师使用，其中有 27 名教师采用随堂点名的方式，分别有 13 名教师通过手记和提问来统计，15 名教师通过扫视来统计学生的出勤率。

表 8　汉语教师统计学生出勤率的方式

单位：人，%

统计学生出勤率方式	人数	百分比	个案百分比
刷卡	1	1.2	3.3
随堂点名	27	33.3	90.0
手记	13	16.0	43.3
扫视	15	18.5	50.0
提问	13	16.0	43.3
随堂测验	6	7.4	20.0
固定座位	3	3.7	10.0
抽查	3	3.7	10.0
总计	81	100.0	270.0

关于对旷课的界定，有 60.0% 的教师认为事后不补假算旷课，63.3% 的教师认为无班主任假条算旷课，40.0% 的教师认为无医生病历算旷课，46.7% 的教师则认为多次迟到算旷课（见表 9）。

表 9　汉语教师对旷课的界定

单位：人，%

对旷课的界定	人数	百分比	个案百分比
事后不补假算旷课	18	28.6	60.0
无班主任假条算旷课	19	30.2	63.3

续表

对旷课的界定	人数	百分比	个案百分比
无医生病历算旷课	12	19.0	40.0
多次迟到算旷课	14	22.2	46.7
总计	63	100.0	210.0

关于对迟到的界定，70.0%的教师认为自己已经开始上课，不到的学生就算迟到，33.3%的教师认为大多数学生已到算迟到，40.0%的教师认为上课20分钟后算迟到，也有20.0%的教师认为是否迟到以上课铃声为准（见表10）。

表 10　汉语教师对迟到的界定

单位：人，%

对迟到的界定	人数	百分比	个案百分比
老师已经开始上课算迟到	21	42.9	70.0
大多数学生已到算迟到	10	20.4	33.3
上课铃声为准	6	12.2	20.0
上课20分钟后算迟到	12	24.5	40.0
总计	49	100.0	163.3

对于学生违反课堂纪律，有86.7%的教师会做出警告，53.3%的教师会立即制止，采取扣分或表扬其他同学的处理方式的教师均占36.7%，分别有30.0%、16.7%和10.0%的教师会采取罚站、不理会和逐出教室的处理方式（见表11）。这说明，根据学生违反纪律程度的不同，教师可能会采取不同的方式，但做出警告和立即制止是教师最常用的方式。

表 11　汉语教师对违反课堂纪律的学生的处理方式

单位：人，%

对违反课堂纪律的学生的处理方式	人数	百分比	个案百分比
逐出教室	3	3.7	10.0
表扬其他同学	11	13.6	36.7
做出警告	26	32.1	86.7
不理会	5	6.2	16.7

续表

对违反课堂纪律的学生的处理方式	人数	百分比	个案百分比
罚站	9	11.1	30.0
扣分	11	13.6	36.7
立即制止	16	19.8	53.3
总计	81	100.0	270.0

(6) 汉语教师对课堂教学的认识

关于做游戏、分发礼物是否会影响教学进度，有 11 人认为会，选择不太会和不会的教师均为 7 人（见表 12），也就是说，在这个问题上教师们没有统一的意见。关于每天花在管理课堂秩序上的时间在课堂总时间中的占比，有 16 名教师选择 20%，7 名教师选择 10%，6 名教师选择 40% 。关于维持课堂秩序是否会影响教学进度，有 18 名教师认为会影响，4 名教师认为有严重影响，由此看来，课堂秩序和教学进度密切相关。

表 12 汉语教师对课堂进度、课堂秩序的认识

单位：人，%

教师的认识		人数	百分比	累计百分比
您认为做游戏、分发礼物会影响教学进度吗	会	11	36.7	36.7
	不太会	7	23.3	60.0
	一般	5	16.7	76.7
	不会	7	23.3	100.0
您每天花在管理课堂秩序上的时间占课堂总时间	10%	7	23.3	23.3
	20%	16	53.3	76.7
	40%	6	20.0	96.7
	50%	1	3.3	100.0
您认为维持课堂秩序会影响教学进度吗	严重影响	4	13.3	13.3
	影响	18	60.0	73.3
	不太影响	7	23.3	96.7
	不影响	1	3.3	100.0
	合计	30	100.0	

（7）汉语教师的个人魅力、上课风格与学生的上课态度

调查结果显示：有 23 名教师认为教师的外貌、穿着会影响学生的上课态度（见图 17）；对于教师的个人魅力是否会影响学生的上课态度，有 29 名教师选择 "会"。可见，大多数教师都认为教师的个人魅力、课堂风格对学生的上课态度具有重要的影响。

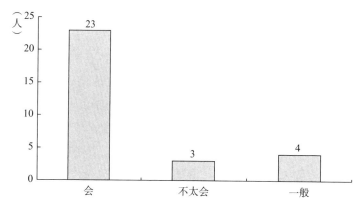

图 17 教师的外貌、穿着是否会影响学生的上课态度

（8）汉语教师对学生的了解

调查结果显示，63.33% 的教师认为多数学生是听话的，也有 30.00% 的教师认为多数学生不听话，还有 3.33% 的老师认为学生完全不听话，不过，也有 3.33% 的老师认为学生非常听话。

关于学生不听话的原因，分别有 76.7%、86.7%、80.0% 和 66.7% 的教师认为与性格、兴趣、老师或学科有关（见表 13）。

表 13 汉语教师认为学生不听话的原因

单位：人，%

学生不听话原因	人数	百分比	个案百分比
和性格有关	23	24.7	76.7
和兴趣有关	26	28.0	86.7
和老师有关	24	25.8	80.0
和学科有关	20	21.5	66.7
总计	93	100.0	310.0

（9）汉语教师对"好课堂"的界定

对于好的课堂的标准是什么，83.3%的教师认为好的课堂是学生始终保持注意力，80.0%的教师认为好的课堂是学生愿意发表意见，56.7%的教师认为好的课堂是学生不做与教学无关的事，仅有13.3%的教师把安静作为好的课堂的标准（见表14）。

表14　汉语教师对好的课堂的界定

单位：人，%

好的课堂的标准	人数	百分比	个案百分比
安静	4	5.7	13.3
学生始终保持注意力	25	35.7	83.3
学生不做与教学无关的事情	17	24.3	56.7
学生愿意发表意见	24	34.3	80.0
总计	70	100.0	233.3

（10）汉语教师课外情形调查

对于课外是否会与学生进行交流，有22名教师选择"会"，说明大部分教师在课下也关心学生，愿意和学生沟通交流。但也有3名和5名教师分别选择"不太会"和"一般"。

（11）汉语教学在泰国的地位

本次调查从汉语课课时量的角度考察了汉语教学在泰国的地位。结果显示，21名教师一周有20~30节汉语课，4名教师一周有30节以上汉语课，5名教师一周有10~20节汉语课。但是，相对其他外语课，17名教师认为汉语课的课时量较少。

（12）汉语教师在泰国的地位

关于汉语教师在泰国的地位，有20名教师选择"受到尊重"，7名教师选择"一般"，3名教师选择"不太受尊重"。这说明，总体而言汉语教师在泰国还是比较受尊重的。

在访谈中，多数汉语教师认为学校对汉语课比较重视，但是学校没有给汉语教师规定教学要求和教学目标，教学安排、教学计划等都由教师自己把握，这点让教师很迷茫。基本上所有的汉语教师都反映，课堂管理一直是他们很头疼的事，学生的出勤率和课堂秩序会影响自己的心理和上课态度，目前尚未找到更有效的课堂管理方式。

接受本次调查的汉语教师大都比较年轻，身份多为志愿者或实习生，泰语水平有限，只会一点简单的词语和句子，任教时间多为 4 个月或 1 年，汉语教学经验较为欠缺。他们普遍认为课堂管理方面的问题较多，比较突出的问题包括学生不听话、自制力较差、上课时注意力容易分散、汉语水平差异较大等。汉语教师在课堂上通常需要花费 20% ~40% 的时间用来管理课堂秩序，影响了教学进度。

（二）泰国中学生汉语学习的特点

1. 泰国中学生所处的年龄阶段

泰国中学生的年龄基本都在 13 ~18 岁。20 世纪 60 年代伦尼伯格提出了语言习得"关键期"假说。他认为，人在 12 岁以前，大脑的侧化尚未完成，左右脑都一起参与到语言习得中，此时大脑灵活，形象思维发达，情感丰富，对语言的习得非常有利，是习得语言的最佳时期，错过了这一时期，则很难习得。而桂诗春认为，人在 11 ~17 岁时母语习惯已经形成，学习汉语不会受到很大的干扰，长期记忆能力增强。汉语教师应根据泰国中学生所处年龄阶段大脑发育的特点，采用相应的教学方法，使他们的汉语学习获得良好的效果。

2. 泰国中学生的特点与尊师重教的传统

泰国中学生大都多才多艺、能歌善舞，动手能力很强，会做各种精美的手工工艺品，喜欢绘画、舞蹈，热爱音乐。学校每周都会有手工课、音乐课，学生们有自己的乐队，每逢学校有活动，乐队都会进行表演。泰国是一个微笑国度，受宗教的影响，教师的地位很高，学生见老师都要行"合十礼"。笔者注意到，泰国学生在向老师请教问题或交作业时，都是单膝或是双膝跪地，以表示对老师的尊重。泰国还有"拜师节"，每年的这一天，全校停课，学生要对教师叩头献上鲜花和花环，而早在很多天以前学生就已经开始准备各式各样的花篮。

3. 泰国中学生的学习风格及学习态度

泰国中学生比中国中学生好动，在课堂上保持注意力的时间也较短。

他们学习汉语的目的不明确，动机亦不强烈，在很多学校汉语只是选修课，甚至没有学分，学好汉语对学生的总体成绩或升学并没有太大的影响，因此只有华裔或对汉语感兴趣的学生会有较强的学习动机。泰国中学生总体上性格内敛、比较害羞，不爱表现自己，在课堂上不会主动回答问题和积极参与课堂活动，回答问题时声音也比较小。他们喜欢团体活动，在团体活动中表现得更加积极和活跃。

（三）泰国中学汉语课堂的特点

由于泰国中学生的上述特点，泰国中学的汉语课堂比较自由、随意。学生经常迟到，可以自由进出教室，在课堂上随意走动、吃东西、睡觉、化妆等都是常见的现象，一般只有做游戏或是学生感兴趣的教学内容才能让他们集中注意力和积极参与到课堂教学活动中，课堂气氛也才会变得活跃起来。所以，针对泰国中学生的这些特点，中国汉语教师应避免"灌输式"的教学方式，更多采用做游戏等方式带动学生参与到课堂中来，从而达到完成教学任务的目的。

（四）泰国中学汉语课堂管理的模式及弊端

1. 泰国中学汉语课堂管理的模式

案例8　F教师说，他每次上课时都带着教鞭去教室，学生在课堂上吵闹或是捣乱，他就会用教鞭打学生的屁股来作为惩罚，或是用教鞭敲打桌子或黑板来维持课堂秩序，他有时上课会故意保持严肃，让学生有畏惧感，不然学生都不怕教师，课堂秩序将受到严重的威胁。

案例9　B教师和F教师的管理风格恰恰相反，当他发现学生注意力不集中、精神涣散、心不在焉时，为了避免课堂问题行为的产生，他便讲一些有趣的笑话或故事，为的是吸引学生的注意力，把学生的心拉回到课堂中来，再次唤起学生的学习兴趣。

案例10　P老师上课时，总是试图引导学生去主动学习，如果学生能完成一个既定目标，她便给予学生鼓励和赞许。在教学过程中，学生遇到困难，她总是不断地激励学生，对学生表示一定的肯定，然后给学生提相应的建议，帮助学生更好地去求知、去探索。

案例 11 T老师说，她上课时通常都是自己在不停地讲课，因为上课时不管她说什么、让学生做什么，学生似乎都没什么兴趣，都不愿意参与到课堂当中。所以，她只好任由学生在下边做自己想做的事，只要不过分吵闹，她都睁一只眼闭一只眼。

案例 12 J老师常常在课堂上组织学生玩一些有趣的小游戏，通过游戏来吸引学生，让学生在"玩中学，学中玩"，始终对课堂教学活动保持较高的兴趣。学生们不再觉得学习是负担，而变成了玩游戏，学生学得开心，教师也教得轻松，课堂气氛好，有效地防止了课堂问题行为的发生。

以上5个案例分别代表了泰国中学汉语课堂管理的5种模式，即权威型、幽默型、民主型、放任型和游戏型。

权威型的教师虽然能很好地驾驭课堂，但是容易给学生带来压力，课堂气氛比较紧张，导致学生不愿意积极主动地参与课堂教学活动，不利于学生的学习及身心发展。

幽默型的教师在一定程度上能增加课堂的趣味性，让学生集中注意力，并增强学生的学习兴趣和动机。但是，一堂课不可能光靠讲故事或笑话来完成，回到教学内容后，学生又会变得精力不集中。而且，有时候讲故事或笑话会偏离教学目标，导致教学质量降低。另外，并不是每一堂课都有相应的故事或笑话可以讲。

民主型的教师尊重学生，以学生为主导，鼓励、引导学生自主学习，让学生在轻松自在的课堂气氛中掌握所学知识。

放任型的教师对学生基本上无任何要求和约束，学生在这种自由散漫的课堂上很难真正学到知识。

游戏型的教师利用课堂游戏的方法，创造轻松愉快的课堂氛围，激发学生的学习动机，保持学生的注意力，促进学生积极地参与到课堂活动当中，尤其是调皮的学生会更容易参与其中，可以有效地减少课堂问题行为。

2. 泰国中学汉语课堂管理的弊端

泰国汉语课堂具有其独特的特点，这影响着泰国汉语课堂教学的管理。

第一，汉语在泰国的教育体系中是第二外语，甚至是第三外语或第四外语。对于学校而言，汉语教学主要是一种招生噱头或者是为学生在毕业时增加语言技能上的竞争优势，这就导致学生或家长对汉语学习不够重视，学生的学习动机不强，学习汉语时易生惰性，无形中给汉语教师在课堂管理上增加了难度。

第二，汉语课在泰国中学的课程体系中主要以选修课甚至是兴趣课的形式出现。泰国教育部并没有对汉语课的教学大纲做出明确规定，也没有对汉语课的教学时间、词汇量和语法点的掌握提出具体要求，所以一般学校汉语课的课时比较少，通常为一周一到两个课时。这就使得汉语教学连贯性较差，学生不易掌握和巩固所学知识，甚至容易出现厌学情绪，汉语课堂的管理难度也随之增大。

第三，泰国提倡素质教育，在课堂上活动多于知识的讲授，并且被全校性活动占用的汉语课也不再补课，使得数量本来就少的汉语课时进一步减少。汉语课堂活动多，对汉语教师的要求也相对较高，教师需要灵活地把握课堂、管理课堂。

第四，泰国学生的汉语水平参差不齐，一些学生的汉语水平基本处于初级阶段甚至是零基础，因此，汉语教学的主要任务之一就是激发学生的学习热情，增强学生的学习动机，帮助学生"脱零"，这对汉语教师安排教学内容和开展课堂管理提出了更高要求。

第五，因为汉语是第二甚至是第三、第四外语，所以泰国学生在学习汉语时对母语的依赖程度很高，很多学校在基础教育阶段要求汉语教师用泰语来教汉语，这不仅让泰语水平本来就不高的汉语教师深感为难，而且导致无法使用目的语进行教学，教学效果会相对减弱。

综上所述，泰国中学里汉语课地位相对较低、课堂活动多、课时少、教学要求不明确、学生的汉语水平参差不齐，不仅增加了汉语教师开展汉语教学的难度，而且影响着汉语教师的课堂管理。

四　结论与讨论

综上所述，泰国中学汉语课堂管理需要一定的策略和技巧，总结这些策略和技巧，我们从中可以得到不少启示。

（一）汉语课堂管理的策略、技巧

1. 在较短的时间内建立轻松、和谐的课堂气氛

（1）短时间内尽可能认识、了解每一个学生

教师可以通过记住每个学生不同的特点或某一特征，在一周甚至更短的时间内记住每个学生的名字，学生会非常开心，感觉自己在老师心目中有一定的位置，从而有助于今后师生间更加和谐地相处。

想方设法让学生认识你，了解你的性格、教学风格，让学生了解并适应你的思维方式，不仅能增加师生间的情感交流，而且有助于在较短时间内建立和谐的课堂气氛。

（2）重视物理情境

教室的空间布局不仅直接影响师生的心理，而且会影响课堂教学的开展及课堂气氛的营造。其中，座位的安排是关键。实践证明，学生只有在切身感受到课堂气氛融洽、活跃的时候才会积极地参与到课堂中。因此，教师应该充分利用课堂环境，恰当地安排座位，如采用圆桌式或小组式的座位布局。

（3）选出一个得力的帮手

教师在对学生有了初步的了解后，应选出一个类似班长的帮手，让他或她来协助你管理课堂。这个帮手无论是在学习成绩还是在遵守课堂规则方面，都必须是能得到大家一致认可的。

2. 正确处理扰乱课堂秩序及违反课堂纪律的行为

这些行为无论轻重都会影响教师和学生的心理和情绪，所以必须及时制止。处理这些行为通常包括三个步骤：预期、示范和修正。

（1）预期

教师要提前预料到避免这些行为的出现，并在这类行为发生时及时制止。因此，开学后，教师就要和学生一起共同制定出明确的课堂规则，并提出自己对课堂环境的希望。要让学生明白，好的课堂环境是课堂教学顺利进行的保证。

（2）示范

教师要起到表率作用，一定要带头遵守课堂规则。课堂规则实行一段时间以后，学生和教师都会形成一种行为习惯，并且不希望有人将其破坏。

（3）修正

如果各种方法都已尝试过，但是仍有干扰课堂秩序、违反课堂纪律的现象，这时就需要教师出面干预制止。首先可以通过语言提示，提醒、纠正学生的不良行为，但需注意的是，不要严厉地批评学生，让学生陷入尴尬境地，而是告诉学生该怎么做，对学生进行正面提示，也可通过提问的方式加以制止。其次可以使用非言语提示的方式，通过特定的表情、目光与学生交流沟通，制止和修正学生的不当行为。例如，含蓄地中断讲课，以静制动，以此作为一种非言语行为暗示，将全班学生的注意力引向正在违纪的学生，沉默的气氛加上有意地中断教学，足以让违纪的学生终止自己的不当行为。

3. 正确处理学生迟到、旷课

教学是一项复杂的活动，对于学生的迟到、旷课现象，不能简单地将其归结为学生太懒。泰国学校常有佛教活动或是各种课外活动，有些学校汉语课一周只有 1～2 节，还常常因为与学校活动冲突而停课，因此两次课的间隔时间可能较长，导致学生对已学知识掌握不牢、新的知识又学不会，由此容易产生挫败感而想要逃课。泰国学校没有课间休息的时间，学生上完一节课接着开始上另一节课，一节课时长 50 分钟，结束后可以去洗手间，学生常常因此而迟到。若两个教室离得比较远，经常出现集体迟到的现象。还有些学生是因为缺乏有效的学习策略而产生厌学情绪，也有些学生是因为教师上课没有意思或管理过于松懈、没有建立有效的课堂纪律等而迟到、旷课。

若迟到、旷课现象频繁出现，必定会影响课堂教学计划和课堂效果，对此，教师可以采取以下两种策略。

第一，预防策略。一方面，制定课堂规则；另一方面，明确告知学生，违反这些规则将受到怎样的惩罚，比如，迟到多少次可视为旷课，或是迟到的次数与平时成绩挂钩，以此来减少和避免学生迟到和缺课。

第二，干预策略。虽然制定了规则，但有的学生仍会迟到，而且随着时间的推移，缺课情况也越来越严重。在这种情况下，就需要教师进行有效干预，主动了解学生迟到的原因，对不同的情况采取不同的办法。

（二）汉语课堂管理的启示

1. 激发学生的学习兴趣和学习动机

教师在课堂上的互动方式将影响学生的学习兴趣和学习动机，教师可以采取以下措施激发学生的学习兴趣和动机。①随着课堂教学的变化调整课堂节奏。②抓住学生的兴趣点，充分调动学生学习汉语的积极性，通过课堂互动使学生较快地掌握汉语，汉语水平得到明显的提高，增强学习的成就感。③千方百计减少互动给学生带来的焦虑感和失败感，完成某项教学活动后给予学生相应的奖励。④课堂活动可以通过合作与竞争的方式进行，有小组合作学习，也有团队竞争，增加活动的趣味性。

2. 采用恰当的教学方法

如果教师的教学方法过于单一，那么课堂气氛会很沉闷，学生学习起来也很被动，严重影响学生学习的积极性，造成课堂互动困难。因此，应针对不同层次学生的具体情况，开展有区别的教学活动。

3. 克服师生角色间的障碍

一般情况下，教师在课堂中易产生权威心理和自我中心倾向，有的教师甚至会有意无意地强化这种倾向，使学生产生畏惧的心理。时间一长，学生们便不愿参与到课堂互动中，对学习也失去兴趣。尊重学生、尊重文化差异是教师与学生相处的一条基本准则。

4. 完善教师的教学行为

教师应做到热情、有活力、谦和、友善、幽默。在言语上，语气要和缓，切忌不耐烦或口吻急切，要多与学生交流，更多运用积极正面的言语，对学生尽可能地表现出接纳、一视同仁、不相互比较的态度。此外，应衣着整洁、得体，表情自然，始终保持微笑，令学生感到充满活力。在课堂教学中，语调可以抑扬顿挫有变化，声音明快有力，对重点内容可适度加强语气。

五　教学建议

（一）吸取相关经验

中国汉语教师应不断地学习、吸取和积累课堂教学经验。在教学初期，一方面，可以从网上下载有关资料，如网上优秀教学视频等，认真学习泰语，掌握泰语的课堂指令。当教师把泰语指令运用娴熟后，可以将泰语慢慢转变成汉语，让学生慢慢适应和接受汉语，给学生创造汉语教学的氛围。另一方面，多和有经验的汉语教师或泰国本土汉语教师交流心得，向他们学习课堂管理的方法、技巧以及教学的方法。多去旁听他们的课，观察他们是如何开展课堂教学的。

（二）了解文化差异

汉语教师需深刻理解中泰教育理念、教育方式和文化的不同。中国的教育以应试教育为主，教师的任务主要是在课堂上给学生灌输知识。而泰国的教育理念则是"学会生存"，重点是培养学生的动手能力、独立意识及生存能力。教师如果用中国的教育思维、理念来给泰国学生上课，将会举步维艰。

中国人口较多，社会竞争压力大，学校教育通常采用"教师讲、学生听"的方式，很少与具体实践相结合。相反，泰国地广人稀，社会竞争压力并不是那么大，泰国的学校更注重学生的素质发展。泰国的中学教师并不一味地让学生记书本上的知识，而是把理论放到实践当中，采用"寓教于乐"的方式进行教学。他们会用一些角色扮演、小游戏、情境教学等手段辅助教学，培养学生独立思考的习惯及创造能力。所以，中国汉语教师应当明确两国教学方式的差异，在汉语教学中多开展一些趣味性的课堂活动。

中泰文化的区别也体现在两国的价值观上。从古至今，吃苦耐劳一直是中华民族的传统美德，中国人注重办事效率，时间观念较强。而泰国人更注重享受生活，时间观念较弱，生活节奏总体上比较慢。因此，在汉语教学中，教师若试图让泰国学生在课堂中掌握并消化大量的知识，或者布置很多课后作业，可能导致学生厌学。了解泰国的文化有助于中国汉语教师更好地开展汉语教学，教师应尊重、适应泰国文化，合理安排上课内容和把握教学节奏，才能取得良好的教学效果。

（三）提升专业素养

汉语教师应增强敬业意识，不仅要学习和了解本学科的新理论、新成果，而且要了解政治、经济、地理、历史等方面的有关知识，同时应掌握教育学、心理学、管理学等学科的相关知识，此外还应具备良好的心理品质，讲究教学艺术，不断提高教学能力、科研能力、反思能力及应变能力等。教师要充分了解学生的学习风格、学习目的和特点，了解学生在学习上的难处和需求，学会换位思考，多为学生着想，主动帮助学生解决学习困难。另外，汉语教师最好多才多艺，这样更容易赢得学生的喜欢。

（四）优化教学设计

针对泰国中学生汉语学习的特点，教师可从以下几个方面优化教学设计。第一，教师应该明确教学目标和教学要点，巧妙利用师生教学互动达到预期的教学效果。第二，教师应根据教学目标选择相应的教学方法，包括游戏法、举例法、展示法等。例如，"展示法"对图片或实物进行展示，可以运用到有关颜色、动物、身体等方面的教学中。在利用多媒体辅助教学时，教师可以通过播放音乐或视频来吸引学生的注意力，但需要注意的是，幻灯片的设计应考虑字体、颜色、播放顺序以及如何突出重点和难点等。第三，教师应合理分配课堂讲授及活动练习的时间，同时预留有处理突发事件的时间。第四，教学内容的安排应结合泰国实际情况，突显实用性，让学生产生一种亲切感并能学以致用。例如，在教授水果词汇时，宜选取当地的山竹、榴梿等水果，教学生用汉语怎么说，这样学生便可以学以致用，有助于提高学生的学习兴趣。泰国中学生喜欢互相比较和竞争，教师在开展教学活动时，可以采用分组竞争、给予奖励的方式，让他们在比赛中不知不觉地掌握汉语。当学生发现所学的汉语能在实际中运用时，他们对汉语学习会更加感兴趣。

六　结语

　　本文重点研究了影响泰国中学汉语课堂教学和课堂管理的相关因素，以及学生和教师对课堂管理的认识、态度等。笔者立足于泰国汉语教学的实践，探索和总结了泰国中学汉语课堂管理的策略和技巧，希望对泰国中学汉语教学及相关研究有所裨益。

　　本文以定量分析为主、定性分析为辅，通过问卷调查、访谈及课堂观察等方式，探讨了泰国中学生的年龄、文化背景、学习风格、学习态度、学习心理等因素对汉语课堂教学的影响，在此基础上剖析了泰国中学汉语课堂的管理模式，指出了泰国汉语教学管理中存在的不足和问题，并提出加强汉语课堂管理的建议，即激发学生的学习兴趣与学习动机，采用恰当的教学方法，克服师生角色间的障碍和完善教师的教学行为。

　　影响课堂教学的因素既有主观因素，也有客观因素。囿于研究范围和水平的限制，本文对泰国中学汉语课堂教学管理的研究尚存不足之处，譬如，在研究样本总量、变量关系分析等方面还需要进一步拓展和深入。笔者将继续关注泰国中学汉语教学研究的最新进展，在检讨和反思自身研究的基础上进一步深化和完善。

参考文献

[1] 常宝成. 课堂管理与教师专业发展 [J]. 教育理论与实践，2010（28）.

[2] 陈海蓉. 课堂管理的有效性研究 [D]. 山东师范大学硕士学位论文，2006.

[3] 陈琦，刘儒德. 教育心理学 [M]. 北京：高等教育出版社，2005.

[4] 陈时见. 课堂管理：意义与变革 [J]. 教育科学研究，2003（6）.

[5] 高明明. 澳大利亚中学汉语课堂管理研究 [D]. 吉林大学硕士学位论文，2013.

[6] 高顺全. 对外汉语教学探新 [M]. 北京：北京大学出版社，2005.

[7] 黄晓颖. 对外汉语教学的课堂组织管理艺术 [J]. 云南师范大学学报，2005（4）.

[8] 乐卓瑾. 初中课堂有效管理研究［D］. 华东师范大学硕士学位论文，2010.

[9] 李峰. 泰国汉语教育的历史、现状及展望［J］. 国外社会科学，2010（3）.

[10] 李冀. 教育管理辞典［M］. 海口：海南出版社，1997.

[11] 李满兰. 论对中小学生的对外汉语教学课堂管理［J］. 华商，2008（18）.

[12] 林浩业. 浅谈泰国汉语教学现状及其对汉语教师的要求［J］. 湖北广播电视大学学报，2007（11）.

[13] 刘家访. 有效课堂管理行为研究［D］. 西南师范大学博士学位论文，2002.

[14] 刘珣. 对外汉语教育学引论［M］. 北京：北京语言大学出版社，2000.

[15] 吕必松. 对外汉语教学研究［M］. 北京：北京语言学院出版社，1993.

[16] 吕志红. 美国中小学课堂管理研究［D］. 河北大学硕士学位论文，2006.

[17] 潘素英. 泰国南邦府中小学汉语教学情况调查［C］∥世界汉语教学学会. 第九届国际汉语教学研讨会论文选，2008.

[18] 施良方，崔允漷. 教学理论：课堂教学的原理、策略与研究［M］. 上海：华东师范大学出版社，1999.

[19] 宋秋前. 有效课堂管理的基本策略［J］. 教书育人，2011（35）.

[20] 苏丹兰. 课堂纪律管理刍议［J］. 山东教育科研，1997（1）.

[21] 田慧生，等. 教学论［M］. 石家庄：河北教育出版社，1996.

[22] 王宇轩. 泰国中小学华文教育的现状、问题及对策［J］. 华文教学与研究，2008（4）：9–16.

[23] 位焕弟，黄丽. 教师课堂情绪的自我管理［J］. 中国教育研究论丛，2007（9）.

[24] 吴巧. 泰国中小学汉语课堂管理规则初探［D］. 广西师范大学硕士学位论文，2013.

[25] 吴艳茹. 中小学教师课堂管理行为和模型建构与调查研究［J］. 天津师范大学学报（社会科学版），2003（1）.

[26] 西里（PLAO SIRIGANPHISCHA）. 泰国初中汉语课堂管理研究［D］. 中央民族大学硕士学位论文，2012.

[27] 中国社会科学院语言研究所辞典编辑室. 现代汉语词典：修订本［M］. 北京：商务印书馆，1996.

[28] 肖川. 班级管理与课堂管理［J］. 青年教师，2009（3）.

[29] 许磊. 论课堂管理策略在教学中的应用［J］. 伊犁师范学院学报，2011（4）.

[30] 詹姆斯吕佩，尼丁诺利亚. 管理的变革［M］. 李玉霞，译. 北京：经济日报出版社，1998.

[31] 张凡. 泰国的教育制度与汉语教学现状［J］. 湖北广播电视大学学报，2011

（12）.

［32］张楠. 浅谈对外汉语课堂组织与管理的技巧［J］. 安徽文学（下半月），2012
（1）.

［33］张宁志. 国际汉语教师手册——新教师必备 81 问［M］. 北京：商务印书
馆，2012.

［34］钟东诚. 浅谈教师的领导方式与班风形成［J］. 青海教育，2002（Z1）.

［35］朱焕芝. 对外汉语课堂管理文化冲突及解决策略［J］. 文学教育（下），2012
（3）.

［36］朱霄. 泰国公立中学汉语教学现状调查研究［D］. 云南大学硕士学位论
文，2013.

［37］Doyle，W. Classroom Organization and Management.［M］//M. C. Wittrock（ed.），
Handbook of Research on Teach. New York：MacMillan，1986.

［38］Emmer，E. T. Classroom Management［M］//Dunkid（ed.），The International Ency-
clopedia of Teaching and Teacher Education. Oxford：Pergamon，1987.

［39］Good，T. L.，& Brophy，J. E. Looking in Classroom［M］. New York：Harper & Row，
2000.

［40］McCaslin，M.，& Good，T. L. Compliant Cognition：The Misalliance of Management and
Instruction Goals in School Reform［J］. Educational Research，1992（21）：4 - 7.

［41］Webster's Third New International Dictionary［M］. Pringfield Merrian Webster
Inc.，1986.

胡志明市华人语言使用情况及其影响因素

——以第五郡 10 坊和第十一郡 8 坊为例

［越南］阮氏贤（2016 届汉语国际教育专业硕士）

导师：孙　瑞

摘　要：本文运用文献调查、问卷调查法等对胡志明市华人汉语使用情况进行了考察，结果显示，胡志明市华人汉语使用情况主要受政治、经济、文化、语言等几个方面的因素影响。同时，笔者还针对汉语推广过程中存在的问题提出对策建议：一是加强中越两国汉语教学合作；二是加强中越两国经济合作；三是加强中越两国文化交流。

关键词：胡志明市　华人　汉语使用　汉语推广

一　胡志明市华人汉语使用情况调查及分析

（一）胡志明市华人的基本信息

华人的汉语使用情况有可能因性别、年龄、职业等的差异而不同。在问卷的基本信息部分，笔者共设置了 10 个题项，从性别、年龄、出生地、祖籍、在越时间、学历、职业、收入以及汉语学习经历等方面对胡志明市华人的基本信息进行调查。

为保证调查结果的有效性和代表性，调查对象的选取不仅考虑性别比例的相对平衡，而且尽可能地涵盖胡志明市各个年龄段的华人。本次调查对象一共 300 人。其中，男性 178 人，约占总人数的 59.3%；女性 122 人，约占总人数的 40.7%。从年龄上看，5~18 岁者 50 人，占 16.7%；18~25 岁者 52 人，占 17.3%；26~35 岁者 55 人，占 18.3%；36~45 岁者 50 人，占 16.7%；46~55 岁者 48 人，占 16.0%；55 岁以上者 45 人，占 15.0%（见表 1）。

表 1　调查对象的基本信息

单位：人，%

题项	选项	样本数	比例
性别	男	178	59.3
	女	122	40.7
年龄	5~18 岁	50	16.7
	18~25 岁	52	17.3
	26~35 岁	55	18.3
	36~45 岁	50	16.7
	46~55 岁	48	16.0
	55 岁以上	45	15.0
出生地	中国	169	56.3
	越南	131	43.7

在这些被调查者中，出生于中国的华人共有 169 人，占 56.3%；出生于越南的华人有 131 人，占 43.7%。

被调查者的祖籍主要在两广和云南。其中祖籍为广西的有 86 人，占 28.6%；祖籍为广东的有 99 人，占 33.0%；祖籍为云南的有 77 人，占 25.7%；祖籍为贵州、湖南等其他省份的有 38 人，占 12.7%（见表 2）。

表 2　调查对象祖籍情况

单位：人，%

祖籍	人数	比例
广西	86	28.6
广东	99	33.0

祖籍	人数	比例
云南	77	25.7
其他	38	12.7
总计	300	100.0

在 300 名调查对象中，属于第一代华裔的有 69 人，占 23.0%；属于第二代华裔的有 82 人，占 27.3%；属于第三代华裔的有 103 人，占 34.3%；属于第四代华裔的有 46 人，占 15.3%。由于战争等原因，胡志明市的大部分华人的父辈或祖辈就已经从中国移居越南，调查对象中非第一代华裔所占比例达 77% 之多。

从在越南的居住时间上看，在 300 名调查对象中，在越居住 1~2 年的有 38 人，占 12.7%；在越居住 3~5 年的有 49 人，占 16.3%；在越居住 6~10 年的有 55 人，占 18.3%；在越居住 10 年以上的有 158 人，超过全部调查对象的一半，占 52.7%。大多调查对象在越南的居住时间超过 10 年，他们在 20 世纪就已经移居越南。现实中，21 世纪以来移居到越南的中国人明显减少。

调查对象的学历差异较大。其中初中以下学历的有 35 人，占 11.7%；初中学历的有 32 人，占 10.7%；高中学历的有 96 人，占 32.0%；高中以上学历的有 137 人，占 45.7%。总体而言，在被调查者中，低学历的人较少，且年龄较大；高中及高中以上学历的占绝大多数，由此可见胡志明市的华人大多受过基本的教育，有一定的文化水平。

从职业上看，在调查对象中，学生有 72 人，占 24.0%；企事业单位工作人员有 45 人，占 15.0%；从事商业、服务业的人员有 54 人，占 18.0%；农民有 27 人，占 9.0%；从事教育、科学、文化行业的专业人员有 31 人，占 10.3%；教育、科技、文化行业以外的其他专业人员、技术人员有 38 人，占 12.7%；离退休人员有 33 名，占 11.0%。其中 5~25 岁的被调查者多数为在校学生，只有很少一部分参加工作；26~45 岁的被调查者大多在企事业单位工作或从事商业、服务业；45 岁以上的被调查者大多是农民或处于离退休状态。

从收入上看，月收入 1000 元以下的被调查者有 75 人，占 25.0%，主要由学生构成；月收入 1000~3000 元的有 119 人，占 39.7%；月收入

3000~5000 元的有 88 人，占 29.3%，主要是年龄较大的企事业单位工作人员和各行业的专业人员、技术人员；月收入在 5000 元以上的被调查者占 6%，主要从事商业、服务业。可见，胡志明市的华人从事的职业各不相同，普遍拥有比较充足的收入，从事商业、服务业的华人收入相对较高。

研究对象的汉语学习情况直接关系着汉语使用情况，因此，基本信息调查的最后一个题项是"是否学习过汉语"。据统计，所有的被调查者都学习过汉语。现实中，胡志明市的华人大部分都学过汉语。越南各所学校一直以来除了开设英语课之外，还开设了汉语课和日语课等，让学生有更多的选择，所以全部调查对象都学过汉语属于正常情况。

（二）调查结果与分析

1. 各种语言的水平和使用情况的比较

在调查问卷的第二部分，笔者设置了 16 个题项，以汉语与越南语的使用情况比较、汉语使用及学习中存在的问题为切入点，了解华人使用汉语的基本情况。在结果分析时，本文将结合华人的基本信息进行研究，以更好地探索影响华人汉语使用情况的客观因素。

参加问卷调查的华人的语言能力千差万别，不仅所能用于交流的语言的种类不同，而且语言水平参差不齐。笔者设置了 5 个问题，对目前胡志明市华人语言使用的基本情况进行调查。

语言的使用与语言的学习紧密相关，作为母语的语言一般使用频率较高。调查结果显示：在 300 名调查对象中，第一语言为越南语的有 70 人，占 23.3%；第一语言为英语的有 18 人，占 6.0%；第一语言为汉语普通话的有 133 人，占 44.3%；第一语言为汉语方言的有 79 人，占 26.3%。因此，第一语言为汉语的被调查者有 212 人，占 70.6%，这说明在华人家庭中仍有不少人使用汉语。但笔者在调查过程中发现，汉语在该地区的普及程度并不高，究其原因，是因为没有良好的汉语语言环境。汉语虽然在华人区或华人家庭中使用较多，但这些地方的华人在大多数情况下是跟说越南语的本地人打交道，因此缺乏汉语使用环境。使用环境的缺乏，导致很多汉语为第一语言的被调查者的汉语能力得不到进一步的提升和发展，相反，很多第一语言不是越南语的被调查者在与当地人进行交流的过程中，越南语的水平有了很大程度的提升。

　　而在胡志明市的华人中，可以进行简单交流的语言与第一语言的情况大不相同。调查结果显示：在 300 名调查对象中，可以使用越南语进行简单交流的有 278 人，占 92.7%；可以使用英语进行简单交流的有 39 人，占 13%；可以使用汉语普通话进行简单交流的有 196 人，占 65.3%；可以使用汉语方言进行简单交流的有 127 人，占 42.3%。可见，虽然可以使用汉语普通话进行简单交流的华人超过了半数，但是与可以使用越南语进行交流的人数相比还是少了许多。

　　笔者在问卷中设置了 2 道题对胡志明市华人的越南语水平和汉语水平进行调查与比较。统计结果显示：在 300 名调查对象中，可以熟练使用越南语进行交流的有 132 人，占 44.0%；可以使用越南语进行日常交流但偶尔有困难的有 146 人，占 48.7%；只明白少数越南语单词的有 13 人，占 4.3%；完全不会使用越南语的有 9 人，占 3.0%。而可以熟练地使用汉语进行交流的被调查者有 101 人，占 33.7%；可以使用汉语进行日常交流但偶尔有困难的有 154 人，占 51.3%；只明白少数汉语单词的有 35 人，占 11.7%；完全不会使用汉语的有 10 人，占 3.3%（见表 3）。可见，能够熟练使用越南语和使用越南语进行日常交流的人比能够熟练使用汉语和使用汉语进行日常交流的人多，被调查者的越南语水平优于其汉语水平。

表 3　不同年龄的调查对象的语言水平

单位：人，%

语种	年龄	熟练使用		日常交流		少量单词		完全不会	
		人数	比例	人数	比例	人数	比例	人数	比例
越南语	5～25 岁	71	23.7	20	6.7	6	2.0	5	1.7
	26～45 岁	28	9.3	66	22.0	7	2.3	4	1.3
	45 岁以上	33	11.0	60	20.0	0	0.0	0	0.0
	总计	132	44.0	146	48.7	13	4.3	9	3.0
汉语	5～25 岁	18	6.0	53	17.7	20	6.7	8	2.7
	26～45 岁	20	6.7	71	23.7	12	4.0	2	0.7
	45 岁以上	63	21.0	30	10.0	3	1.0	0	0.0
	总计	101	33.7	154	51.3	35	11.7	10	3.3

表 3 还显示了胡志明市不同年龄阶段的华人的越南语水平和汉语水平。从越南语的水平来看，大部分 5～25 岁的被调查者能够熟练使用越南语，大部分 26～45 岁的被调查者能使用越南语进行日常交流，而 45 岁以上的被调查者由于在越时间较长，全部都能使用越南语进行日常交流，可见绝大多数被调查者都具有一定的越南语水平，只有 7.3% 的被调查者只明白少数越南语单词或完全不会使用越南语。从汉语水平来看，在 45 岁以上的被调查者中，大多数可以熟练使用汉语或者用汉语进行日常交流，不会使用汉语的只占一小部分，没有完全不会使用汉语的人；在 5～45 岁的被调查者中，能用汉语进行日常交流的人较多，但可以熟练使用汉语的人较少，同时还有一部分人只明白少量汉语单词甚至完全不会使用汉语。

华人的越南语水平和汉语水平受到语言使用情况的影响，同时影响着语言的使用情况，也就是说，调查对象的越南语水平或汉语水平与语言使用频率存在显著相关性。对"在越南进行交流最常使用的语言"这一问题的调查结果证明了这一点。

调查结果显示：在交流中最常使用越南语的有 132 人，占 44.0%；最常使用汉语普通话的有 32 人，占 10.7%；最常使用英语的有 7 人，占 2.3%；最常使用的语言同时包括越南语和英语的有 16 人，占 5.3%；最常使用的语言同时包括越南语、英语和汉语普通话的有 18 人，占 6.0%；最常使用的语言同时包括越南语和汉语普通话的有 69 人，占 23.0%；最常使用的语言同时包括英语和汉语普通话的有 19 人，占 6.3%；最常使用汉语方言的有 8 人，占 2.7%（见图 2）。可见，胡志明市的华人在交流时最常使用的语言是越南语，使用频率远高于其他语言；其次是越南语和汉语普通话混合使用；最常使用汉语普通话交流的人数排在第三位，但只有最常使用越南语的人数的 1/4。笔者对部分被调查者进行访谈后发现，虽然胡志明市聚居着大量的华人，但越南语作为官方语言和本土语言，其普及程度远远超过汉语。之所以存在多种语言混合使用的情况，一方面是因为部分调查对象的越南语水平有限，仍需要借助别的语言来进行交流，另一方面是因为现实中需要根据交流对象使用的语言和实际情况来使用不同的语言。

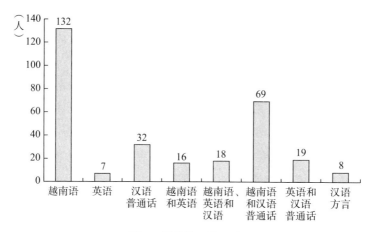

图 2　最常使用的语言

2. 汉语使用情况

　　汉语使用主要分为输入和输出两方面。输入是指在日常生活、工作学习等不同场合听到和接受汉语；输出则是指自己使用汉语书写、与人交流等。

　　对于"可以经常听到汉语的场合"，选择学校的有 81 人，占 27.0%；选择家庭的有 236 人，占 78.7%；选择工作单位的有 65 人，占 21.7%；选择旅游景区的有 128 人，占 42.7%；选择餐馆、旅店的有 57 人，占 19.0%；选择商店、超市的有 15 人，占 5.0%（见图 3）。可以看出，华人最常听到汉语的地方是家庭。笔者在访谈过程中了解到，部分华人家庭仍坚持在家里使用汉语，希望通过营造一种汉语环境，让晚辈也能学会并使用汉语。旅游景区也是华人经常听到汉语的地方。目前越来越多的中国人到境外旅游，越南作为中国的邻国，在地理位置和旅游成本上都具有很大的优势，到越南旅游的中国人越来越多，因而在旅游景区听到汉语的概率会比较高。在越南旅游时，中国人相互之间会使用汉语进行交流，会汉语的越南人或华人与中国人交流时也使用汉语。在工作单位中能听到汉语可能是由于工作的需要。

　　对于"经常使用汉语的场合"，选择学校的有 81 人，占 27.0%；选择家庭的有 210 人，占 70.0%；选择工作单位有 55 人，占 18.3%；选择旅游景区的有 65 人，占 21.7%；选择餐馆、旅店的有 48 人，占 16.0%；选择商店、超市的有 6 人，占 2.0%。与可以经常听到汉语的场合相同，华

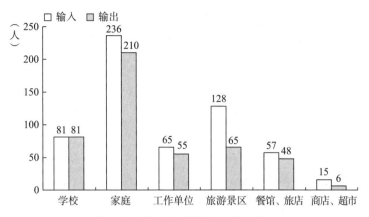

图 3   不同场合汉语输入和输出情况

人最常使用汉语的地方是家庭。排在经常使用汉语的场合第二位的是学校，旅游景区排在第三位。笔者在访谈过程中发现，中国政府对汉语推广越来越重视，国家汉办推出了"国际汉语志愿者项目"，选派合格的汉语志愿者到许多国家进行汉语推广工作。在越南，一部分学校开设了汉语课，学生在学校可以学习汉语和使用汉语。而在旅游景区，虽然经常能够听到汉语，但如果不是遇到中国游客，华人一般不用汉语进行交流。

因此，华人最常使用汉语的地方是家庭，汉语交流多存在于华人家庭内部。而在其他场合，华人虽然能听到汉语，但是使用汉语的机会相对较少。

针对汉语的使用频率，笔者从工作（学习）和日常生活两个方面进行了更深一步的探讨（见图 4）。

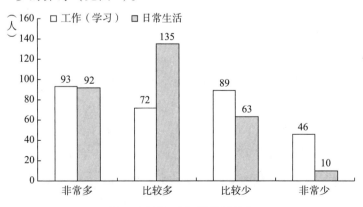

图 4   不同场合汉语使用频率

调查结果显示：在工作（学习）中，认为使用汉语的机会非常多的有93人，占31.0%；认为使用汉语的机会比较多的有72人，占24.0%；认为使用汉语的机会比较少的有89人，占29.7%；认为使用汉语的机会非常少的有46人，占15.3%。相对来说，在工作（学习）环境中华人较少有机会使用汉语，这种情况在一个母语和工作语言都不是汉语的国家里是难以避免的。

在日常生活中，认为使用汉语的机会非常多的有92人，占30.7%；认为使用汉语的机会比较多的有135人，占45.0%；认为使用汉语的机会比较少的有63人，占21.0%；认为使用汉语的机会非常少的有10人，占3.3%。相对来说，在日常生活的环境中华人使用汉语的机会更多，原因之一是很多华人家庭内部保留使用汉语的习惯，原因之二是华人的生活环境中多有其他华人存在，因此在日常活动中有比较多的机会使用汉语。

从图4可以看到，在工作（学习）和日常生活中非常少使用汉语的被调查者所占的比例很小，分别为15.3%和3.3%，绝大多数被调查者认为在工作（学习）和日常生活中有机会使用汉语。需要说明的是，工作（学习）环境和日常生活环境有区别。一方面，由于在越南的工作和学习中越南语是官方语言，因此大多数使用越南语进行交流或学习，只有部分华人在从事与汉语相关的工作或与中国相关的贸易以及在学习汉语时才会使用汉语，因此，在工作（学习）环境中汉语的使用率相对较低；另一方面，在华人的日常生活中，尤其是在第一代华裔和第二代华裔中，汉语仍然活跃于他们的日常生活中，他们使用汉语进行日常交流，所以汉语在日常生活中的使用率相对较高。

表4显示了汉语交流的主要对象，从中可以看出，在被调查者中，认为使用汉语的主要交流对象是老师和同学的有103人，占34.3%；认为主要交流对象是家人和朋友的有115人，占38.3%；认为主要交流对象是同事的有37人，占12.3%；认为主要交流对象是顾客、游客的有45人，占15.0%。可见，老师、同学和亲友是使用汉语进行交流的主要对象。

表 4　汉语主要交流对象

单位：人，%

主要交流对象	人数	比例
老师和同学	103	34.3
家人和朋友	115	38.3
同事	37	12.3
顾客、游客	45	15

3. 汉语学习情况

汉语的学习情况与汉语的使用情况密不可分。汉语学习人数的多少、程度的深浅、范围的大小、教学的优劣与最终华人使用汉语的多少息息相关。

胡志明市的华人有许多学习汉语的途径，在这 300 名被调查者中，将汉语作为母语习得的有 136 人，占 45.3%；在学校学习汉语的有 102 人，占 34.0%；通过汉语辅导机构学习汉语的有 19 人，占 6.3%；自学汉语的有 8 人，占 2.7%；通过直接和人们交流学习汉语的有 35 人，占 11.7%（见表 5）。

表 5　学习汉语的途径

单位：人，%

途径	人数	比例
母语习得	136	45.3
学校教育	102	34.0
汉语辅导机构	19	6.3
自学	8	2.7
直接和人们交流	35	11.7

根据表 5 可知，近一半的被调查者把汉语作为母语而习得汉语；约三分之一的被调查者在学校学习期间通过汉语课程习得汉语，这也是较为常见的汉语习得方式；另外，许多家庭虽然已经把越南语作为第一语言，但是会在孩子成长过程中或多或少地教授、使用汉语，因此在这种家庭中成长的孩子可通过家庭教育习得汉语。而选择自学汉语或通过辅导机构学习汉语的被调查者仅占 2.7% 和 6.3%。

被调查者对于汉语学习难易程度的评价存在较大的差异。调查结果显示：认为汉语学习非常困难的有 82 人，占 27.3%；认为汉语学习比较困难的人最多，有 105 人，占 35.0%；认为汉语学习比较简单的有 97 人，占 32.3%；认为汉语学习非常简单的只有 15 人，占 5.0%（见表6）。可见，认为困难（包括非常困难与比较困难）的有 187 人，占 62.3%；认为简单（包括非常简单与比较简单）的有 112 人，占 37.3%。对于在越南的华人而言，汉语并非第一语言或工作语言，使用范围具有局限性，因此汉语学习缺乏良好的语言环境。由于天赋、年龄、智力水平、认知水平、语言环境等因素的不同，人们对语言学习难易程度的感受也不同。

表 6　汉语学习难易程度

单位：人，%

	非常困难		比较困难		比较简单		非常简单	
	人数	比例	人数	比例	人数	比例	人数	比例
总计	82	27.3	105	35.0	97	32.3	15	5.0

对于汉语使用的难点，有 98 名被调查者选择阅读文章，占 32.7%，这是选择人数最多的难点；有 77 名被调查者选择使用汉语与别人交流，占 23.7%；有 67 名被调查者选择听懂别人说话，占 22.3%；只有 58 人选择用汉语写作，占 19.3%，在四项难点之中排名最后（见表7）。笔者认为，写作的难度最大，写作最考验汉语综合能力。笔者在访谈过程中了解到，被调查者选择写作的比例最小并非因为他们认为汉语写作简单，而是因为他们运用汉语写作的机会比较少。华人的汉语学习主要是在语音、单词、交流、阅读这些比较初级的方面，接触汉语写作的人并不多。而在汉语学习的初步阶段，受词汇量的影响，阅读文章则是最为困难的。

表 7　使用汉语的难点

单位：人，%

难点	人数	比例
听懂别人说话	67	22.3
使用汉语与别人交流	77	23.7
阅读汉语文章	98	32.7
写作	58	19.3

对于进一步学习的方向，调查结果显示：认为仍需要继续学习语法的被调查者有55人，占18.3%；认为需要在接下来的学习中规范发音的有62人，占20.7%；认为应该进一步扩大词汇量的被调查者最多，有102人，占34.0%；认为需要进一步强化口语交流能力的有71人，占23.7%；认为应该进一步强化阅读、写作能力的有10人，占3.3%（见表8）。可见，增加词汇量是被调查者最主要的进一步学习的方向，因为不论在汉语学习的初级、中级、高级阶段，词汇量的扩大都是必不可少的；由于学习背景与进度的不同，选择口语、发音、语法的人也占有相当大的比重；相反，由于学习背景与进度的不同，写作并不是大多数人下一步需要学习的方向，所以选择的比例最低。

表8 需要进一步学习的方向

单位：人，%

方向	人数	比例
语法	55	18.3
发音	62	20.7
词汇量	102	34.0
口语交流	71	23.7
写作	10	3.3

表9显示了被调查者参加汉语水平考试的情况，从中可见，参加过HSK1-2级的有51人，占17.0%；参加过HSK3-5级的有21人，仅占7.0%；有意向参加汉语水平考试的有34人，占11.3%；至今没有参加过汉语水平考试并且暂时也没有考试打算的有194人，占64.7%。

表9 参加汉语水平考试情况

单位：人，%

	人数	比例
参加过 HSK1-2 级	51	17.0
参加过 HSK3-5 级	21	7.0
有意向参加汉语水平考试	34	11.3
从未并且暂无打算参加汉语水平考试	194	64.7

由表9可知，没有参加过汉语水平考试的有228人，占76.0%，其数量远远大于参加过汉语水平考试的人数。参加过汉语水平考试的人相对较少，一共有72人，占24.0%，并且大多参加的是级别较低的考试。笔者通过访谈得知，绝大多数被调查者学习汉语并非为了获得等级证书或专业资格认证，而是出于日常交流或工作的需要。

对于希望达到的汉语水平，被调查者的选择各不相同。59人希望在日常对话中能说出来即可，占19.7%；67人希望既能说又能听懂对方，占22.3%；希望可以说和听，也能阅读的人最多，有104人，占34.7%；希望除了说、听与阅读，还能写作的有70人，占23.3%（见表10）。目标汉语水平反映了一个人汉语学习的动机水平，同时也反映了在越南当下环境中胡志明市的汉语学习者对汉语学习的需求。

表10　目标汉语水平

单位：人，%

目标汉语水平	人数	比例
说	59	19.7
说、听	67	22.3
说、听、阅读	104	34.7
说、听、阅读、写	70	23.3

（三）结论

第一，目前在被调查者中最为通用的语言是越南语，越南语是被调查者在工作、生活和学习中与人进行沟通和交流的最重要的语言。

第二，汉语在被调查者中保持一定的使用范围和频率，仍有相当一部分被调查者的第一语言是汉语，他们可以用汉语进行简单交流，在不同的场合都能够或多或少地听到和使用汉语，也有一部分人在工作、学习和日常生活中有比较多的机会接触汉语，同时越来越多的年轻人开始学习汉语。

第三，家庭是被调查者汉语学习的起点，学校是汉语学习的最主要场所。被调查者尤其是被调查者的后裔大多最初从家庭开始接触汉语，最先学会使用汉语说话的被调查者占 44.3%，这表明被调查者的家庭会教孩子使用汉语，在家庭教育以及与家人交流的过程中存在有意识和无意识的汉语传播。被调查者一般通过学校课程系统地学习汉语，通过母语学习汉语的被调查者占 45.3%，通过学校教学学习汉语的被调查者占 34.0%。家庭教育和学校教育这两种途径影响着被调查者的汉语使用情况。

第四，不同年龄、不同学历的被调查者汉语的使用情况各不相同。年龄较大的被调查者一般对汉语掌握得比较好，使用也比较多；年轻的第三代、第四代华裔对汉语掌握得比较差，甚至大多数人不能使用汉语进行简单交流。这是因为年轻的被调查者以越南语为第一语言，生活环境和社会环境中也较少涉及汉语。相对而言，学历高的人汉语好一些，学历低的人汉语差一些，笔者在访谈过程中发现，这是由于学历高的被调查者在受教育的过程中有更多的机会接触汉语。

第五，目前在胡志明市汉语学习者已初具规模，有汉语学习和使用需求的人越来越多。被调查者出于各种动机学习汉语和参加专业汉语考试，大多数被调查者想要达到的汉语水平不仅仅是初级而已，而是希望达到更高级别的汉语能力。

二 胡志明市华人汉语使用影响因素调查及分析

胡志明市华人的汉语使用情况比较复杂，原因多种多样。笔者在调查问卷中对影响汉语使用的因素设置了 15 道问题，并对调查结果采用 SPSS 18.0 软件进行进一步的相关性分析，同时结合访谈的情况，深入探究影响被调查者汉语使用的因素。

（一）与中国的关联程度

笔者通过相关分析与交叉分析来探讨胡志明市华人汉语使用的影响因素，从此可以看出胡志明市华人与中国的关联程度、他们对汉语的认识与学习情况等因素对其汉语使用水平产生的影响。

第一，笔者将出生地与汉语水平进行相关分析，结果见表 11。

表 11　出生地与汉语水平的相关性

		出生地	汉语水平
出生地	Pearson 相关性	1	0.654**
	显著性（双侧）		0.000
	N	299	299
汉语水平	Pearson 相关性	0.654**	1
	显著性（双侧）	0.000	
	N	300	300

注：** 表示 $p < 0.05$。

　　由表 11 可知，出生地和汉语水平的相关系数为 0.654，显著性水平为 0.000，小于 0.05。所以出生地与汉语水平的关系为正向，且相关性很强。具体如图 5 所示。

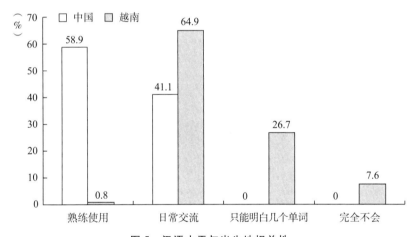

图 5　汉语水平与出生地相关性

　　由图 5 可见，在中国出生的被调查者的汉语水平远远超过在越南出生的被调查者。出生在中国的被调查者全都能够使用汉语进行日常交流；而出生于越南的被调查者中能够使用汉语进行日常交流的只占 65.7%，其他 34.3% 的人只会一点或完全不会汉语。

　　第二，笔者将几代华裔和汉语水平进行相关分析，结果见表 12。

表 12　汉语水平与几代华裔的相关性

		汉语水平	几代华裔
汉语水平	Pearson 相关性	1	0.867**
	显著性（双侧）		0.000
	N	299	299
几代华裔	Pearson 相关性	0.867**	1
	显著性（双侧）	0.000	
	N	300	300

注：** 表示 $p < 0.05$。

由表 12 可知，几代华裔和汉语水平的相关系数为 0.867，显著性水平为 0.000，小于 0.05。所以，几代华裔与汉语水平的关系为正向，且相关性很强。具体如图 6 所示。

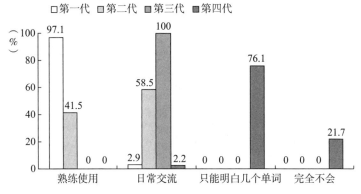

图 6　几代华裔和汉语水平相关性比例

由图 6 可知，第一代华裔绝大多数能够熟练使用汉语（占比为97.1%）；在第三代华裔中，能够熟练使用汉语的占 41.5%，还有 58.5%的被调查者只能使用汉语进行日常交流；第三代华裔全部都能使用汉语进行日常交流；在第四代华裔中，可以使用汉语进行日常交流的只占 2.2%，76.1%的被调查者只能明白几个单词，另有 21.7%的人完全不会汉语。这说明几代华裔对汉语水平有明显的影响，华裔的跨代越少，汉语能力越强。

第三，笔者将在越居住时间和汉语水平进行相关分析，结果见表 13。

表 13　在越居住时间和汉语水平的相关性

汉语使用水平		在越居住时间	
在越居住时间	Pearson 相关性	1	0.742**
	显著性（双侧）		0.000
	N	299	299
汉语使用水平	Pearson 相关性	0.742**	1
	显著性（双侧）	0.000	
	N	300	300

注：** 表示 $p < 0.05$。

由表 13 可知，在越居住时间和汉语水平的相关系数为 0.742，显著性水平为 0.000，小于 0.05。所以，在越居住时间与汉语水平的关系为正向，且相关性很强。具体如图 7 所示。

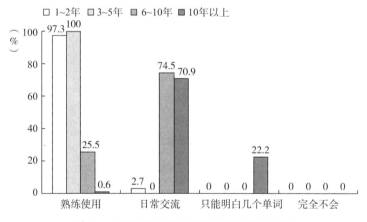

图 7　在越居住时间和汉语水平相关性比例

由图 7 可见，97.3% 的在越南居住 1~2 年的被调查者和所有在越南居住 3~5 年的被调查者能够熟练使用汉语；在越南居住 6~10 年的被调查者中，只有 25.5% 的人能够熟练使用汉语；而在越南居住 10 年以上的被调查者中，70.9% 的人能够使用汉语进行日常交流，22.2% 的人只能明白汉语的几个单词。总之，在越南居住的时间越长，被调查者的汉语水平越低。

第四，笔者将在中国是否有亲戚朋友和汉语水平进行相关分析，结果见表 14。

表 14　在中国是否有亲戚朋友和汉语水平的相关性

		汉语水平	是否有中国亲友
汉语水平	Pearson 相关性	1	0.673**
	显著性（双侧）		0.000
	N	299	299
是否有中国亲友	Pearson 相关性	0.673**	1
	显著性（双侧）	0.000	
	N	300	300

注：** 表示 $p < 0.05$。

由表 14 可知，是否有中国亲友和汉语水平的相关系数为 0.673，显著性水平为 0.000，小于 0.05。所以，是否有中国亲友与汉语水平的关系为正向，且相关性很强。具体如图 9 所示。

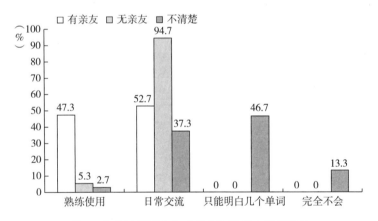

图 8　在中国是否有亲戚朋友和汉语水平相关性

由图 8 可知，有中国亲友的被调查者汉语水平比较高，其中有 47.3% 的人能够熟练使用汉语，52.7% 的人可以使用汉语进行日常交流；没有中国亲友的被调查者中只有 5.3% 的人能够熟练使用汉语，94.7% 的人可以使用汉语进行日常交流；在不清楚是否有中国亲友的被调查者中，只有 2.7% 的人能够熟练使用汉语，只明白几个汉语单词者与完全不会汉语者比例比较高，分别为 46.7% 和 13.3%。总之，有中国亲友的被调查者比没有中国亲友或不清楚是否有中国亲友的被调查者汉语水平高。

笔者在访谈中发现,去过中国的越南华人对中国都有着一定的情感,更希望自己可以用汉语自由地交流。被调查者去中国的频率影响着他们的汉语水平以及想提高汉语水平的动机,从而影响着他们使用汉语的情况。

表 15 显示了被调查者去中国的情况,从中可知,在被调查者中,经常去中国的有 37 人,占 12.3%;偶尔去中国的有 72 人,占 24.0%;曾经去过 1 次中国的人最多,有 115 人,占 38.3%;没有去过中国的有 76 人,占 25.3%。总体上看,曾经去过中国的被调查者共有 224 人,占总人数的 74.7%,占比相当高。由于交往的需要,被调查者到中国的频率直接影响着他们学习汉语的需求和动机。调查发现,曾经去过中国的被调查者,即便仅去过 1 次,也会使用一些汉语单词;如果在中国有保持联系的亲戚朋友,则其汉语能力会更高一些;有一些被调查者偶尔会回中国家乡拜祭先人,其中不少人会讲汉语方言。

表 15　是否去过中国

单位:人,%

频率	人数	比例
经常去	37	12.3
偶尔去	72	24.0
去过 1 次	115	38.3
从未去过	76	25.3

表 16 显示了被调查者去中国的意愿,从中可以看出,想去中国的有 269 人,以 89.7% 的比例排在第一位;不想去中国的有 17 人,仅占 5.7%;而不清楚是否想去中国的有 14 人,占 4.7%。因此,绝大多数的被调查者有去中国的意愿。调查发现,去中国的意愿影响着被调查者对汉语重要性的看法,为了去中国时能够与当地人沟通,他们对汉语学习拥有更明确的目标和更强大的动力,这在一定程度上也影响着他们的汉语使用情况。

表 16　去中国的意愿

单位：人，%

意愿	人数	比例
想去中国	269	89.7
不想去	17	5.7
尚未清楚	14	4.7

表 17 显示了被调查者是否去过中国与是否想去，从中可知，在曾经去过中国的被调查者中，有 71.0% 的人想再去中国，只有 0.7% 的人不想再去；而在未去过中国的被调查者中，只有 18.7% 的人想去中国，这个比例相比已经去过中国想再去者的比例要低很多；不想去中国的被调查者一共为 17 人，占 5.7%。可见，去过中国与想再次去中国之间存在一定的联系，大多数到过中国的被调查者都有再去中国的意愿。笔者通过访谈了解到，去过中国的被调查者对于中国都有较好的印象，因此也就有再去中国获得不同体验的意向。

表 17　被调查者是否去过中国与是否想去中国

单位：人，%

	想去		不想去		不清楚	
	人数	比例	人数	比例	人数	比例
曾去过	213	71.0	2	0.7	9	3.0
未去过	56	18.7	15	5.0	5	1.7
总计	269	89.7	17	5.7	14	4.7

表 18 统计了被调查者是否有中国亲友的情况，从中可见，在中国仍然有亲戚朋友的有 206 人，占 68.7%；在中国已经没有亲戚朋友的有 19 人，占 6.3%；而不清楚在中国是否还有亲戚朋友的有 75 人，占 25.0%。笔者在调查过程中发现，一部分被调查者平时还会与在中国的亲戚朋友保持联系，与在中国没有亲友的被调查者相比，这部分被调查者的汉语使用相对更频繁和熟练一些。因此，在中国是否有亲友直接影响着被调查者的汉语使用情况及汉语水平。

表 18 是否有中国亲友

单位：人，%

	人数	比例
有亲友	206	68.7
无亲友	19	6.3
不清楚	75	25.0

（二）对中国及汉语的态度和评价

笔者设置了一道多项选择题来调查胡志明市的华人对中国感兴趣的方面，结果显示，被调查者对中国感兴趣的方面并不相同。中国最让被调查者感兴趣的方面要数中国的经济，共有 213 人选择"经济"这一选项，占 71.0%，比例很高。另外，有 196 人想了解中国的历史和文化，占 65.3%；对中国的名胜古迹、旅游风景感兴趣的有 177 人，占 59.0%；对中国的音乐感兴趣的有 72 人，占 24.0%；对中国的影视作品较为喜欢的有 69 人，占 23.0%；对中国的美食特别感兴趣的有 58 人，占 19.3%；对中国功夫感兴趣的有 37 人，占 12.3%（见图 9）。由此可知，被调查者对中国的经济、历史和文化、名胜古迹和旅游风景比较感兴趣。

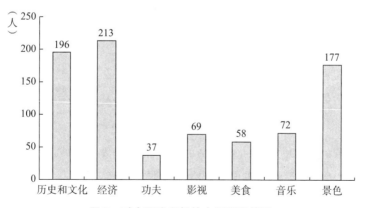

图 9 对中国感兴趣的方面调查情况

中国每年都会出产非常多的影视、音乐等各种类型的作品。调查结果显示：有 78 位被调查者每天观看或收听汉语节目，占 26.0%；经常观看或收听汉语节目的被调查者有 173 人，占 57.7%；偶尔观看或收听汉语节目的被调查者有 45 人，占 15.0%；不观看或收听汉语节目的被调查者只有 4 人，仅占 1.3%。可见，观看、收听汉语节目的被调查者共有 296 人，占比高达 98.7%。观看（收听）汉语节目作为语言输入的一种形式，对汉语的使用可能具有一定的影响。

调查结果显示，观看或收听最为普遍的汉语节目是汉语歌曲，共有 157 人选择这一选项，占 52.3%；排名第二位的是汉语的综艺节目，共有 88 人对此表示关注，占 29.3%；有 49 人喜爱观看中国的电视剧和电影，占 16.3%；有 6 人平时会关注其他类型的汉语节目，占 2.0%。可见，被调查者对汉语节目的接受程度比较高，对于各种类型的汉语节目都有一定程度的关注。

笔者将是否观看（收听）汉语节目和汉语水平进行相关分析，结果如表 19 所示。

表 19　观看（收听）汉语节目和汉语水平相关性

		汉语水平	观看汉语节目
汉语水平	Pearson 相关性	1	0.895**
	显著性（双侧）		0.000
	N	299	299
观看汉语节目	Pearson 相关性	0.895**	1
	显著性（双侧）	0.000	
	N	300	300

注：** 表示 $p < 0.05$。

由表 19 可知，观看（收听）汉语节目和汉语水平的相关系数为 0.895，显著性水平为 0.000，小于 0.05。所以，观看汉语节目与汉语水平的关系为正向，且相关性很强。具体如图 10 所示。

从图 10 可见，观看（收听）汉语节目对提高汉语水平有着积极影响。每天都观看（收听）汉语节目的被调查者大部分（78.7%）能够熟练使用汉语；经常观看（收听）汉语节目的被调查者大部分（86.1%）可以使用汉语进行日常交流；偶尔观看（收听）汉语节目的被调查者大部分（77.8%）只能明白汉语的几个单词；所有不观看（收听）汉语节目的被调查者都完全不会汉语。

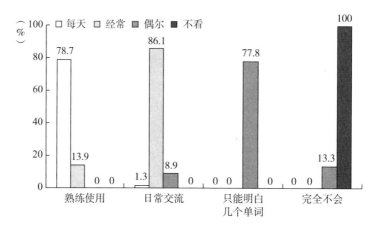

图 10　观看（收听）汉语节目和汉语水平相关性

表 20 显示了被调查者关注的汉语节目的类型与频率，从中可见，被调查者关注的汉语节目的类型各不相同，关注的频率也有所区别。对于汉语电视剧和电影，有 4.0% 的被调查者每天观看，10.0% 的被调查者经常观看，2.3% 的被调查者偶尔观看；对于汉语歌曲，有 6.0% 的被调查者每天收听，36.3% 的被调查者经常收听，10.0% 的被调查者偶尔收听；对于汉语综艺节目，有 16.0% 的被调查者每天收看，11.0% 的被调查者经常收看，2.3% 的被调查者偶尔收看；对于新闻报道等其他类型的汉语节目，有 0.3% 的被调查者经常收看，0.3% 的被调查者偶尔收看，另外有 1.3% 的被调查者表示不看。通过以上数据可以看出，近一半的被调查者经常观看汉语电视剧和电影或经常收听中文歌曲。相比来说，被调查者每天关注最多的汉语节目是综艺节目。这可能是由于目前中国的综艺节目数量不断增多、质量不断提高，加上综艺节目特有的娱乐性、需要观看的时间不是特别长，因此更容易被接受。

表 20　关注的汉语节目的类型与频率

单位：人，%

节目类型	每天		经常		偶尔		不看	
	人数	比例	人数	比例	人数	比例	人数	比例
电视剧和电影	12	4.0	30	10.0	7	2.3	0	0
歌曲	18	6.0	109	36.3	30	10.0	0	0

节目类型	每天		经常		偶尔		不看	
	人数	比例	人数	比例	人数	比例	人数	比例
综艺	48	16.0	33	11.0	7	2.3	0	0
其他	0	0	1	0.3	1	0.3	4	1.3
总计	78	26	173	57.7	45	15	4	1.3

汉语活动的参加情况也是影响被调查者汉语使用情况的重要因素，在活动中参加者或多或少都会接触到一些汉语。调查发现，大多数被调查者（261 人）参加过汉语活动，占 87.0%，其中经常参加汉语活动的有 79人，占 26.3%，偶尔参加汉语活动的有 182 人，占 60.7%；从未参加过汉语活动的被调查者有 39 人，仅占 13.0%。

参加汉语活动的频率影响着被调查者对汉语的认识，也会对他们关于汉语重要性的认识产生影响，从而影响他们的汉语学习态度。笔者将是否参加过汉语活动和汉语水平进行相关分析，结果见表 21。

表 21　参加汉语活动和汉语水平相关性

		汉语水平	参加汉语活动
汉语水平	Pearson 相关性	1	0.876**
	显著性（双侧）		0.000
	N	299	299
参加汉语活动	Pearson 相关性	0.876**	1
	显著性（双侧）	0.000	
	N	300	300

注：** 表示 $p < 0.05$。

由表 21 可知，参加汉语活动和汉语水平的相关系数为 0.876，显著性水平为 0.000，小于 0.05。所以参加汉语活动与汉语水平的关系为正向，且相关性很强。具体如图 11 所示。

由图 11 可知，经常参加汉语活动的被调查者汉语水平很高，其中98.7% 的人能够熟练使用汉语；偶尔参加汉语活动的被调查者中大部分（84.1%）能使用汉语进行日常交流；从未参加汉语活动的被调查者汉语

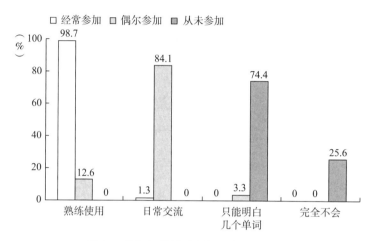

图 11　参加汉语活动和汉语水平相关性

水平比较低，大部分（74.4%）只能明白汉语的几个单词，另有 25.6% 的人完全不会汉语。这说明参加汉语活动能提高被调查者的汉语水平。

　　为了了解被调查者参加的汉语活动的类型，笔者在问卷中设置了一道多选题。统计结果显示：中国传统节日的庆祝活动是被调查者参加最多的汉语活动，一共有 267 人参加过这类活动，占 89.0%；排在第二位的是汉语演讲和讲座，78 人参加过这类活动，占 26.0%；有 64 人参加过汉语比赛，以 21.3% 的占比排在第三位；另外，62 人参观过中国文化展览，占 20.7%；58 人参加过交流联谊，占 19.3%（见图 12）。由此可见，中国传统节日在东南亚乃至在全世界华人范围内都具有深远的影响。

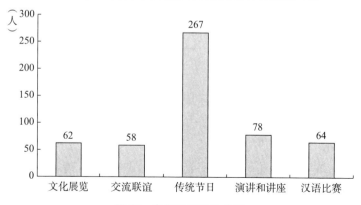

图 12　参加汉语活动类型

长期以来，在中国传统节日如春节、元宵节、清明节、端午节、中秋节等，越南也会举行庆祝活动，很多越南人都会参加。同时，他们也积极参与中国文化展览、汉语演讲和讲座、汉语比赛和交流联谊等活动。其中，年长一些的被调查者比较喜欢中国文化展览、汉语讲座这类与中国贴合更紧、更具有中国特色的汉语活动，而年轻一些的被调查者则出于实际需要，更多地参加汉语比赛、汉语讲座这一类的汉语活动。

表22显示了各类汉语活动参加者中不同代华裔的比例，从中可见，不同代的华裔经常参加的汉语活动类型不太相同。第一代华裔主要参加中国传统节日庆祝、中国文化展览和华人交流联谊等活动，第二代华裔经常参加中国传统节日庆祝和华人交流联谊等活动；第三、四代华裔参加文化展览活动的人数较少，但是参加汉语演讲、讲座和汉语比赛的人数较多。这也与年轻一代华裔所处的社会环境有关。

表 22　各类汉语活动参加者中不同代华裔的比例

单位：人，%

活动类型	总人数		第一代华裔		第二代华裔		第三代华裔		第四代华裔	
	人数	比例	人数	比例	人数	比例	人数	比例	人数	比例
文化展览	62	20.7	20	6.7	23	7.7	10	3.3	9	3.0
交流联谊	58	19.3	21	7.0	23	7.7	9	3.0	5	1.7
传统节日	267	89.0	69	23.0	76	25.3	93	31.0	41	13.7
演讲和讲座	78	26.0	5	1.7	36	12.0	33	11.0	4	1.3
汉语比赛	64	21.3	0	0	0	0	26	8.7	38	12.7

（三）对汉语学习的认识

表23显示了不同年龄的被调查者对汉语学习重要性的认识，从中可以看出，认为汉语学习重要的被调查者远远多于认为汉语学习不重要的被调查者。认为汉语学习重要的被调查者共有265人。其中有112人认为汉语学习非常重要，占37.3%；有153人认为汉语学习比较重要，占51.0%。认为汉语学习不太重要的有19人，占6.4%。认为汉语学习不重要的有16人，仅占5.3%。

表 23　不同年龄的被调查者对汉语学习重要性的认识

单位：人，%

	非常重要		比较重要		不太重要		不重要	
	人数	比例	人数	比例	人数	比例	人数	比例
5~25 岁	38	12.7	50	16.7	8	2.7	6	2.0
26~45 岁	14	4.7	70	23.3	11	3.7	10	3.3
45 岁以上	60	20.0	33	11.0	0	0	0	0
总计	112	37.3	153	51.0	19	6.4	16	5.3

此外，不同年龄的被调查者对汉语学习的看法也不相同。在 5~25 岁的被调查者中，认为汉语学习非常重要的占 12.7%，认为汉语学习比较重要的占 16.7%，认为汉语学习不太重要的占 2.7%，认为汉语学习不重要的占 2.0%。在 26~45 岁的被调查者中，认为汉语学习非常重要的占 4.7%，认为汉语学习比较重要的占 23.3%，认为汉语学习不太重要的占 3.7%，认为汉语学习不重要的占 3.3%。在 45 岁以上的被调查者中，认为汉语学习非常重要的占 20.0%，认为汉语学习比较重要的占 11.0%，没有人认为汉语学习不太重要或不重要。调查发现，中老年被调查者对于汉语学习重要性的认知更为深刻，他们对于掌握汉语所带来的便利有更多的体会；中青年被调查者对于汉语学习重要性的认识比较浅显，他们对于汉语学习的重要性并没有更深的体会；青少年被调查者对于汉语学习重要性的认识要深于中青年被调查者，究其原因，可能是由于中青年被调查者受到越南政府政策的影响，接触汉语较少，而青少年被调查者受到"汉语热"和中国经济发展浪潮的影响，不仅接触汉语更多一些，而且社会环境的变化也需要他们对汉语有一定的认知。

表 24 显示了不同年龄的被调查者对汉语的印象，从中可知，被调查者对汉语的印象各不相同。有 86 人认为汉语枯燥难学，占 28.6%；有 79 人认为汉语和其他语言相比没有太大区别，占 26.3%；认为汉语严谨有趣的语言的有 109 人，占 36.3%；还有 26 人对汉语的印象与上述被调查者不同，占 8.6%。总体来说，认为汉语学习具有趣味性、比较容易的被调查者较少。

表 24　不同年龄的被调查者对汉语的印象

单位：人，%

	枯燥难学		比较普通		严谨有趣		其他	
	人数	比例	人数	比例	人数	比例	人数	比例
5～25 岁	46	15.3	33	11.0	13	4.3	10	3.3
26～45 岁	37	12.3	39	13.0	13	4.3	16	5.3
45 岁以上	3	1.0	7	2.3	83	27.7	0	0.0
总计	86	28.6	79	26.3	109	36.3	26	8.6

　　不同年龄的被调查者对于汉语的印象也各有不同。在 5～25 岁的被调查者中，认为汉语枯燥难学的占 15.3%，认为汉语与其他语言没有太大区别的占 11.0%，认为汉语严谨有趣的占 4.3%，持其他观点的占 3.3%。在 26～45 岁的被调查者中，认为汉语枯燥难学的占 12.3%，认为汉语与其他语言没有太大区别的占 13.0%，认为汉语严谨有趣的占 4.3%，持其他观点的占 5.3%。在 45 岁以上的被调查者中，认为汉语枯燥难学的仅占 1.0%，认为汉语与其他语言没有太大区别的占 2.3%，认为汉语严谨有趣的占 27.7%。由此可以推断，在被调查者中，5～25 岁的被调查者对于汉语不太熟悉，大多数正在学习汉语，因此认为汉语枯燥难学；而 45 岁以上的被调查者大多对汉语掌握得比较好，可以体会到汉语使用的乐趣，因此认为汉语严谨有趣。

　　华人学习汉语的原因各不相同。调查结果显示：在被调查者中，出于自身兴趣而学习的有 31 人，占 10.3%，比重最小；为了便于了解中国文化、欣赏中国影视作品而学习汉语的有 35 人，占 11.7%；因为学校有汉语课程而学习汉语的有 59 人，占 19.7%；为满足父母期望而学习汉语的有 67 人，占 22.3%，比重最大；出于工作需要而学习汉语的有 43 人，占 14.3%；因想去中国留学而学习汉语的有 65 人，占 21.7%（见图 13）。可以看出，父母期望、留学需要、学校课程设置、工作需要是被调查者学习汉语的四个主要原因。由于中越贸易的发展，越南对于汉语人才的需求越来越大，学习汉语对于以后的工作、学习都有很大的帮助。同时，作为华人后裔，很多被调查者的家庭都希望孩子能够使用汉语，因此许多被调查者在父母和长辈的影响下开始学习汉语。

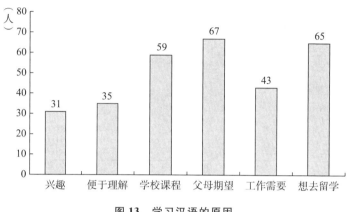

图 13　学习汉语的原因

笔者将学习汉语的原因和汉语水平进行相关分析，结果见表 25。

表 25　学习汉语的原因和汉语水平相关性

		汉语水平	学习原因
汉语水平	Pearson 相关性	1	0.817**
	显著性（双侧）		0.000
	N	299	299
学习原因	Pearson 相关性	0.817**	1
	显著性（双侧）	0.000	
	N	300	300

注：** 表示 $p < 0.05$。

由表 25 可知，学习汉语的原因和汉语水平的相关系数为 0.817，显著性水平为 0.000，小于 0.05。所以学习汉语的原因与汉语水平的关系为正向，且相关性很强。具体如图 14 所示。

由图 14 可知，对汉语感兴趣与为便于了解中国文化而学习汉语的被调查者汉语水平很高，他们当中能够熟练使用汉语的比例分别为 96.7%、100%；在因为学校有汉语课程而学习汉语的被调查者中，有 57.6% 的人能够熟练使用汉语，42.4% 的人能够使用汉语进行日常交流，他们的汉语水平也比较高；为满足父母期望或因为工作需要而学习汉语的被调查者的汉语水平不太高，分别有 98.5% 和 97.6% 的人能使用汉语进行日常交流；

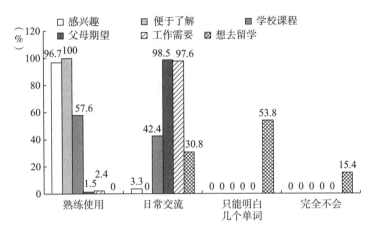

图14 学习汉语的原因和汉语水平相关性

因想去中国留学而学习汉语的被调查者的汉语水平也有待提高，分别有53.8%和15.4%的人只能明白几个单词和完全不会汉语。

被调查者的汉语使用情况与其对中越关系的评价及态度有一定联系。调查结果显示，被调查者对于中越关系的评价和关注点有所不同。在多项选择题中，有39人认为越南人与中国人血脉相连，对中国依然有一份情怀，占13.0%；有46人认为中国有着悠久的历史，值得探讨，占15.3%；有165人认为中国经济发展迅速，中越贸易将不断扩大，占55.0%；有28人认为中国和越南没有什么不同，占9.3%；认为中国复杂难懂、与自己关系不大的有65人，占21.7%（见图15）。可见，经济发展是被调查者关注中国的最主要的方面，而同根同源的悠久历史也使被调查者对中国保持一定程度的关注。但是由于在越南政府禁止学习汉语的几十年里，许多被调查者无法接触到汉语，也无法全面地了解中国，并且随着华裔代际的更迭，华人对于越南国籍的认同感不断增加，越来越多的被调查者认为中国与自己没有什么关系，这也是他们越来越少使用汉语的一个重要原因。

价值，即有用性，是绝大多数人做事的主要驱动力之一，一件事具有多大的价值，决定了人们将付出多大的努力去完成。汉语是否对工作、学习和生活有所帮助，也是影响被调查者学习和使用汉语的一个重要因素。调查结果显示：有111人认为汉语对于工作、学习和生活非常有帮助，占

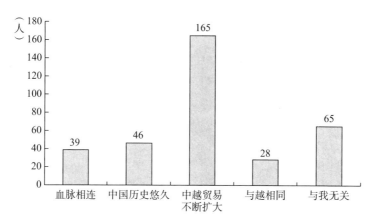

图 15　对中越关系的评价及态度

37.0%；认为汉语对工作、学习和生活比较有用的有 123 人，占 41.0%；认为汉语对工作、学习和生活不太有用的有 41 人，占 13.7%；另外，有 24 人认为汉语对于工作、学习和生活没有任何作用，占 8.0%；还有 1 人不清楚汉语对自己的工作、学习和生活有无帮助（见图 16）。可以看出，认为汉语有用的人远远多于认为汉语没有什么用的人。因此，如何让更多人了解汉语的价值、认识学习汉语的有用性，是在胡志明市乃至整个越南推广汉语教学和使用的重点之一。

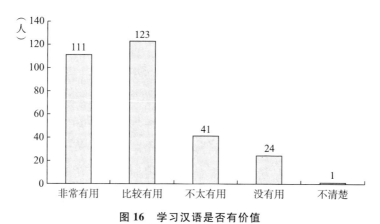

图 16　学习汉语是否有价值

　　笔者将被调查者对汉语学习重要性的认识和汉语水平进行相关分析，结果见表 26。

表26　对学习汉语重要性的认识和汉语水平的相关性

		汉语水平	对学习汉语重要性的认识
汉语水平	Pearson 相关性	1	0.904**
	显著性（双侧）		0.000
	N	299	299
对学习汉语重要性的认识	Pearson 相关性	0.904**	1
	显著性（双侧）	0.000	
	N	300	300

注：** 表示 $p < 0.05$。

由表26可知，对学习汉语重要性的看法和汉语水平的相关系数为0.904，显著性水平为0.000，小于0.05。所以对学习汉语重要性的看法与汉语水平的关系为正向，且相关性很强。具体如图17所示。

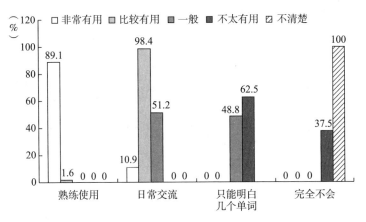

图17　对学习汉语重要性的认识与汉语水平相关性

从图17可见，认为学习汉语非常有用的被调查者绝大多数能够熟练使用汉语（占89.1%）；认为学习汉语比较有用的被调查者绝大多数可以使用汉语进行日常交流（占98.4%）；在认为学习汉语作用一般的被调查者中，有51.2%的人能够使用汉语进行日常交流，48.8%的人只能明白几个汉语单词；认为汉语不太有用的被调查者大部分只能明白几个汉语单词（占62.5%），还有37.5%的人完全不会汉语；不清楚学习汉语是否有用的被调查者完全不会汉语。总之，被调查者对汉语重要性的看法对他们的汉语水平有非常明显的影响，对学习汉语的重要性认识越深，其汉语使用能力越强。

对于未来汉语在越南的发展情况，被调查者有不同的看法。调查结果显示：认为未来汉语在越南会有很大发展的有 73 人，占 24.3%；认为未来汉语在越南会有局部发展的有 96 人，占 32.0%；认为未来汉语在越南仍会保持现状的有 54 人，占 18.0%；有 37 人认为未来汉语在越南的影响会减弱，占 12.3%；还有 40 人表示不清楚汉语未来在越南如何发展，占 13.3%（见图 18）。可以看出，大多数人认为未来汉语在越南会有所发展，中国和汉语在越南的影响也会逐渐扩大。当然，汉语将来在越南究竟会有怎样的发展，还是要看未来中国的发展情况。

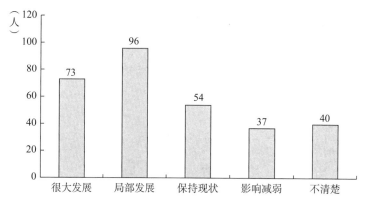

图 18　对未来汉语在越南发展情况的看法

对汉语发展的观点影响被调查者学习汉语的态度。被调查者假如对汉语未来在越南的发展很有信心，自然愿意花费时间与精力去学习；但如果认为未来汉语在越南影响不大，就不会把过多的时间投入汉语学习中。基于此，笔者将对未来汉语发展的看法和汉语水平进行相关分析，结果见表 27。

表 27　对未来汉语发展的看法和汉语水平的相关性

		汉语水平	对未来汉语发展的看法
汉语水平	Pearson 相关性	1	0.858**
	显著性（双侧）		0.000
	N	299	299

		汉语水平	对未来汉语发展的看法
对未来汉语发展的看法	Pearson 相关性	0.858**	1
	显著性（双侧）	0.000	
	N	300	300

注：** 表示 $p < 0.05$。

由表 27 可知，对未来汉语发展的看法和汉语水平的相关系数为 0.858，显著性水平为 0.000，小于 0.05。所以对未来汉语发展的看法与汉语水平的关系为正向，且相关性很强。具体如图 19 所示。

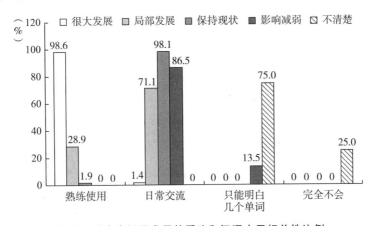

图 19　对未来汉语发展的看法和汉语水平相关性比例

由图 19 可知，对汉语在越南的发展前途的看法与汉语水平有着明显的关联。认为未来汉语在越南会有很大发展的被调查者的汉语水平很高，绝大部分能够熟练使用汉语（占 98.6%）；在认为未来汉语在越南只有局部发展或者保持现状的被调查者中，只有少数人能够熟练使用汉语（比例分别为 28.9% 和 1.9%）；认为未来汉语在越南的影响会减弱的被调查者大部分只能使用汉语进行日常交流（占 86.5%）；不清楚未来汉语在越南的发展前景的被调查者的汉语水平比较低，75.0% 的人只能明白汉语的几个单词，25.0% 的人完全不会汉语。

除上述影响因素之外，笔者在调查中还发现了其他一些影响汉语使用的因素，总结如下。

第一，个人生活情况。个人生活情况对于华人的汉语使用情况有非常大的影响。调查发现,绝大部分第一代华裔比第四代华裔的汉语水平高,家庭中汉语使用频率更高是一项重要原因。在年轻一代中,学历较高的华人学过汉语的比例比学历低的华人要高许多。是否拥有一定的汉语水平,与是否上过华人学校或者学校是否设置汉语课程有直接的关系。

第二,对于中国的情感。调查发现,对于中国保有情感的华人,使用汉语的情况相对较多。他们更主动地学习汉语,并在家里使用汉语。在华人家庭中有不少父母、长辈希望子女了解、学习汉语,这也是一些华人学习汉语的动因。同时,学习和使用汉语方言、庆祝中国传统节日、参观中国文化展览等都是一种故土情怀的表现。

三　促进越南华人汉语国际教育的建议

(一) 加强中越两国汉语教学合作

20 世纪 70 年代,越南的华文教育遭受重创。1975 年,越南政府为加强统一,实行华侨越南化,将所有华人学校收归国有,全面禁止华文教育,改授越南语。在之后的很长一段时间内,越南的华文教育变成家庭教育,只在家庭内部授课。但由于在越南投资设厂的华人外商越来越多,越南反对华文教育的政策也逐渐放松。华文教育在一国的兴亡与该国政府的教育政策、该国和中国的关系有极为紧密的联系。教育政策支持兴办华校、教授汉语力度越大的国家,华文教育发展得越好;在不同历史时期与中国关系越好的国家,汉语教学越发达。

虽然"汉语热"逐渐在东盟各国兴起,但汉语教学在东盟大多数国家还没有规范化,越南也是如此。从教育对象和教育阶段来看,不少国家的华文教育主要还是针对华侨、华裔的后代,而且停留在基础教育阶段,不少人只能通过语言培训机构或聘请家教来学习汉语,因此教育形式和内容难以规范和统一。随着越来越多的非华裔家长希望孩子从小学习汉语,中国政府应加强与越南政府的合作,使汉语教学在越南获得合法地位，促进华文教育在越南的正规化和规范化，进而在越南营造从小学习汉语的氛围。为实现这一目标，两国政府必须紧密合作。从汉语教学在越南以及其他国家的发展来看，华文教育在一国的兴衰成败与政府的支持密不可分，汉语教学的正规化和规范化有赖于两国政府的支持和政策保障。

（二）加强中越两国经济合作

一方面，中国改革开放政策的实施极大地促进了经济实力的增强和中国国际地位的提高，中国经济的发展、国力的强盛提升了汉语的国际地位，成为汉语教学在东盟各国复苏和发展的强大动力。另一方面，中越双边贸易额不断增加，中国对越投资增长势头良好，中国在越南签订承包工程合同的总额也不断增加。汉语的推广以及汉语普及范围的扩大反过来可以满足经济贸易对通晓中越两国语言人才的需要，从而促进经济贸易的发展和扩大经济贸易的范围。中国和越南同处亚洲，中国是越南的重要邻国。中越两国经济交流与合作的不断深入和发展会催生一大批熟练掌握中越两国语言的人才。

（三）加强中越两国文化交流

调查发现，被调查者与中国的往来情况以及对中国文化或汉语文化活动的参与度都会影响他们的汉语水平和使用情况。因此，中越两国可以加强两国之间的文化交流，尤其是青年一代的沟通与交流。两国政府或者华人组织可以创造条件，举办中华文化展、中越文化交流年、汉语推广周（年）等，让中华文化通过展览会、展销会、巡演、与中华文化或汉语相关的竞赛、影视作品等渠道进入越南华人的生活，让更多在越的华人有机会接触并了解中华文化，从而激发在越华人的汉语学习动机，为汉语推广提供有利条件。

同时，应该推动中越两国旅游业的发展，加大宣传力度，为越南华人与祖国人民的交往创造条件和提供机遇。中国政府可以在外交政策尤其是签证政策上对越南华人倾斜，为华人回祖国旅游、探亲提供便利。

四　结语

在中越两国错综复杂的历史渊源以及当前中越两国经济文化等领域频繁交流等诸多因素的影响下，在越华人特别是生活在越南最大的经济贸易与国际交往中心——胡志明市的华人的汉语使用情况发生了重大的变化。本文对胡志明市华人的汉语使用情况进行了较深入的调查研究，通过对各项数据的具体分析以及与其他相关研究的对比，我们可以较清晰地得出以下结论。胡志明市华人的构成受历史以及地域因素的影响较大，随着当前移民情况的改变，当地的华人结构也发生了重要变化，这自然也直接影响了当地华人的汉语使用情况。以汉语为母语的华人正在逐渐消失，然而，随着社会的发展，已经放弃汉语的第三代和第四代华人又开始学习并使用汉语，并且汉语的使用主要集中于服务、商贸、教育等领域。使用汉语的当地华人具有一定的群体结构特征，学习汉语的目的也较为于明确。与中国传统的情感联系对当地华人学习并传承汉语的作用已经大大削弱，取而代之的是中国经济的飞速发展、中国文化的渗透以及中越两国越来越频繁的经济贸易往来和文化交流。在历史作用逐渐减弱的情况下，胡志明市华人汉语使用情况的规律性变得更加明显，这也为当地以及整个越南的华人群体大规模地推广汉语提供了更加有利的条件。在继续加强两国经济文化交流等传统合作的同时，要加强两国间的汉语教学合作特别是针对越南华人的专项汉语教学合作，并且致力于使其规范化和正规化，使两国的汉语教育交流得到最基本的保障。这样不仅有利于汉语在越南华人世界的传播，而且会促进汉语在整个越南的传播与发展，并且使之成为中越两国经济合作发展与社会进步的有效动力。

本文对胡志明市华人汉语使用情况进行研究，目的是探索影响华人汉语使用情况的因素，探寻目前越南华人对汉语学习和使用的态度、对汉语的传承情况，以便使更多的越南华人重新重视汉语的学习与使用，同时对学习和使用汉语时可能出现的问题做出预测，并对未来汉语在越南华人中的传播提供预测和建议，以使越南华人能够把汉语更好地传承下去。

由于影响华人汉语使用情况的因素繁多而复杂，笔者作为一名留学生，汉语的书面表达能力有限，对具体问题的研究也不够全面，所以本文难免存在不足之处。一方面，由于时间与能力有限，调查问卷中有的问题可能设计得不够全面，不能更加准确、充分地反映目前胡志明市华人的汉语使用情况，如果从其他角度设定问题并进行研究，或许能够挖掘更多、更全面且更有价值的信息。另一方面，笔者在对华人汉语使用情况及其影响因素进行分析时可能不够全面、不够立体，在有些问题上没能多角度、全方位地对调查数据进行分析，调查所得数据还存在许多可分析和研究的空间。

笔者将在今后的时间里继续关注越南华人的汉语使用情况，并且对这个课题进行更为深入的研究，尤其是对华人较集中的胡志明市出现的种种情况和问题进行进一步的调查分析，以弥补这篇文章留下的遗憾。

总之，虽然胡志明市华人的汉语使用存在一些问题，但是不可否认的是，汉语作为一条连接着华人与故土、连接着过去与现在的河流，仍然在华人中静静流淌着，它见证了两国的历史与现状，见证了越南胡志明市华人在越南的奋斗历程。笔者对未来胡志明市华人的汉语使用情况抱有乐观的态度，并且认为未来汉语在越南会有更大的发展空间！

参考文献

[1] 柴贺景. 从胡志明市看越南"革新"以来华人的社会文化生活 [J]. 八桂侨刊，2004（8）.

[2] 陈红莲，金云，汉宝. 胡志明市华人社会的教育事业 [J]. 八桂侨刊，2008（3）.

[3] 陈氏青然. 越南胡志明市高等院校汉语教育现状调查 [D]. 广西大学硕士学位论文，2011.

[4] 陈真. 东南亚华文教育的发展趋势、问题及对策研究 [J]. 云南师范大学学报（对外汉语教学与研究版），2007（4）.

[5] 崔晓霞，彭妍玲. 东盟国家汉语教学状况及汉语推广战略 [J]. 云南师范大学学报（对外汉语教学与研究版），2011（1）.

[6] 丁氏黄兰. 胡志明市大学生汉语学习动机调查研究——兼论对越南汉语推广的启示 [D]. 华南理工大学硕士学位论文，2014.

［7］范氏红玉．从越南商业大学看越南高校汉语教学的现状［D］．广西民族大学硕士学位论文，2011.

［8］关英伟．越南当前的华文教育［J］．八桂侨刊，1997（4）.

［9］何洁仪．越南胡志明市华人华文教学发展与现状［D］．广西大学硕士学位论文，2013.

［10］胡仁友．汉语国际推广战略研究［D］．东北师范大学硕士学位论文，2014.

［11］黎玉容．越南华人华文教育现状考察——以胡志明市为例［D］．华中师范大学硕士学位论文，2010.

［12］李白茵．越南华侨教育事业的兴衰［J］．八桂侨刊，1989（1）.

［13］李泉．关于"汉语难学"问题的思考［J］．语言教学与研究，2010（3）.

［14］李荣．越南华人生活习惯［M］．河内：国家大学出版社，2001.

［15］李亚男．革新开放以来越南民族政策变化研究［D］．云南师范大学硕士学位论文，2014.

［16］廖新玲．东南亚各国华文教育发展现状及趋势研究［J］．八桂侨刊，2009（3）.

［17］刘小飞．越南南部华族华文教育现状、问题与对策研究——以蓄臻省培青学校及蒲辽省新华学校为例［D］．中央民族大学硕士学位论文，2012.

［18］孟庆梓．东南亚华人社群的建构与演化［D］．厦门大学博士学位论文，2008.

［19］裴雪贞．越南胡志明市华人教育现状［D］．广西大学硕士学位论文，2011.

［20］阮黎琼花．越南河内高校汉语教学现状调查［D］．湖南师范大学硕士学位论文，2012.

［21］阮氏锦绣．越南大学生汉语学习动机研究［D］．中央民族大学硕士学位论文，2012.

［22］阮氏梅英．越南非汉语专业大学生汉语学习动机实证研究［D］．华东师范大学硕士学位论文，2011.

［23］阮文日．越南中文系中国文化教学现状分析——以胡志明市师范大学为例［D］．中央民族大学硕士学位论文，2013.

［24］阮竹荃．从汉越词看历史上汉语词汇对越南语词汇的影响［D］．天津师范大学硕士学位论文，2009.

［25］王爱平．东南亚华医学生的文化认同与汉语学习动机［J］．华侨大学学报（哲社版），2000（3）.

［26］韦锦海．越南高校汉语教学的现状［J］．广西民族学院学报（哲学社会科学版），2004（5）.

［27］闻亭．不同文化距离下的习得水平与态度动机研究［D］．北京语言大学硕士学

位论文，2005.

［28］吴应辉．国家硬实力是语言国际传播的决定性因素——联合国五种工作语言的国际化历程对汉语国际传播的启示［J］．汉语国际传播研究，2009（1）.

［29］吴应辉．越南汉语教学发展问题探讨［J］．汉语学习，2009（10）.

［30］武氏春蓉．略论汉语对越南语的影响［J］．济南大学学报（社会科学版），2001（11）.

［31］武氏红莲．从越南的传统道德思想谈孔子思想在越南的传播与影响［D］．北京语言大学硕士学位论文，2000.

［32］武元红．越南华人政策转变情况［M］．河内：科学社会人文大学出版社，2000.

［33］杨业凤．二战后至今越南华侨华人历史研究［D］．江西师范大学硕士学位论文，2009.

［34］杨平秀．越南华文学校的汉语教学现状分析——以三所华文学校为例［D］．上海师范大学硕士学位论文，2013.

［35］衣远．越南华文教育发展现状与思考［J］．东南亚纵横，2014（7）.

［36］张露．20世纪80年代以来"汉语热"国际现象研究［D］．暨南大学硕士学位论文，2013.

［37］郑通涛，蒋有精，陈荣岚．东南亚汉语教学年度报告之二［J］．海外华文教育，2014（6）.

［38］钟珂．中国传统风俗在越南的遗存和嬗变［J］．东南亚纵横，2008（8）.

泰国汉语国际教育中"中国形象"
调查与教学实验

——以泰国 Satri Angthong 学校为例

陈琨飅（2016 届汉语国际教育专业硕士）

导师：黄南津

摘　要：本文以泰国红统府 Satri Angthong 学校初一、初二年级的汉语国际教育课堂教学为例，采用问卷调查法对学生展开"中国形象"看法的调查。依托调查结果，从衣、食、住、行入手开展教学实验，在为期四个月的教学结束后，对学生进行第二次问卷调查，以了解"中国形象"的教学效果。

关键词：泰国　汉语国际教育　中国形象　课堂实验

一　汉语国际教育与"中国形象"

（一）本文对"中国形象"的界定

谈及"中国形象"或者"国家形象"，大多数人想到的是政治或者国际关系学上的概念。对于这一概念的定义，不同的研究者各有侧重和阐释。如徐小鸽认为"国家形象是一个国家在国际新闻或者其他国家新闻媒介中所呈现的形象"。① 张昆、徐琼的《国家形象刍议》与管文虎等的《国家形象论》对于国家形象的定义相似，均认为国家形象是国内外民众对国家的"物质基础、国家政策、民族精神、国家行为、国务活动及其成果"的总的评价和认定。② 而从舆论学角度，国家形象被定义为"国家的综合国力给国内外公众留下的总体印象"，并由社会、经济、政治、文体四个方面构成。

鉴于本文属于海外汉语国际教育研究，调查对象是汉语零基础的泰国初中一年级学生，其认知水平和关注点有限，对政治、军事并不感兴趣，因此本文所说的"中国形象"首先是指中国的国际形象，即外国民众、媒体以及海外汉语学习者对中国的认识和评价。就政府、民众与媒体方面而言，涉及政治、经济、文化、社会生活四个方面；就接受汉语教学的学生而言，涉及经济、文化、社会生活三个方面，具体来说包括对中国经济发展的认识、对中国传统文化和现代文化的认可程度、对中国人衣食住行的了解程度。

（二）汉语国际教育与"中国形象"的关系

汉语国际教育与"中国形象"看似两个分属不同领域的研究，实则有着千丝万缕的联系，在汉语国际教育中进行"中国形象"的教学，有以下几方面的原因。

第一，这是由汉语国际教育的目标所决定的。汉语国际教育除汉语教学外还有一个目标，即许嘉璐先生曾说的"客观地介绍中国的昨天和今天，减少误解"。③ 其他研究者对于汉语国际教育的目标也做了类似的界定，有的认为汉语国际教育的目标是"透过教育、文化的交流，提升国家形象"④，有的认为汉语国际教育是"中华文化对外传播

---

① 徐小鸽.国际新闻传播中的国家形象问题［J］.新闻与传播研究，1996（2）.

② 张昆，徐琼.国家形象刍议［J］.国际新闻界，2007（3）：11 - 16；管文虎.国家形象［M］.成都：电子科技大学出版社，1999：23.

③ 许嘉璐.继往开来，迎接汉语国际教育的新阶段［J］.北京师范大学学报（社会科学版），2012（5）：14 - 20.

④ 胡范铸，刘毓民，胡玉华.汉语国际教育的根本目标与核心理念——基于"情感地缘政治"和"国际理解教育"的重新分析［J］.华东师范大学学报（哲学社会科学版），2014（2）：145 - 150 + 156.

的重要平台"①，有的认为汉语国际教育的目的是"汉语言传播和中华文化在世界范围内的对等交流"②。由此可以看出，汉语国际教育不仅仅是为了教授汉语知识、传播中华文化，更是宣传与树立中国形象的一个平台和途径，展现当代中国和中国人面貌的窗口。

第二，语言与文化传播有着密不可分的联系。语言是文化的载体，文化的传承发展离不开语言。汉语国际教育在传授汉语言文化的同时，也担负着对外构建中国国家形象的重任。学习汉语的过程，也是对中国文化的学习、了解的过程，而语言的学习与旅游、贸易等不同，它具有长期性和持续性，可以使两国人民打开彼此的心扉，从而更加客观地去了解和评价一个国家。

第三，在汉语国际教育中实行"中国形象"的教学与学生自身的特点分不开。当前汉语国际教育的对象大多数是80后、90后甚至更为年轻的一代，与他们的父辈相比，他们生长在和平繁荣的新时代，未受到"冷战"或者思想束缚的影响，思想更为开放，容易接受新事物，并且喜欢从自己的角度去看待事物，受他人影响少。因此，在年轻一代中进行"中国形象"教学，可以为他们建立起一个客观地看待中国的态度，引导他们肯定中国的正面形象，探究并理解外媒口中的"负面中国形象"，并根据自己的立场和公正的态度对中国的政策行动做出判断和评价。

（三）泰国各界如何评价"中国形象"

本文研究的焦点在于泰国汉语国际教育中的"中国形象"，在通信日益发达的今日，学生们可以接触到各种关于"中国形象"的报道，泰国各界如何评价"中国形象"必然是影响学生们看法的重要因素。

1. 泰国媒体眼中的"中国形象"

当今广大普通民众了解另外一个国家最重要的途径就是媒体。从现有的研究来看，泰国各大媒体对于"中国形象"的宣传不尽相同。

---

① 李鸿亮，杨晓玉. 全球化时代的汉语国际教育与中华文化传播 [J]. 新疆职业大学学报，2013（2）：56－59.

② 伊理. 汉语国际教育的内涵解析 [J]. 云南师范大学学报（对外汉语教学与研究版），2011（4）：53－56.

（1）《经理在线》

这是泰国经理集团于 2001 年创办的第一份电子报纸，其英文名称为 *Manager Online*，是目前泰国最受欢迎的网站。其关于中国的报道有一个专门的板块，关于中国的动态也属于其推荐的阅读条目，以便泰国人民及时了解中国的大小事件。该网站设立了关于中国经济的专栏，为泰国人民解释中国的经济发展模式；在政治上，中国的外交是其关注的焦点，向泰国人民展现了积极自信的中国外交新形象；在社会生活上，以报道中国人的日常生活为主，有时也会报道新奇事件来吸引泰国民众的兴趣；在历史文化上，介绍中国的节日、电影明星、人物传记、名著小说、传统美德等，塑造了一个乐于助人、具有吃苦耐劳精神的中华民族形象，也加深了两国人民间的理解。

（2）《世界日报》

《世界日报》是泰国华人中阅读量最大的一份报纸。其关于中国的报道以中性为主，正面报道与负面报道相对持平，整体上构建了一个政治稳定、与泰国往来频繁的"中国形象"，经济迅速发展并对他国有一定影响的"中国形象"，文化交流得到他国认可的"中国形象"。

（3）《曼谷邮报》

这是外国人在泰国创办的报纸，也是泰国新闻自由的代表。搜索其 2014 年的报道可以发现，对于"中国形象"，《曼谷邮报》持较客观的态度，塑造了一个积极合作的中国政治形象，快速发展的中国经济形象，不安全、有冲突的中国社会形象，技术领先的中国军事形象，体育发达的中国科技艺术形象。但在公共安全和人权问题上，《曼谷邮报》的负面报道较多，认为中国缺乏公共安全，食品问题和人为灾害等频发。

（4）《亚洲日报》

这是泰国六大华文报刊中最年轻的一家，其对"中国形象"的构建，既肯定了中国改革开放以来所取得的巨大成就，也针对一些社会弊端做了评价。它塑造了一个政治上理性成熟、勇担责任的"中国形象"，经济上繁荣、持续发展的"中国形象"，社会生活方面局部灾害不断、总体安定有序的"中国形象"，军事上军力不断增强却积极维护和平并加强与其他国家合作的"中国形象"，文化上博大精深、具有东方特色的"中国形象"，科技上不断进步、水平先进的"中国形象"。

（5）泰国头条新闻

这是泰国亚洲大众传媒有限公司新闻部的官方微博。泰国亚洲大众传媒有限公司是一家在泰国注册，将新媒体、互联网、商业策划相结合的综合型媒体营销公司，发展至今已经成为泰国最具影响力的华文媒体以及商业咨询策划公司，成为泰国政府、各大企业以及驻泰中资企业的合作伙伴。本次调查基于其 2013 年 7 月 15 日至 2015 年 12 月 29 日的微博，共计 13052 条。

在泰国头条新闻的搜索栏中，输入"中国"二字后，一共有 1577 条相关微博，占微博总量（13052 条）的 12.08%。其中，政治类共有 239 条，占 15.16%；经济类共有 115 条，占 7.29%；社会类有 373 条，占 23.65%；生活类有 178 条，占 11.29%，其中以关注中国游客的微博为主；华人类有 320 条，占 20.29%；娱乐类共有 137 条，占 8.69%；其余微博只是简单地提及"中国"二字，因而不计入各类微博数中。从内容来看，报道与泰国有关的中国社会类新闻较多，如中国游客在泰国发生的一系列事件，中泰民间的友好往来和聚会以及东盟博览会等。同时，该微博高度关注中泰官方之间的交往，详细报道了中泰铁路合作的全过程，第一时间发布了相关洽谈结果。它对中国微博上出现的热门话题也有一定的关注，并进行转发，但不予评价，也甚少发表自己的观点。值得一提的是，该官方微博对泰国华人相较其他媒体而言关注和报道较多。可以说，泰国头条新闻在对中国的立场上处于中立，对于中国的发展乐见其成，对中国人的态度也很友好。

（6）《星暹日报》官方微博

《星暹日报》是泰国历史最悠久、知名度最高的华文报纸。该微博一项必不可少的内容是中泰两国货币汇率，同时也经常转发中国微博媒体上的新闻并发表自己的观点，例如，在 2016 年春节期间，转发有关中国过年的评论，并发表观点"好好过节，不要逼婚"。值得注意的是，该微博除自编内容以外，也会第一时间发布其纸质报纸的电子版，主题为"星暹日报今日头版"。2015 年《星暹日报》共发行 337 期，有关中国的报道中最多的是中国经济发展以及中泰经济往来，其次是中国政治，为泰国人民树立了一个力求和平稳定、维护周边地区和平发展的"中国形象"。《星暹日报》对于中国社会的报道也比较多，同时第一时间报道中泰两国之间的文化交流，尤其是两国人民间的一些交流。《星暹日报》对于中国明星的关注是其他报纸没有的。对于中国国内的明星事件、八卦传闻、影视作品等，《星暹日报》在第一时间予以报道，可以说是中国文化以一种新的形式在国外的传播。总的来说，《星暹日报》站在公正的立场上报道中国的大小事件，对于中国的经济、政治发展持乐观的态度，客观分析中国的一系列经济举措以及泰国在其中的受益程度，塑造了一个正在繁荣发展、与邻国积极合作并带动邻国一起发展的"中国形象"。

综合上述几家新闻媒体的报道，泰国媒体向泰国民众宣传了这样的一个中国及一种中泰关系：在政治和军事上，中国正慢慢成为一个影响东南亚地区发展的重要国家，中泰之间正展开多方面的合作，泰国亦积极配合中国的政策；在经济上，中国发展迅速，中泰交流频繁，中国已成为泰国对外贸易的主要伙伴，中国的经济发展对泰国经济产生了不可忽略的影响；在社会生活上，树立了一个较为中立的"中国形象"，例如，既颂扬中国游客在泰的一系列善举，同时也不回避某些中国游客的恶行；在华人和华人生活上，各类中华商会的活动是泰国媒体争相报道的重点，每逢佳节，泰国媒体都会介绍中国节日的来源及习俗，增加泰国民众对中国的了解。

2. 泰国政府眼中的"中国形象"

对于中国的发展，泰国政府更多地是采用一种"温和"的应对方式。由于中泰两国没有战略利益上的冲突，因此，在中国发展过程中，泰国与中国的摩擦没有增加反而逐渐减少，泰国也积极寻求与中国开展更多的合作。而在泰国政府眼中，"中国形象"如下所述。

在政治和军事上，中国是一个和平发展的大国，军事力量雄厚，中泰政治上往来不断。泰国政府对中国的政策采取中立态度，但在对华立场上采取亲华的态度。① 泰国与中国签署了《中华人民共和国和泰王国关于二

---

① 孙学峰，徐勇. 泰国温和应对中国崛起的动因与启示（1997～2012）［J］. 当代亚太，2012（5）：80－96＋159.

十一世纪合作计划的联合声明》，是第一个与中国实现蔬菜水果零关税的国家，也是在中国开设领事馆最多的国家。

在经济上，中国是一个贸易市场广阔、资金力量雄厚的国家。近年来，中国逐渐成为泰国最重要的贸易伙伴，泰国也积极寻求与中国的合作，中国与泰国之间的经济合作成果不断。泰国是世界上的橡胶生产大国，中国则是泰国最大的橡胶出口国。大湄公河次区域的昆曼公路建设，推动了中泰双向投资逐年递增。2015 年 12 月 19 日，中泰铁路合作项目在泰国大城府清荎克农火车站举行启动仪式，"大米换铁路"的项目进入了行动期。构建"21 世纪海上丝绸之路"的倡议使得中泰两国在基础设施领域将有更大的合作。

在社会和民众生活方面，中国人民生活富足，普遍比较富裕，但在出境游上存在一定的行为陋习。近年来随着《人在囧途之泰囧》等一系列体现泰国异域特色的影视作品的出现，泰国成为中国人出境游的又一大热门国家。泰国政府既欢迎中国人的到来，也关注中国游客的行为陋习，例如"大声喧哗"、"乱丢垃圾"、"不守纪律"。泰国旅游局东亚市场部处长郑璧文表示"中国自由行散客在泰国的不文明行为较少，旅游团因为人多等问题容易忽视细节，这需要导游和领队发挥作用"。①

3. 泰国民众眼中的"中国形象"

从整体上看，泰国民众对"中国形象"给予正面的肯定。亚洲动态调查 ABS 数据显示：绝大多数泰国民众对中国形象持中等偏好的态度，少数民众持正面或负面的态度，在这之中又以持非常正面的占多数。② 在泰国民众心中，中国是不断发展的大国，政治稳定，经济上不断发展。同时基于地缘政治和历史因素，中国正在成为泰国最重要的合作伙伴。2003 年的一项民调显示，"76% 的泰国人认为中国是泰国最亲密的朋友"。③ 2005 年针对曼谷市民开展的民调显示，"超过 75% 的受访者认为中国是泰国最亲

① 泰国官方谈对中国游客印象：大声喧哗乱丢垃圾［EB/OL］. 2013 – 08 – 07，http://travel. sohu. com/20130807/n383557286. shtml.
② 孔建勋，赵姝岚. 大国在泰国的国家形象：基于亚洲民主动态调查的跨国比较［J］. 华侨大学学报（哲学社会科学版），2013（2）：15 – 23.
③ 孙学峰，徐勇. 泰国温和应对中国崛起的动因与启示（1997～2012）［J］. 当代亚太，2012（5）：80 – 96 + 159.

密的伙伴"。① 另一项研究显示，部分民众表示中国在发展中忽视了"文化"这张王牌。中国在发展中对于五千年的传统文化没有很好地继承，生产的产品缺少自主品牌，产品分为不同的等级且质量一般。② 中国在发展经济的同时，对于民众的素质没有给予重视，给泰国人留下了一定的负面形象。一项调查显示，"76.1%的泰国人认为中国人不够礼貌，66.5%的泰国人认为中国商人唯利是图，66.5%的泰国人认为中国人不讲卫生"。③

4. 对泰国各界"中国形象"看法的整体分析

综上所述，泰国各界对于"中国形象"的看法不尽相同，却也有相似之处。

首先，在政治和军事领域，泰国各界对于中国的发展以及和平的外交政策表示认可。在他们眼中，中国是一个在国际舞台上扮演着重要政治角色的社会主义大国。对于中国的内政外交，泰国各界只作了解而不太发表评论、进行指责或干涉。

其次，在经济领域，泰国各界肯定了中国近些年来的经济发展成就，看好中国巨大的市场与商机，尤其是中国成为泰国第一大贸易国之后，更是表现出与中国开展更多合作的意愿，认为中国是一个经济上迅猛稳定发展，并且未来发展潜力巨大的国家。

最后，在社会生活领域，泰国各界认为随着中国经济的快速发展，中国人普遍比较富裕，素质普遍比较高，但也有一些民众行为不文明。接触过中国游客的泰国商家对中国人"又爱又恨"，认为中国是一个社会生活安定和谐但普通民众不够文明的国家。

因此，泰国各界为泰国学生从正面树立了一个不断发展的、和平的"中国形象"，让泰国学生对中国充满期待与想象，使他们有兴趣去了解这个神秘的东方古国。而一系列关于中国游客的报道，虽然有褒有贬，但或多或少让泰国学生对"中国形象"尤其是"中国人形象"产生疑问，甚至

① 孔建勋，赵姝岚. 大国在泰国的国家形象：基于亚洲民主动态调查的跨国比较 [J]. 华侨大学学报（哲学社会科学版），2013（2）：15-23.
② 邓禹. 广西东盟留学生对中国形象的认知与启示 [J]. 东南亚研究，2013（3）：57-64.
③ 张锡镇. 中国在东南亚的软实力和中美关系 [J]. 南洋问题研究，2009（4）：1-11+19.

会产生负面效果。因此在汉语国际教育的课堂中，在真实呈现正面的"中国形象"并客观反映中国当今发展及存在的问题的同时，承认、解释并努力消除负面形象成了关键与难点。

二 "中国形象"的问卷调查及结果分析

（一）问卷设计依据

本问卷以泰国初中生的认知水平为基础，根据学生实际情况进行设计。第一份问卷旨在较为全面地了解泰国汉语零起点的初中学生对中国的认知及其心中的"中国形象"，因此问卷内容着眼于日常生活，涉及泰国学生对中国基本情况的了解程度，对中国产品的使用程度，并且从他们可以掌握的渠道（网络、电视）去获悉他们心中的"中国人"的形象，从而为四个月的"中国形象"课打下基础。第二份问卷则在为期四个月的"中国形象"教学实验之后发放，旨在了解教学效果，从而为完善汉语国际教育中的"中国形象"课提供参考。

（二）问卷调查方式、人数

本文从笔者所在的实习学校——泰国红统府 Satri Angthong 学校即将进行汉语学习的初一、初二年级的学生中随机抽取调查对象。参与第一份问卷调查的共有241人，其中初一汉语零基础的学生208人，初二有一定汉语基础、掌握100个汉字的学生33人。调查问卷采用不记名的方式，目的在于创造一个完全轻松的氛围，以充分了解泰国汉语学习者眼中的"中国形象"，并分析其观点是否受到泰国媒体报道的影响。同时，对有一定汉语基础的学生进行问卷调查，旨在了解接触过汉语者对中国的看法，为笔者接下来四个月的"中国形象"实验教学提供素材。

参与第二份问卷调查的共有74人，包括参加汉语文化课学习的初一专业班和初二专业班的学生，旨在了解他们在四个月的学习中对"中国形象"的理解是否有变化、变化如何。

（三）问卷调查结果及分析

第一份问卷共有 28 道题目，包括学生基本情况、中国基本情况、书本里的中国、影视里的中国、生活里的中国、新闻里的中国以及身边的中国人 7 个部分。

参加调查的学生来自初一 5 个班级和初二 1 个班级，一共 241 人。由于初一年级与初二年级在汉语学习上有差距，因此分别进行分析。

1. 初一年级学生调查结果及分析

初一年级 5 个班级的学生都是零起点的汉语学习者，之前并没有接触过汉语，对中国的了解甚少。参与此次调查的学生有 208 人，其中男生有 84 人，女生有 124 人，年龄在 12～13 岁。其调查结果如下。

第一，对中国基本情况了解不够或尚无认识。48.07％的学生不知道中国的国土形状，43.75％的学生不知道中国的首都。同时，对于日常生活中关注与讨论较多的中国气候，63.94％的学生认为中国气候凉爽，27.88％的学生认为中国四季分明，52.88％的学生认为中国很热。另外，大部分学生不了解中国的城市（省份），仅有 48 人能够说出中国的城市（省份），占 23.08％。学生能够说出的城市（省份）见图 1。

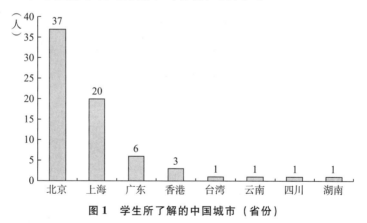

图 1 学生所了解的中国城市（省份）

可以看出，学生所知道的中国城市（省份）以北京、上海为主，这是中国在国际上曝光率最高的城市，因举办奥运会和世界博览会而声名大噪。对于广东、香港、台湾以及云南，有的学生可能由于祖辈来自此地而有所了解。对于"你知道哪些中国建筑呢？"这个问题，仅有 48 人能够回答，其余160个同学均表示不知道，这表明，学生对中国的建筑虽然了解甚少，但是所知建筑中有历史建筑，也有现代建筑。

对于"你知道哪些中国发明和科技?"这个问题，仅有31位同学能回答，对中国古代发明了解的有13人/次，涉及中国传统的笔墨纸砚、指南针、瓷器、中国结、脸谱等。对于现代科技，提及中国华为手机的有4人/次，提及机器人的有1人/次，提及儿童玩具的有1人/次。可见学生对中国古代的发明有一定的认知，这可能源于其华裔父辈的告知，但是学生对当代中国科技的进步缺乏认识。

第二，课堂上涉及的中国知识较少，学生对中国未能形成全面的认识。调查结果显示，大部分小学教师并没有为学生讲授关于中国的内容，只有38.94%的非汉语教师为学生描述过中国，主要涉及中国的社会与文化（见图2）。总体来说，非汉语教师为学生描述了一个气候凉爽、有宗教信仰、历史悠久、文化丰富多彩、适宜居住的"中国形象"。学生的教材对于中国也提及甚少，在接受调查的208位学生中，只有36人在书本上看到过有关中国的内容，主要包括中国土地面积广（3人/次），中国气候很好、很凉爽、适宜居住（19人/次），有去中国读书的机会（1人/次），中国人口众多（6人/次），中国发展迅速（7人/次）。而之前的汉语教师也未能向学生展示一个较为全面的"中国形象"。调查结果显示，144位学生表示汉语教师并没有向学生介绍过中国，而据其余64位学生的回答，汉语教师对中国的介绍主要包括风景、天气等。总体而言，学生认为中国很美，人很多，气候凉爽，适宜居住，文化丰富多彩。

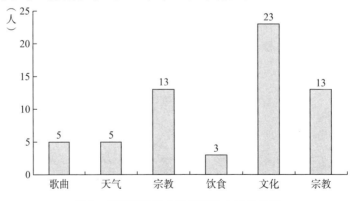

图2　非汉语教师介绍的有关中国的内容

可能是因为教师们主要向学生介绍中国传统文化，学生的大部分注意力都集中在中国古代丰富多彩的文化上，因此在接受调查的 208 位学生中，131 个学生表示想了解中国的历史，73 位同学表示想知道当代中国的状况，其他 4 人表示两者均可。

第三，影视里的中国人热情善良，给学生们留下了深刻印象。随着中国影视产业的发展，越来越多的电视剧和电影被引进到泰国。调查结果显示，有 137 位学生表示喜欢看中国的电影、电视，占 65.87%。有 78.37% 的学生不了解中国的明星，但在知道中国明星的 45 位学生中，有 35 人知道成龙及其中国功夫。对于影视剧中的中国人的形象，96 人由于没有看过中国影视剧或者其他原因而无法回答，其余学生的总体印象如下：中国人很美、很善良、很热情，喜欢唱歌跳舞，并且人口众多。此外，对于影视剧所呈现的中国家庭，有所了解的 104 位同学做了如下描述：中国家庭很热情，家庭生活很幸福，父母很疼爱自己的孩子，家庭很有爱。同时也有学生注意到中国的家庭普遍只有一个孩子。

第四，学生们普遍认为中国制造业发达，产品性价比较高。作为一个制造业大国，中国的产品畅销世界各地，泰国中学生的玩具、服装、文具不少来源于中国。

大部分学生的生活用品中有中国产品，这从侧面证明了中国是个制造大国，而对于中国制造的质量，学生们的回答是众说纷纭。调查结果显示，泰国中学生认为中国制造的产品质量一般，外观精美，价格适中，物美价廉，值得购买和使用。

第五，大部分学生对中国新闻有所关注，他们眼中的"中国形象"好于媒体报道。从调查结果来看，学生们对中国新闻的关注度如下：1.92% 的学生总是关注中国新闻，8.17% 的学生经常关注中国新闻，75% 的学生偶尔关注中国新闻，14.9% 的学生不关注中国新闻。在参与问卷调查的 208 位学生中，21.15% 的学生认为中国的厕所很干净，48.56% 的学生认为中国厕所环境一般，16.83% 的学生认为中国的厕所环境很脏，11.06% 的学生认为中国厕所环境非常脏，还有 2.4% 的学生对此不发表看法。关于中国游客，47.6% 的学生认为中国游客很好，43.75% 的学生认为中国游客素质一般，4.81% 的学生认为中国游客素质有待提高，2.4% 的学生认为中国游客素质很差，1.44%的学生对此不发表看法。从整体上说，学生们对中国游客的印象好于媒体的评价。

第六，大多数学生对于身边的中国人印象良好。对于泰国红统府 Satri Angthong 学校初一年级的绝大多数学生来说，每一个学期到来的中国实习教师是他们接触到的唯一的中国人，可以让他们近距离感知中国人的形象。从调查结果来看，在 208 名学生中，79.8%的学生很喜欢之前的中国老师，20.2%的学生表示不喜欢中国老师；155 名学生认为中国老师与电视上的中国人没有区别，75.48%的学生表示中国教师的行为不会影响他们对中国人的看法。

2. 初二年级学生调查结果及分析

初二年级的学生接受过一年的汉语教学。在这个 33 人的班级中，学生大多在 13 ~ 14 岁，他们对于中国的基本情况比初一年级的学生有更多的了解，如他们知道中国的首都是北京。调查结果显示，26 位同学认为中国的气候四季分明，7 位同学觉得中国比较凉爽。他们知道中国的城市，其中知道北京的最多，有 32 人，其次是上海（19 人），再次是湖南（14 人，因为学校与湖南的学校有交换生合作）、广东（5 人）、广西（6 人，因为学校与广西大学的素攀孔子学院往来频繁）等。对于中国享誉世界的建筑，32 位学生知道上海东方明珠电视塔，10 人知道长城，7 人知道故宫，5 人知道兵马俑，4 人知道天坛。在随后的访谈中，笔者发现这与他们之前的汉语教师对中国文化的讲授有关。关于中国的发明，33 名同学对于中国古代发明了解较多，如造纸术、印刷术、瓷器，对于现代科技的了解却不如初一年级的学生，有的学生甚至不了解中国的现代科技。与初一年级一样，初二年级的本土教材对中国提及较少，之前的汉语教师对中国的介绍也甚少，仅有的介绍也大多是有关中国传统文化的内容，因此在调查中有 20 位同学想了解中国的历史，13 位同学想知道当代中国是什么样的。对于中国的影视剧，8 位学生表示不了解中国的明星，其余的学生都能够说出成龙的名字。关于中国人及中国家庭的形象，除去 10 位同学表示不知道以外，其余的同学都表示中国人口众多，中国人很漂亮、很热情，家庭成员互相友爱。同时，与初一学生相似，初二学生的玩具、服饰、文具等日常生活用品不少来自中国，他们认为中国制造的产品物美价廉，但是对于中国的电子科技产品支持率很低。对于有关中国的新闻，虽然身处汉语班里学习汉语，84.85%的学生表示偶尔关注中国新闻，但对于中国的大小事件，同学们似乎并不感兴趣，也没有表现出特别的关注。对于争议颇多的中国游客的不文明行为，51.51%的学生认为中国游客素质一般。另外，54.55%的学生表示中国教师的行为并不能改变他们对中国人的看法。

综上所述，泰国初中学生对中国的认识均不够深入，心中的"中国形象"也不够全面。在泰国学生的眼里，中国很大，人口众多，气候很凉快，适宜居住。但是他们对中国了解更多的是中国功夫以及成龙的电影。他们对于中国当下流行的明星不太感兴趣，而更喜欢日韩的明星们。同时对于大多数来自单亲家庭的泰国学生来说，中国影视剧中所呈现的家庭温暖是他们一直渴望的，父母对孩子无微不至的照顾也是他们内心所渴求的。而在课堂上，不论是泰国老师还是之前的汉语教师，都甚少为他们介绍当代中国的情况，学生对于中国的发展以及如何去中国学习一无所知。在日常生活中，虽然有很多东西来源于中国，但这并不能代表在他们心目中中国的科技和生产力水平有多发达。相反，来源于日韩的通信软件或许并没有中国的微信、微博快捷，却是他们生活中必不可少的一部分。因此，如何宣传并树立良好的"中国形象"是一个难题，如何在四个月的教学中将传统与现代相结合、尽力为他们塑造一个正面的"中国形象"是一项充满挑战的任务。

三　泰国汉语国际教育中"中国形象"教学实验

（一）《体验汉语·初中版》中"中国形象"部分分析

本研究以《体验汉语·初中版》第一、二、三册为主进行分析。这套教材是在中国国家汉办与泰国基础部基础教育委员会的指导下，由国家语言研究与发展中心专门为泰国中小学编写的系列汉语教材，是当前泰国汉语教学的主打教材，在一定程度上体现了目前汉语国际教育教材编写的水平并反映了相关研究的最新成果。同时，这也是笔者在进行"中国形象"

教学实验中借鉴参考的教材。该教材每册有 8～10 课不等，每课分为若干模块，包括基础的汉语拼音教学、汉字写法和汉语会话练习，旨在让泰国学生通过学习掌握基本的汉语拼音拼读规则、汉字书写的正确笔顺以及日常生活中经常用到的汉语会话。该教材在编写中加入了有关中国文化的内容，以展现中国现状和介绍中国历史。就本文研究的"中国形象"而言，该教材涉及的内容如下。

第一册共有八课，其中有关中国形象的部分有四个模块：图片汉字、汉字的故事、体验中国、汉语社区。所涉及的内容见表1。

表1　《体验汉语·初中版》第一册涉及"中国形象"的内容

课　　次	图片汉字	汉字的故事	体验中国	汉语社区
第一课	十、八	汉字的产生	百家姓	取中国名字
第二课	人、丁	甲骨文	中国四季	赞美他人
第三课	土、木	象形文字	中国城市	制作水果卡片
第四课	上、下	汉字演变	十二生肖	小宠物
第五课	大、口	汉字偏旁	中国长城	介绍明星
第六课	工、王	繁、简体字	孔子	家庭成员树
第七课	日、月	汉语输入法	黄河、长江	书桌照片
第八课	山、水	书法	中国功夫 功夫明星	个人物品统计

第一册从感性认识上帮助学生形成对"中国形象"的初体验。教材从学生感兴趣的方面入手，让每个学生拥有一个自己的中文名字，从宏观层面介绍整个中国的概况，让学生对中国形成一个整体的初步认识。通过该册教材的学习，"中国形象"在学生心中开始建立和塑造。

第二册在第一册的基础上有很大的提高，涉及中国形象的部分从四个板块转变成两个板块——体验中国和汉语社区（见表2）。

表2　《体验汉语·初中版》第二册涉及"中国形象"的内容

课　　次	体验中国	汉语社区
第一课	五十六个民族	国家及国旗
第二课	数字谐音	成长卡片

课 次	体验中国	汉语社区
第三课	中国茶	心中的食物
第四课	四大发明	世界各地时间差对比
第五课	中国名山	朋友们的起居时间
第六课	中国传统游戏	制作中国风课程表
第七课	中国春节	制作生日贺卡
第八课	剪纸、窗花	设计中文版天气预报
第九课	北京四合院	绘制住宅周边建筑并标注中文
第十课	红色在中国的含义	不同国家颜色喜好及不同颜色含义
第十一课	京剧、脸谱	寻找各行各业的人
第十二课	北京奥运会福娃	介绍最喜欢的体育项目

从数量上来看,第二册的课文增加4篇,一共有12篇课文,这就意味着有更多的对中国文化的介绍。其中,文化内容的选择与课文本身也有关联性,可以将文化介绍与语言学习相结合。

第三册则在第二册的基础上提升教学难度,涉及"中国形象"的介绍仍旧保持了第二册的两个板块的模式(见表3)。

表3 《体验汉语·初中版》第三册涉及"中国形象"的内容

课 次	体验中国	汉语社区
第一课	普通话和方言	中泰表情含义大比拼
第二课	中国家庭组成	中国饮食习惯
第三课	《西游记》	印象中的中国人
第四课	秦始皇和兵马俑	中文版校园地图
第五课	中国刺绣	中泰小区
第六课	中医和中药	寻找中医
第七课	算盘	人民币
第八课	中秋节	学唱中文歌
第九课	中国互联网	喜欢的网站
第十课	苏州和杭州	PPT介绍中国气候
第十一课	风筝	中泰开车习惯
第十二课	文房四宝:笔墨纸砚	唐诗、中文歌

可以看出，教材对中国文化的介绍与汉语知识的学习紧密联系，如自我介绍－中国姓氏、我的学校－中文版校园地图。同时，教材的编写坚持适度原则，文化课的学习与专业课所学知识联系密切，内容简单易操作。在对于"中国形象"的介绍中，教材致力于展现丰富多彩的中国传统文化，涉及内容如下：国情（五十六个民族）、语言文字（汉字，普通话，方言）、艺术（中国功夫，京剧，脸谱，剪纸，风筝，刺绣，文房四宝）、科学技术（四大发明，算盘，中医中药，互联网）、地理旅游（中国城市，黄河、长江，名山，苏州、杭州）、建筑（长城，四合院）、风俗礼仪（中国姓氏，中国十二生肖，中国传统游戏，春节，中国红，数字文化，中国家庭构成）、文学（《西游记》，唐诗《静夜思》）、历史人物（孔子，秦始皇）、中华饮食（茶）、中国事件（北京奥运会）等，总体上偏重于对中国古代文化的介绍，尤其是以具有代表性的文化实物为切入口，而对于中国当代生活和中国的其他方面介绍较少，没有展现当代中国的整体风貌。

（二）汉语课堂中"中国形象"教学设计

在为期四个月的教学实习中，笔者所教授的汉语专业班有初一和初二两个班。初一班一周有六节汉语课，其中三节专业课主要讲授基本的汉语知识，包括汉语语音、汉字、笔顺、汉语语句等；两节文化课以对学生的第一次调查结果为依据，结合汉语文化课的实际，从中国经济发展、中国文化、中国社会生活三方面入手，将展现当代中国形象与传播传统文化相结合，尽力为泰国学生展示一个全面立体的"中国形象"。具体而言，对中国经济发展成就的展示在第二、八、九课，既展示中国城市的发展、人们出行方式和娱乐方式的变化，让学生感受中国经济的发展，也承认中国目前经济发展中出现的不平衡现象；第三、四、五、六、七、八课则将展示中国文化与介绍中国人的日常生活相结合，通过介绍传统文化到现代文化的发展、演变，促进泰国学生对中国文化的认可，尤其是对当代文化的认可，同时展示当代中国人衣食住行各方面的情况，让学生可以更近距离地感受中国人的真实形象（见表4）。

1. 教学内容

具体教学内容如下。

表 4   "中国形象"教学内容

课次	课题	教学内容	视频内容	教学目标	所涉及的"中国形象"部分
第一课	中国概况	中国面积、省份、首都	你好，中国	了解中国整体情况	中国整体风貌
第二课	中国城市介绍	重点城市介绍	北京、上海等13个城市的宣传片	了解中国城市与经济发展	中国经济
第三课	中国食物	重点介绍不同地区的小吃	饺子、豆腐、烤鸭、火锅、糖葫芦	了解中国饮食多元化	中国文化
第四课	中国民族及节日	介绍中国的重要节日及现在的习俗	民族节日	了解中国的传统节日和当代习俗	中国文化、日常生活
第五课	十二生肖和姓名	介绍中国的十二生肖以及百家姓	龙凤、生肖、姓名、筷子、钱	了解中国的生肖、姓氏	中国文化、日常生活
第六课	中国建筑	介绍中国传统、当代建筑	园林、胡同、四合院、土楼	了解中国的家庭、宗族	中国文化、日常生活
第七课	中国服饰	介绍中国的传统和当代服饰	丝绸、旗袍、唐装	了解中国人的传统服饰和现代衣着	中国经济、文化、日常生活
第八课	中国的交通工具	介绍中国家庭普遍使用的交通工具	高铁、汽车、公交车	了解日常出行工具	中国经济、文化、日常生活
第九课	中国的游戏和科技	介绍中国传统小游戏以及电子、手机游戏	风筝、捉迷藏、电子游戏	了解中国人的娱乐方式	中国经济、文化、日常生活

　　第一课为对中国概况的介绍，教学目的在于使学生短时间内对中国有一个整体的印象，以提高学生的学习兴趣，因此将通过播放《你好，中国》这个视频来使学生了解中国最重要的几个方面；同时通过对中国人口、省份等基本情况的介绍，为之后的"中国形象"教学打下基础。

　　第二课为对中国城市的介绍，旨在向学生展现中国目前的经济发展状况。具体而言，用图片展示中国不同城市的面貌，从北京、上海等东部城市到长沙、武汉等中部城市，再到拉萨、西宁、南宁等西部城市。在城市介绍的内容中涉及城市的地理位置、城市的特色建筑、特色饮食以及习俗等。同时，中泰两国教师也会根据自己的亲身经历跟学生分享自己在上述某些城市旅游时的感受，使学生进一步认识中国城市的风貌和体会身处中国的感受；另外通过对比中国同一城市不同时期的照片，使学生感受中国城市经济的发展。

第三课为对中国食物的介绍，使学生了解中国的饮食文化以及部分有关饮食的词汇包含的文化意义。本课将为学生介绍中国八大菜系的特点以及特色菜肴，使学生明白部分中国人与泰国人一样喜欢吃辣，中国有些地区的人们喜欢吃甜食，从而打破他们心中中国人只吃包子、饺子、面条等固有观念。本课还将对中泰两国不同的餐桌文化进行简要对比分析，力求使学生明白中国人在餐桌上"吵闹"的文化渊源，从而改变他们对这种"中国形象"的负面评价。

第四课为对中国民族及节日的介绍。因为泰国有众多华人聚居，中国节日对于泰国学生来说不算陌生，而探寻各节日的文化渊源以及展示当代中国人过节日的方式，可以使学生看到中国民众生活的不断变化。首先，通过对节日的介绍建立学生对中国文化的认同感。例如，泰国的宋干节和中国傣族的泼水节有相似之处，中国的春节是每年泰国唐人街最热闹的节日，由传统的七夕乞巧节演变至今的中国情人节也深受泰国学生的喜爱。其次，介绍节日的诞生地及起源，为泰国学生构建正确的中国文化观。学校有韩国籍教师以及日本籍教师，在端午节时韩国班级会举办活动，在七夕节时日本班也会举办活动，可能导致学生对这两个节日的由来产生误解，因此有必要进行正本清源的工作。最后，通过介绍庆祝节日的现代方式来帮助学生理解中国人的行为，例如，为了保护环境，许多中国人不会在春节燃放烟花爆竹，在端午节也不会将粽子投入水中等，为泰国学生树立正面的中国人的形象。

第五课为对中国的姓氏文化和生肖文化的介绍。泰国人也有自己的生肖，但在日常生活中并不常用，中国的生肖却有着深刻的内涵。中国的姓氏文化也别具一格。与泰国人名在前、姓在后不同，中国人是姓在前、名在后。同时随着社会的发展，女子嫁人之后随夫姓的传统已经消失，而泰国至今仍然保留这种传统。在课堂上将上述这些改变告诉学生，可以让学生感受中国社会文明的现代化变迁，给学生构建一个社会不断进步、人人平等、尊重女性的"中国形象"。

第六课为对中国建筑的介绍。本课将为泰国学生介绍中国的历史建筑和传统建筑，比如他们所熟悉的故宫、长城，以及近年来备受瞩目的福建土楼、园林、四合院以及胡同；同时也介绍中国的现代住房样式，有类似于曼谷城市里的公寓房的住房，也有和泰国其他地区的小楼房一样的住房，为学生展现一个具有现代化气息的"中国形象"。

第七课为对中国服饰的介绍。本课展示中国的传统服饰（汉服、旗袍、唐装）和中国当代服装样式，并为学生展示在节日时中国人穿着的服饰，打破学生心中每逢节日中国人都穿旗袍的观点，为泰国学生塑造一个追逐时尚与潮流的中国人的形象。

第八课为对中国交通工具的介绍。本课主要介绍中国现代的交通工具，尤其是具有自主技术的公交大巴、自主品牌的轿车、有利环保的电动车和自行车，以及正在与泰国合作建造的高铁，为学生展示一个交通秩序不断规范、人人遵守交通规则的"中国形象"。

第九课为对中国的游戏和科技的介绍，包括中国传统的小游戏和现代的大型网络游戏。本课通过介绍中国人日常的娱乐方式，让学生感知中国的科技和电脑技术的发展，为学生展示一个科技力量雄厚并不断实现技术创新的"中国形象"，一个喜欢新鲜事物、不断尝试新科技的中国人的形象。

这一系列"中国形象"课程的最终目的是使泰国学生形成正确认识中国的观点和态度，为他们初步树立一个经济上稳定发展、泰国可与之合作的"中国形象"；一个五千年文化传承不断、而今不断创新的"中国形象"；一个社会安定有序、人民文明和谐，虽有不足但可以接受与理解的"中国形象"；一个走在时代前列、讲究社会公共秩序、追逐潮流与时尚的中国人的形象。

2. 教学方法

第一，多媒体教学法，又称计算机辅助教学。与传统的教学方法相比，它具有以下优点：①将因语言障碍而难以解释清楚的部分教学内容化繁为简、化难为易；②可以有效地补充教学信息；③可以发挥教师的引导作用和学生的认知作用，短时间内提高学生的学习兴趣；④可以用图像为学生营造一定的氛围，让学生感受不同的场合。同时，它也具有以下弊端：①为了吸引学生的兴趣，内容设计可能华而不实；②以媒体的形式播放，可能导致教学重点不突出；③图片或视频的使用不利于培养学生的动手、记忆能力。因此，笔者在运用此方法时采用 PowerPoint（PPT）课件与视频、音频相结合的方式，参考教材内容，拓宽教学范围，搜集最新的相关视频，更加直观地为学生展示中国风貌。在制作 PPT 的过程中，笔者将语言知识与文化介绍的要点通过凸显、加粗等方式，在教学过程中反复强调与呈现，并要求学生记在笔记本上。同时，对于视频中呈现的重要内容，也要求其用泰语写在笔记本上以加深记忆和掌握。

第二，合作教学法，包括教师之间的合作和学生之间的合作，后者又称生生之间的合作学习。

第一种合作教学法是指中泰教师合作教学。因泰语水平有限，笔者在文化课的讲授中与泰籍中文教师合作，由笔者先用中文和简单的泰语授课，然后泰籍中文教师针对重点进行泰语翻译。这种教学方法具有以下优势：①教师合作可以更好地掌控课堂，保证学生在一节课的时间里进行有效的学习。中国教师因为泰语水平有限，课堂教学管理通常是其短板。而泰籍中文教师可以发挥自身的语言优势与学生沟通，确保学生充分理解本节课的重点以及需要掌握的知识点。②中泰教师合作可以保证教学目标的顺利达成。中国教师的讲解和泰籍中文教师的翻译既可以让学生一直沉浸在中文的语言环境中，又便于学生理解本节课的内容。另外，泰籍中文教师在翻译时可讲述自己在中国的所见所闻所感，让学生体会一个较为直观、贴近生活的"中国之旅"。③中泰教师合作教学可以很好地解答学生的困惑，保证学生最大限度地消化本节课的知识。

考虑到两国语言和文化的差异，中泰教师在合作时需要注意以下几点：①互相尊重对方的文化。中泰两国文化虽然有很多相似之处，但也存在差异，中泰教师应该互相理解彼此的差异，互相尊重对方的文化，耐心解释各自的疑惑之处，避免教师之间出现文化理解的偏差。②课前互相交流，共同备课。中华文化博大精深，一名汉语国际教育专业、在中国长大的中国教师尚且不能完全了解，仅仅学过几年汉语的泰籍中文教师更是难以深入理解。因此在上课前中泰教师应该互相交流，共同找出本堂课的难点、重点，以及中国文化与泰国文化不同的地方，并有针对性地做好备课，尽量在课前消除教师间的文化冲突，并在课堂上为学生消除文化冲突。③课堂上相互配合、互相谅解。两名教师共同上课必然存在教学方法上的差异，此时中泰教师应该秉持让课堂顺利完成的原则，互相谅解，课后及时交流和总结经验。

第二种合作教学法是指小组成员在学习时分工合作、共享资源、互帮互助，以提高学习成效。在"中国形象"教学实验中，教师可以在一次课的课前或者课后针对本堂课的内容，要求学生通过各种途径搜寻资料，以说明你心目中的"它"是什么样的，最后以个人或者小组为单位在下一次课上进行陈述，内容不能雷同。这样可以让学生参与到了解中国的活动中来，通过自身的调查看到中国的不同方面。例如，在讲授"中国美食"这一课时，笔者在课后让学生去寻找不同的中国食物并图文并茂地打印出来，全班内容不能相同。通过这样的方式，学生知道了中国的食物不仅有老师上课时说的"饺子"、"豆腐"、"面条"，而且有西餐等，中国各地都有自己的特色食物，中国人也吃辣，也会喝牛奶、吃面包。由于全班的答案不能相同，这就要求他们互相之间要进行交流，可以用更少的时间掌握更多的知识。

3. 实例教案

第一课　中国概况

课型：汉语文化课

教材：《体验汉语·初中版》第一册

教学对象：初中一年级 11 班的学生

课题：中国概况

课时：三节课 150 分钟（一节课 50 分钟）

目的与要求：使学生了解中国的概况，知道基本的有关中国的知识，对中国产生兴趣

难点与重点：为学生描述一个整体的中国概况

教学方法：合作教学法，多媒体教学法

教学工具：国旗卡片，著名建筑的图片，PowerPoint 软件

授课步骤与课时分工：

第一节课（50 分钟）

（1）教师、学生课前互相问好，中文教师用简单的泰语提问："同学们，你们有人去过中国吗？"一般初一的学生到过中国的很少，若有人回答有，则可以请去过的同学谈一下自己去中国的体会。如果没有，则继续用泰语提问："你们觉得中国是什么样子的呢？"（学生会回答中国很凉爽，很大，人很多，等等）教师对学生的回答进行肯定，并引出今天的课程主题——中国概况。（10 分钟）

（2）播放有关中国的视频——《你好，中国》（英文翻译为：Hello, China），由泰国籍中文教师对视频内容预先进行解释，使学生明白看到的是什么，从而提高学生的兴趣。（10 分钟）

（3）观看完视频后，询问学生对视频有什么感想。（5 分钟）

（4）播放 PowerPoint 课件。第一张为中国地图（竖版，附有台湾、南海诸岛），询问学生中国的版图像什么动物，中国的首都在哪里。在学生回答出"中国的首都是北京"之后，播放《中华文化·泰语版》视频《中国》和《北京》。视频《中国》介绍了中国的历史起源，中国的母亲河——黄河、长江，中国的名胜古迹——长城、敦煌、兵马俑，中国的功夫，并且展示了当代中国的风貌，奥运会、世界博览会的盛况，传统与现代并举，表达了中国对世界人民的欢迎。视频《北京》讲述了北京这个城市的兴起和名胜古迹。通过两个两分多钟的视频的介绍，使学生了解中国的大致情况，了解中国的首都，并让学生在笔记本上写下这两个词：中国、北京。（15 分钟）

（5）回到 PowerPoint，继续用中国地图询问学生视频里的内容，如中国的首都是哪里，在地图上什么地方，并让学生在自己的地图上标示出来。

（6）展示北京的相关图片，并将泰国首都曼谷与中国首都北京进行对比，寻找其相似之处——都拥有古老的建筑（北京故宫，曼谷大皇宫），都是现代化的大都市，北京甚至比曼谷更加繁华。再由泰国籍教师用泰语描述其在北京旅游的感受，说明中国与泰国不一样的地方。（10分钟）

（7）布置作业：寻找你喜欢的中国城市，制作成 word 文档并打印出来，同时分小组做你"心中的中国"PowerPoint 课件。

第二节课（50分钟）

（1）教师、学生互相问好，并让学生上交喜欢的中国城市作业。（5分钟）

（2）利用上节课的中国地图，询问学生中国有多少个省级行政区，发挥学生的主动性，让他们自己利用刚学过的中文数字数数，并告诉他们台湾是中国的一部分。在此向学生强调，泰国人最为熟悉的香港、澳门都是中国的一部分，是中国的特别行政区（此处由泰国籍中文教师进行翻译）。（10分钟）

（3）接下来为学生介绍中国的两条母亲河——长江和黄河，对比泰国的湄南河（此处可以简单介绍湄南河也是从中国发源的）。播放视频《黄河》，观看完视频后，让学生在笔记本上写下词语：黄河。（10分钟）

（4）将学生引向黄河与长江的发源地——青藏高原，向学生介绍中国除东部、中部的发达地区以外，还有西部偏远地区，并用 PowerPoint 展示中国不同地区的城市风貌，对比东、中、西部的不同。播放西藏城市宣传片以及视频《西安》，为学生展示不一样的城市风景，旨在为学生描绘一个丰富多彩的中国。（15分钟）

（5）最后，向学生展示中国不同城市的图片、不同的美食图片等，提高学生学习中国文化课的兴趣，激发他们探索当代中国的热情，并为下一章节——中国省份介绍做铺垫。（10分钟）

第三节课（50分钟）

（1）学生分小组展示"心中的中国"课件，畅谈他们心中的中国以及在网站上搜索到的中国资讯，教师在一旁用笔记录。（35分钟）

（2）教师对学生所展示的"中国形象"进行讲解，对于有偏差的地方进行解释，并让泰国籍教师发表自己的看法，加深学生们心目中的"中国形象"。（15分钟）

教学后记：

（1）学生对于陌生的中国表现出很大的兴趣，可以趁热打铁激发他们的学习动力。

（2）图片比文字更有说服力，可以让学生留下深刻印象，因此在制作课件的过程中，尽量多用图片、少用文字。必须使用的文字要附上汉语拼音，以便提升海外学生的汉语拼音水平。

（3）视频可以让学生身处其中去感受中国的魅力，但尽量选择泰语配音、中文字幕的视频。这样既可以保证学生能够听懂视频所表达的内容，也可以让学生处在汉语学习的环境中。

（4）让学生课后去制作"心中的中国"课件，可以发挥他们的主观能动性，让他们从当前最便捷的网络渠道去了解中国的不同方面。但是由于网络媒体的立场各异，学生搜索到的信息并不一定都正确，教师应该及时纠正并解释，从而为学生树立良好的"中国形象"。

（三）汉语课堂中"中国形象"教学实验效果

在四个月的"中国形象"教学实验之后，针对接受"中国形象"教学的初一、初二两个专业班的73名学生，笔者进行了第二次问卷调查。虽然两个班人数不多，但是每周有3~4节中国文化课，可以在一周的时间里为他们完整地展现一个"中国形象"板块。这次问卷调查同样采取不记名的方式。调查结果分析如下。

第一，学生喜欢"中国形象"课，对于在教学过程中所采用的教学方法给予肯定。

调查结果显示，41.10%的学生非常喜欢"中国形象"课，47.95%的学生表示喜欢该课，10.95%的学生对该课不感兴趣，没有学生不喜欢"中国形象"课。同时，对于中泰教师合作教学的方式，47.95%的学生表示"非常喜欢"，41.10%的学生表示"喜欢"，但也有4.10%的学生出于各种原因不喜欢（见图10）。对于多媒体教学法，60.27%的学生表示"非常喜欢"，34.25%的学生表示"喜欢"，5.48%的学生表示与传统教学方法并无区别，6.85%的学生表示"一般"。笔者认为，4.10%的学生不喜欢中泰教师合作教学，可能有以下几个原因：①中泰教师在课前准备和交流不充分，在课堂上有时出现互相解释的现象，影响正常的教学进度。②中泰教师对同一问题的解释受到语言、文化背景等差异的影响有所不同，反而增加了学生理解的难度。③在课堂管理上，相较于汉语专业课而言，中泰教师合作教学对课堂纪律、课后作业的要求相对严格一些，可能使刚进入初中学习的学生感到不适应。同时，学生对教师的教学方法也提出了建议。34.25%的学生建议中国教师尽量多说泰语，以准确表达自己的意思；27.39%的学生认为应该多开展与教学内容相关的活动，让学生可以身临其境般地感受中国文化和中国的社会环境；16.44%的学生认为教师在课堂上可以多展示文化实物，让学生明白图片和影像资料里的东西究竟是什么样子的；23.28%的学生认为可以在课堂上多展示有中国特色的物品，如在教室里悬挂红灯笼、中国结和中国国旗。

第二，学生喜欢教师所教授的内容，对于中国人的衣食住行表现出很大的兴趣，较"中国形象"课前更加渴望了解当代中国。

调查结果显示，53%的学生对于"中国形象"课程的内容非常满意。具体而言，对于课程内容涉及的中国的衣食住行各方面，41.10%的学生表示非常喜欢有关饮食的内容，56.16%的学生非常喜欢有关中国城市的介绍，52.52%的学生非常喜欢有关中国民族与节日的内容，56.16%的学生非常喜欢有关中国风景的内容。由于中国人现代的住房、衣着与西方国家并无太大差别，只有约40%的学生非常喜欢相关教学内容，但是对中国的传统建筑如"福建土楼"、"北京胡同"、"苏州园林"，则非常喜欢。与四个月前的调查结果相比，学生们对当代中国表现出更浓厚的兴趣。在之前的调查中，64.73%的学生想了解中国的历史，而现在仅有30%的学生想继续了解中国的历史，更多的学生对当代中国风貌、中国科技以及中国人的日常生活产生了兴趣（见图3）。究其原因，可能是因为四个月的"中国形象"课让他们看到了不一样的中国，尤其是与泰国不一样的中国当代社会。例如，教师通过对中国城市的介绍，使他们看到了中国除北京、上

海以外的其他大都市，这些大都市与北京、上海一样繁华。同时，与笔者
合作教学的泰国籍汉语教师去过中国很多地方，在翻译的过程中加入自己的
亲身感受，让泰国学生更加生动地了解中国，进而产生想去中国的愿望。

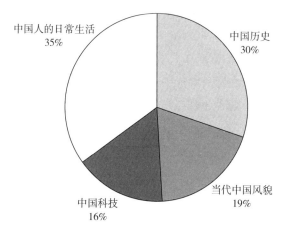

中国人的日常生活
35%

中国历史
30%

当代中国风貌
19%

中国科技
16%

图3　教学内容可增加的方面

第三，学生心中的"中国形象"有所改变，正面的"中国形象"正在
慢慢确立起来。

调查结果显示：46.58%的学生认为通过"中国形象"课所了解的中
国与自己之前的认识差别较大，且教师所介绍的"中国形象"较好；
9.59%的学生认为老师介绍的"中国形象"不好；19.19%的学生认为老
师所说的与自己之前了解的没有差别；24.66%的学生认为有差别但差别不
大。笔者认为，上述结果或许与媒体的宣传有关。如前所述，部分媒体对
于中国的发展、中国的政策等持怀疑态度，没有如实报道中国新闻，因此
误导了学生。同时，其他课程的教师甚少提及中国，学生脑海中的"中国
形象"较为片面，因此在学习"中国形象"课程后学生觉得前后差异较
大。值得欣慰的是，97.26%的学生在学习"中国形象"课程后，对中国
有了新的认识。调查结果显示，56.16%的学生表示通过一个学期的学习，
对中国的印象由坏变好，他们认为中国很好；学生眼中的"中国人形象"
也有所改变，79.45%的学生认为中国人很好。笔者认为，这是由于"中
国形象"教学不仅给学生展示了当代中国出色的一面，而且直面发展中出
现的问题，尽量让学生看到一个客观、全面的中国和中国人。

综上所述，四个月的"中国形象"教学实验是成功的。学生们对中国的认识增加了，对"中国形象"的理解更加丰富。他们肯定并期待中国经济的发展，他们发现泰国文化与中国文化有许多共通之处，也感受到了当代中国文化的魅力。他们对于中国人的印象不再是电视上的穿旗袍、弹古筝、吟咏诗词歌赋的形象，而是充满活力、努力进取的形象。他们对于独具中国特色的现象、物品更加好奇，对神秘的东方大国更想亲身去一探究竟。91.78%的学生表示想去中国实地看看老师介绍的中国，95.89%的学生表示想继续了解中国。

四　汉语国际教育中"中国形象"教学的几点建议

（一）改进汉语教材中关于"中国形象"的介绍

汉语教材的编写要考虑多方面的因素。吕必松认为汉语教材编写要注意"实用性、交际性、知识性、趣味性、科学性"[1]，刘珣则认为汉语教材编写必须满足"针对性、实用性、科学性、趣味性、系统性"[2]，李泉曾提出了第二语言教材编写三个层面的要求："符合教育和教学一般规律；符合第二语言或外语教学的学科性质、教学规律和教学法原则；结合本学科教材编写的特殊要求和不同课型特点。"[3] 同时李泉还认为"教材的编写要充分利用现代教育手段"。而对于有关"中国形象"和中国文化的内容，赵金铭认为，不应该也无法回避如何处理文化因素和文化内涵的问题。王宇轩提出了四种展示中国文化的方法：一是设立"文化板块"，对文化进行专门介绍；二是在课文中直接展示文化；三是对课文中涉及的文化内容采用注释的形式进行解释说明；四是将文化与练习结合起来。

综上所述，基于前文的教学实验，对于海外汉语教材如何改进关于

① 吕必松.对外汉语教学概论（讲义）（续五）[J].世界汉语教学，1993（3）.
② 刘珣.对外汉语教育学引论 [M].北京：北京语言文化大学出版社，2000.
③ 李泉.第二语言教材编写的通用原则 [C] //教育部语言文字应用研究所.第三届全国语言文字应用学术研讨会论文集，2004：14.

"中国形象"的介绍，笔者认为应该坚持如下原则。

第一，教材编写的一般原则。有关"中国形象"的内容是海外汉语教材的一部分，不可能孤立存在，因此其编撰应该遵循第二语言教材编写的一般原则。①分国籍、分层次编写，突出针对性。在有关文化内容的编写中，可以分国籍编写，针对不同国情的国家的学习者编写不同的教材。以适用于东南亚国家和欧美国家的教材为例，由于东南亚国家是发展中国家，对中国的发展和崛起向来保持中立而偏乐观的态度，同时东南亚国家华人众多，与中国有着深厚的历史渊源，因此适用于东南亚国家的教材可以多介绍两国的历史渊源与文化的相似之处，引起学生的文化共鸣，但对于重大的文化差异也要进行解释说明。而欧美各国大多是发达国家，部分人对中国的发展持"中国威胁论"观点，因此在适用于欧美国家的教材编写中，要阐释东西方文化的差异及其原因，用学生们可以理解的语言解释东西方的文化冲突，为欧美国家的学生展示中国和平发展的决心和行动。同时，由于海外汉语学习者身份各异，年龄跨度也极大，对"中国形象"的认知不尽相同，因此，应该针对不同年龄的学生编写难度不同的文化课教材。②把"中国形象"的构建与语言知识的学习相结合，强调实用性。"中国形象"的相关内容要尽量与专业课知识结合起来，以便海外学生学以致用和更好地掌握汉语。③保证科学性。海外汉语教材中"中国形象"的塑造应该符合国家的大政方针，符合中国的实际情况，应为海外学生展现一个真实、生动的"中国形象"。④提高趣味性。有关中国文化的内容应该具备趣味性，可以设计相关的游戏、小视频，插入相应的中文歌曲，使课文内容生动有趣。⑤增强内容的系统性。海外汉语教材中有关"中国形象"的内容应该具备系统性，要展现中国的全貌和中国发展的各个方面，同时也应确立一条主线并贯穿整本教材。

第二，传统文化与现代文明相结合的原则。应当改变当前以介绍中国传统文化为主的模式，将中国传统文化与现代文明相结合，全方位展示"中国形象"。例如，在介绍中国经济发展时，可以在教材中附上不同时期中国的照片，让学生自己从图片中感受中国的发展；在介绍中国人的传统娱乐方式的同时也介绍中国人的现代娱乐方式，展现现代中国人时尚的一面，从而提高外国学生的兴趣。又如，在第一册的水果卡片中，可以将中国本土所产水果与泰国的榴莲一起进行介绍,并说明榴莲的中文名为明朝郑和下西洋时所取,以增加学生的文化认同感和对汉字的记忆。

第三,及时更新教材内容并尽量采用电子教材。有关"中国形象"的内容应随着时间的变化而不断更新。海外汉语教材往往价格不菲,而且购买途径单一,对于海外学生、教师和学校而言,购买不断更新的教材显然不是一个经济实用的办法。为此,出版商可以将教材更新的内容做成电子版并发布在官网上,海外汉语教师可以登录网站,以更经济实惠的价格购买并在一定时间内免费下载。这样既可保证海外汉语教师能够使用最新的教材,为学生展示实时的"中国形象",也可以节省教师和学生的经济开支。例如,可以建立《体验汉语》的官网,将教材内容上传至网站,同时及时更新有关中国的时政信息,并创立模拟会话情境和设置作业板块,以便学生在课后登录网站了解最新动态,避免因为教材出版的滞后而导致的信息滞后。

(二) 在海外汉语课堂上树立正面的"中国形象",消除负面形象

海外汉语课堂是展示与塑造"中国形象"的第一场所。树立正面形象,消除负面形象,要从娃娃抓起。在这些学生中间,不排除有以后的国家领导人、政府首脑或者是政府智囊团的成员,从小为他们树立一个正确的"中国形象"观,对其以后处理泰国与中国的关系有着深远的影响。

第一,在课堂上帮海外学生树立正确的"中国形象"观。国外媒体关于中国的报道不尽相同,而根据前文的调查,这些报道对处在象牙塔中的海外学生影响甚少,他们心目中的"中国形象"较为单一,对于中国也只能用简单的词语进行描述。因此,在海外学生刚学习汉语和了解中国时,应该帮他们建立一个正确的"中国形象"观,使他们以包容的态度、从客观的立场看待中国的发展和中国的现状。在课堂上,教师不仅要为海外学生展示中国发展过程中值得称赞的一面,而且要展示其中有待改进的一面,构建一个全方位、真实、立体的"中国形象"。例如,在向泰国学生介绍中国的经济发展时,不仅展示中国发达、富庶的东部沿海地区,而且展示中国中部尤其是西部偏远地区的现状,让学生明白在中国还有许多百姓生活水平较低。

第二，允许课堂上存在多种声音。海外汉语班的学生不一定每一个都喜欢中国、喜欢汉语，加上社交网络媒体上各种关于中国的信息正误参半，学生很容易被误导，因此在课堂上可能出现多种多样的声音。对此教师应该保持包容的心态，既要对学生认识有误的方面进行纠正并细心解释，也要承认其正确的一面。

第三，尽量从国际化的视角向学生阐释中国问题。面对同一个问题，海外学生通常站在所在国的立场上，而海外汉语教师必须站在中国的立场上，因此在解释有关中国的问题时海外汉语教师难免会被学生认为是在为中国"辩解"。对此，教师应该尽量引用国际化的观点或者说明国际上对该问题的评价。例如，笔者在泰国实习期间，正值世界反法西斯战争胜利70周年暨中国人民抗日战争胜利70周年，为了让泰国学生更好地了解中国和感受中国现代科技、军事力量的强大，我们在文化课上向学生播放中国的阅兵仪式，而在解释的时候则采用国际公认的说法，首先强调2015年是世界反法西斯战争胜利70周年，向他们简单讲述这一段历史以及泰国在这段历史中发挥的作用，然后解释中国举办阅兵活动是因为2015年也是中国抗日战争胜利70周年，国际公认中国人民的抗战是正义的反法西斯侵略的民族解放战争并付出了巨大牺牲，同时国际上认定日本曾在中国实施南京大屠杀等暴行。从该角度进行阐述，可以让学生减少对老师所讲授内容的偏见，让学生更好地理解目前国际关注的中国问题。

第四，课上课下相衔接，多种教学方法相结合。海外汉语课堂是一个多元文化展示和碰撞的场所，课下同样是进行"中国形象"教学的一个舞台，可以利用情境教学法和角色扮演，使学生更直观地感受中国的各个方面，并且其形成自己的看法和印象。例如，在介绍中国人的日常衣食住行时，可以让学生分角色扮演餐馆人员和食客，利用课余时间按教师所给的剧本进行排练，并利用每天的升旗或课间时间在学校公开场合进行表演，不仅可以让汉语学习者感受中国人的餐饮文化，而且可以让其他学生感受中国文化，引发更多学生对中国产生兴趣。

第五，利用学生手中的高科技产品来扩大教学范围。随着科技日新月异的发展，手机成了日常生活的必备品。泰国师生普遍使用 Facebook 和 Line 这两种网络通信软件。汉语教师可以利用这些平台，在学生班级群或公开的状态栏中进行"中国形象"教学。例如,教师可以发送中国城市的图片、中国灯火辉煌的街道到自己的 Facebook 上供学生浏览。由于教师所能搜集到的泰语版中国影视节目有限,教师可以将在 YouTube 上搜索到的链接发送到班级群,供学生点击观看。为展示中国现代科技的水平,鉴于微信具有不同语言间的翻译功能,可以让学生在课堂上下载 Wechat(微信的国际版)并注册使用,与教师进行现场聊天,让学生感受中国研发的通信软件其实并不输给美国和韩国的软件。

(三) 通过海外汉语教师积极构建"中国形象"

第一,培养跨文化交际意识。跨文化交际(cross-cultural communication)是本族语者与非本族语者之间的交际,也指在语言和文化背景方面有差异的人们之间的交际。[①] 从对外汉语专业的角度来说,跨文化交际是指来自不同文化背景的交际者在特定的交际情景中使用同一种语言进行的口语交际。跨文化交际或多或少都会产生文化冲突,国际汉语教师即使能够很好地使用所在国语言,也需要培养跨文化交际意识,避免文化冲突带来的消极影响。为此,海外汉语教师应该了解所在国的语言交际文化和非语言交际文化,如手势语、体态语、时间观、价值观等,以及所在国的禁忌,用包容、开放的心态尊重所在国的习俗,树立一个开放包容的"中国人形象"。例如:在泰国喜庆的节日场合一般不穿黑色;当给其他人指示时不能用脚;教师在学校里不能穿裤子或者短于膝盖的裙子。海外汉语教师应该了解、注意日常生活中的小细节,尊重、遵守他们的习俗。

第二,培养公共外交意识。公共外交是一个国家的政府部门通过文化交流、信息项目等形式,了解、获悉情况和影响外国公众,从而提高本国的国家形象和国家影响力,进而增进本国国家利益的一种外交方式。[②] 改革开放以来,不少中国人出国旅游、留学甚至移民他国,同时来华观光、工作定居的外国人也越来越多,公共外交问题成为一个不可忽视的问题。

---

① 刘彦娟,赵晨光.跨文化交际中需要把握的几个方面 [J].海外英语,2011(5):203+212.
② 赵启正.公共外交与跨文化交流 [M].北京:中国人民大学出版社,2011.

中国外交部前部长杨洁篪曾说，公共外交"应运而生、正逢其时、大有可为"。① 承担文化传播重任的汉语国际教育，也发挥着公共外交的作用。汉语国际教育中的公共外交有助于增强中国的文化软实力和中国的国际话语权，可以进一步消除偏见，增进认同。② 海外汉语教师是汉语国际教育的直接参与者与实施者，是传播中国文化的"民间使者"，更是"中国人形象"的海外代言人，因此更加需要培养自身的公共外交意识。

要转变思想观点和教学观念。许多外国人学习汉语的根本目的是了解中国文化、学习中国文化，他们迫切地想了解中国的经济、风俗习惯和中国人，想和中国人交朋友。③ 因此，海外汉语教师要转变现有的教学观念，在实际教学中将语言知识的传授与"中国形象"宣传相结合，为外国学生了解中国打开大门。

走出传统汉语国际推广的思维模式。我们不仅应将汉语国际教育看作中国语言或文化的传播，而且更应该将其看作阐释中国的价值观以及树立良好"中国形象"的一部分。作为"中国形象"的海外代言人，海外汉语教师应主动融入当地生活，积极与当地人沟通，以自身行动为"中国人"树立良好的形象，这种有意识的、民间的、直接的公共外交有助于汉语国际教育的推广，使汉语传播和"中国形象"的构建得到更多当地人的支持。

海外汉语教师之间应该加强交流。网络科技的发达使得天南地北的人可以通过视频、图片、语音、文字等方式进行交流，为海外汉语教师开展工作提供了便利。海外汉语教师之间应该互相交流心得与经验，尤其是对日常生活中出现的与"中国形象"有关的事情，可以分享彼此看法与处理方式，并且将有代表性和有参考意义的事件整理成案例交给孔子学院或者负责管理的老师，为以后赴任的海外汉语教师提供指导，为更好地树立和传播"中国形象"奠定基础。

第三，端正自己的立场和态度，在日常交流中不羞于也不回避谈论有

---

① 冯凌宇.汉语国际推广与中国公共外交［J］.长江论坛，2010（6）：72－74＋78.

② 杨明.汉语国际推广的公共外交意义［D］.山东大学硕士学位论文，2013.

③ 许嘉璐，石锓.关于汉语国际教育热点问题的访谈［J］.湖北大学学报（哲学社会科学版），2011（4）：18－20.

关中国的价值观和政治制度等意识形态的问题。所在国的人民对跟他们制度迥异的国家通常抱有浓厚的兴趣，往往会与海外汉语教师谈论有关政治、民生等为国际社会关注的问题。此时，海外汉语教师应该以平和的态度倾听他们的表达。对于国际社会关注的中国问题，海外汉语教师应该坚持自身的立场，从客观的角度表明自己的态度，同时也要让对方明白一些小问题的存在并不能否认中国发展的大趋势，力求向他们树立一个正面的"中国形象"。

第四，博览群书，增加对中国传统文化和中国历史的了解，关注时事，及时知晓当代中国的变化和发展。教师要掌握丰富的中国传统文化知识，了解中华文化的历史渊源。当今国际上许多关于中国的争论集中在领土争端这一问题上，第三方国家对此也会实时报道，海外汉语教师在日常工作中难免会被问及此类问题，在向外国人解释中国立场的时候，丰富的历史文化知识能让自己有理有据。另外，教师应当关心时事，及时为"中国形象"课程的教学补充最新的素材和鲜活的案例。

第五，弘扬创新精神，灵活地处理教材与教学的关系。"中国形象"课教师应该尝试在有限的教材中引申出无限的教学内容，如在教学面临困难时自己开发教具，为学生带来新的教学体验。教师的创新可以活跃课堂氛围，推动教学顺利地展开并提高课堂教学效率。例如，在进行中国服饰文化教学时，可以用卡片折叠一些简单的现代衣裤样式；在讲授中国的七夕节时，可以教学生折叠千纸鹤来扮作鹊桥上的喜鹊，提高学生学习的兴趣。

五　结语

汉语国际教育的目标通常包括两方面，一是在世界范围内传播汉语知识，二是在国际上传播中国文化、中国的价值观和构建"中国形象"。目前关于第二个目标的研究大部分停留在理论阶段，缺少实践的探索。随着汉语国际教育的深入展开，学生们更渴望了解中国究竟是什么样子的，中国人在日常生活中是什么样的，这就使得在汉语国际教育迫切需要引入有关"中国形象"的内容。学生们对于"中国形象"的关注点与外国媒体、政府以及民意调查等有所不同,他们更喜欢从细节着眼,关注的是与他们生活息息相关的方面。相较于政治、军事、经济,他们更喜欢了解中国人的日常生活和社会习俗,因此"中国形象"课程的内容设计要着眼于学生的需求。在教学实践中,教师之间的合作教学模式是一种新的尝试,这种模式可以让中泰两国教师更好地发挥自身的语言和文化优势,有助于更好地掌控课堂。但是两国教师在沟通上可能存在障碍,因此在课前要针对课教学内容进行沟通,消除泰国籍教师对中国文化及意识形态的问题的误解,这样才能让泰国籍教师在课堂上讲述自身的感受与理解,以消除学生心中对"中国形象"的疑惑。

在"中国形象"课程的教学内容设置上,由于没有可以供参考的系列教材,因此本次实验以所在学校的汉语教材为蓝本,将已有教材与教师自编内容相结合,并将学生在汉语语言课上所学习的知识与"中国形象"课所学习的知识相结合,从经济、文化、社会生活习惯三个方面为学生初步树立一个正面的"中国形象",同时对于其中涉及的中国政策、政府态度、民众意见及其背后的文化渊源进行简单的解释。在教学实验之后进行的问卷调查表明,这次泰国汉语国际教育课堂中的"中国形象"教学实验取得了初步的成功,学生对中国形成了一个大致完整的认识,为期四个月的教学并没有让他们讨厌学习汉语或者排斥汉语学习,反而进一步激发了他们的学习兴趣,使他们产生了深入了解中国的意愿。

最后,本文以笔者的亲身经历对汉语国际教育如何在"中国形象"的建构与宣传中树立正面形象、消除负面形象提出自己的建议,希望对提高海外汉语教学质量有所帮助。汉语国际教育是传播中国语言文化与树立良好的"中国形象"的平台,相信经过一届又一届汉语志愿者和海外汉语教师的努力,汉语国际教育事业会发展得更好,"中国形象"在世界的舞台上将闪耀出更加灿烂的光辉!

参考文献

[1] 包文英. 试论汉语国际教育中的公共外交意识 [J]. 华东师范大学学报(哲学社会科学版),2011(6): 100 - 104 + 152.

［2］陈丹.《曼谷邮报》的涉华报道研究［D］.西安外国语大学硕士学位论文，2015.

［3］程曼丽.大众传播与国家形象塑造［J］.国际新闻界，2007（3）：5-10.

［4］崔希亮.关于汉语国际教育的学科定位问题［J］.世界汉语教学，2015（3）：405-411.

［5］邓禹.广西东盟留学生对中国形象的认知与启示［J］.东南亚研究，2013（3）：57-64.

［6］丁春雪.汉语国际教育中的公共外交意识探讨［J］.高教学刊，2015（23）：13-14.

［7］冯凌宇.汉语国际推广与中国公共外交［J］.长江论坛，2010（6）：72-74+78.

［8］管文虎.国家形象［M］.成都：电子科技大学出版社，1999.

［9］哈嘉莹.汉语国际传播与中国国家形象构建［M］.北京：对外经贸大学出版社，2013.

［10］哈嘉莹.语言的国际传播与构建国家形象——基于主体认知的分析视角［J］.山东社会科学，2013（5）：118-122.

［11］胡范铸，刘毓民，胡玉华.汉语国际教育的根本目标与核心理念——基于"情感地缘政治"和"国际理解教育"的重新分析［J］.华东师范大学学报（哲学社会科学版），2014（2）：145-150+156.

［12］纪勇敢.《亚洲日报》中国国家形象建构分析［D］.广西大学硕士学位论文，2012.

［13］金正昆，徐庆超.国家形象的塑造：中国外交新课题［J］.中国人民大学学报，2010（2）：119-127.

［14］孔建勋，赵姝岚.大国在泰国的国家形象：基于亚洲民主动态调查的跨国比较［J］.华侨大学学报（哲学社会科学版），2013（2）：15-23.

［15］李鸿亮，杨晓玉.全球化时代的汉语国际教育与中华文化传播［J］.新疆职业大学学报，2013（2）：56-59.

［16］李泉.第二语言教材编写的通用原则［C］//教育部语言文字应用研究所.第三届全国语言文字应用学术研讨会论文集，2004：14.

［17］李泉.关于建立国际汉语教育学科的构想［J］.世界汉语教学，2009（3）：399-413.

［18］李泉.汉语国际教育硕士培养目标与教学理念探讨［J］.语言文字应用，2009（3）：105-112.

［19］李秀丽.论创新型对外汉语教师的职业素质［J］.中国成人教育，2013（8）：51-53.

[20] 李泽昱，苏宇楠，田茂再．基于分位回归的国家形象影响因素分析［J］．统计研究，2014（8）：59－65．

[21] 刘珣．对外汉语教育学引论［M］．北京：北京语言文化大学出版社，2000．

[22] 刘彦娟，赵晨光．跨文化交际中需要把握的几个方面［J］．海外英语，2011（5）：203＋212．

[23] 刘瑶．孔子学院与国际汉语教育的公共外交价值分析［J］．高教学刊，2015（24）：3－4．

[24] 吕必松．对外汉语教学概论（讲义）（续五）［J］．世界汉语教学，1993（3）．

[25] 门洪华，周厚虎．中国国家形象的建构及其传播途径［J］．国际观察，2012（1）：8－15．

[26] 宁继鸣，王海兰．汉语国际推广的公共产品属性分析［J］．东岳论丛，2009（5）：176－180．

[27] 亓华．论汉语国际教学中的"敏感话题"及其应对策略［J］．北京师范大学学报（社会科学版），2013（2）：45－52．

[28] 邱碧芳．泰国学校的中泰汉语教师互补合作问题研究［D］．天津师范大学硕士学位论文，2014．

[29] 孙立峰．从海外汉语教学看汉语国际教育硕士的培养［J］．学术论坛，2012（1）：219－222．

[30] 孙学峰，徐勇．泰国温和应对中国崛起的动因与启示（1997～2012）［J］．当代亚太，2012（5）：80－96＋159．

[31] 王菲．泰国华文报刊的中国国家形象分析［D］．山东大学硕士学位论文，2012．

[32] 王祖嫘，彭芃．漫谈汉语国际教育学科建设与师资培养——对外汉语教学专家刘珣教授访谈［J］．国际汉语教育，2012（2）：3－10．

[33] 吴晓萍．中国形象的提升：来自孔子学院教学的启示——基于麻省大学波士顿分校和布莱恩特大学孔子学院问卷的实证分析［J］．外交评论（外交学院学报），2011（1）：89－102．

[34] 吴勇毅．孔子学院与国际汉语教育的公共外交价值［J］．新疆师范大学学报（哲学社会科学版），2012（4）：100－105．

[35] 徐心欣．泰国华文媒体眼中的中国国家形象研究［D］．云南大学硕士学位论文，2012．

[36] 许嘉璐，石锓．关于汉语国际教育热点问题的访谈［J］．湖北大学学报（哲学社会科学版），2011（4）：18－20．

[37] 许嘉璐．继往开来，迎接汉语国际教育的新阶段［J］．北京师范大学学报（社

会科学版），2012（5）：14 – 20.

[38] 杨德春.汉语国际教育的几个关键问题——兼与陆俭明商榷［J］.江西科技师范大学学报，2015（1）：22 – 29 + 54.

[39] 杨明.汉语国际推广的公共外交意义［D］.山东大学硕士学位论文，2013.

[40] 伊理.汉语国际教育的内涵解析［J］.云南师范大学学报（对外汉语教学与研究版），2011（4）：53 – 56.

[41] 张锡镇.中国在东南亚的软实力和中美关系［J］.南洋问题研究，2009（4）：1 – 11 + 19.

[42] 赵启正.公共外交与跨文化交流［M］.北京：中国人民大学出版社，2011.

[43] 赵玉霞.论中国公共外交对中国国家形象的塑造［D］.暨南大学硕士学位论文，2007.

[44] 周媛颖.这股热潮叫"汉语"——汉语国际教育搭建的那座"汉语桥"［J］.高校招生，2013（6）：32 – 33.

[45] 朱波.对外汉语报刊阅读课程与中国国际形象传播［J］.云南师范大学学报（对外汉语教学与研究版），2008（6）：36 – 40.

[46] Christina Maags. Enhancing China's National Image Through Culture Festivals：A Case Study of China Culture Years in Europe［J］. Fudan Journal of the Humanities and Social Sciences，2014（71）.

[47] Michael Barr. Nation Branding as Nation Building：China's Image Campaign［J］. East Asia，2012（291）.

[48] Ning Wang. Globalization and Culture：The Chinese Cultural and Intellectual Strategy［J］. Neohelicon，2002（292）.